CONTROLE DE CONVENCIONALIDADE
PELO MINISTÉRIO PÚBLICO

O GEN | Grupo Editorial Nacional – maior plataforma editorial brasileira no segmento científico, técnico e profissional – publica conteúdos nas áreas de concursos, ciências jurídicas, humanas, exatas, da saúde e sociais aplicadas, além de prover serviços direcionados à educação continuada.

As editoras que integram o GEN, das mais respeitadas no mercado editorial, construíram catálogos inigualáveis, com obras decisivas para a formação acadêmica e o aperfeiçoamento de várias gerações de profissionais e estudantes, tendo se tornado sinônimo de qualidade e seriedade.

A missão do GEN e dos núcleos de conteúdo que o compõem é prover a melhor informação científica e distribuí-la de maneira flexível e conveniente, a preços justos, gerando benefícios e servindo a autores, docentes, livreiros, funcionários, colaboradores e acionistas.

Nosso comportamento ético incondicional e nossa responsabilidade social e ambiental são reforçados pela natureza educacional de nossa atividade e dão sustentabilidade ao crescimento contínuo e à rentabilidade do grupo.

VALERIO DE OLIVEIRA MAZZUOLI
MARCELLE RODRIGUES DA COSTA E FARIA
KLEDSON DIONYSIO DE OLIVEIRA

CONTROLE DE CONVENCIONALIDADE
PELO MINISTÉRIO PÚBLICO

2ª edição Revista, atualizada e ampliada

- O autor deste livro e a editora empenharam seus melhores esforços para assegurar que as informações e os procedimentos apresentados no texto estejam em acordo com os padrões aceitos à época da publicação, e todos os dados foram atualizados pelo autor até a data de fechamento do livro. Entretanto, tendo em conta a evolução das ciências, as atualizações legislativas, as mudanças regulamentares governamentais e o constante fluxo de novas informações sobre os temas que constam do livro, recomendamos enfaticamente que os leitores consultem sempre outras fontes fidedignas, de modo a se certificarem de que as informações contidas no texto estão corretas e de que não houve alterações nas recomendações ou na legislação regulamentadora.

- Fechamento desta edição: *10.02.2022*

- O Autor e a editora se empenharam para citar adequadamente e dar o devido crédito a todos os detentores de direitos autorais de qualquer material utilizado neste livro, dispondo-se a possíveis acertos posteriores caso, inadvertida e involuntariamente, a identificação de algum deles tenha sido omitida.

- **Atendimento ao cliente: (11) 5080-0751 | faleconosco@grupogen.com.br**

- Direitos exclusivos para a língua portuguesa
  Copyright © 2022 by
  Editora Forense Ltda.
  Uma editora integrante do GEN | Grupo Editorial Nacional
  Travessa do Ouvidor, 11 – Térreo e 6º andar
  Rio de Janeiro – RJ – 20040-040
  www.grupogen.com.br

- Reservados todos os direitos. É proibida a duplicação ou reprodução deste volume, no todo ou em parte, em quaisquer formas ou por quaisquer meios (eletrônico, mecânico, gravação, fotocópia, distribuição pela Internet ou outros), sem permissão, por escrito, da Editora Forense Ltda.

- Capa: Fabricio Vale

- **CIP – BRASIL. CATALOGAÇÃO NA FONTE.
SINDICATO NACIONAL DOS EDITORES DE LIVROS, RJ.**

M429c

Mazzuoli, Valerio de Oliveira

Controle de convencionalidade pelo ministério público / Valerio de Oliveira Mazzuoli, Marcelle Rodrigues da Costa e Faria, Kledson Dionysio de Oliveira. – 2. ed. – Rio de Janeiro: Forense, 2022.

Inclui bibliografia e índice
ISBN 978-65-5964-482-7

1. Brasil. Ministério Público Federal. 2. Direitos humanos - Brasil. 3. Direito internacional público e direitos humanos. 4. Controle jurisdicional de atos administrativos. I. Faria, Marcelle Rodrigues da Costa e. II. Oliveira, Kledson Dionysio de. III. Título.

22-76119　　　　　　　　　　　　　　　　　　　　　　　　　　CDU: 341.1/.8(81)

Meri Gleice Rodrigues de Souza – Bibliotecária – CRB-7/6439

Há que se considerar, por isso mesmo, que um Ministério Público independente e consciente de sua missão histórica e do papel institucional que lhe cabe desempenhar, sem tergiversações, no seio de uma sociedade aberta e democrática, constitui a certeza e a garantia da intangibilidade dos direitos dos cidadãos, da ampliação do espaço das liberdades fundamentais e do prevalecimento da supremacia do interesse social.

(Ministro CELSO DE MELLO do STF, Medida Cautelar na Petição 9.067/DF, j. 17.08.2020, p. 25)

*Ao Ministério Público brasileiro,
que há de ter na proteção dos
Direitos Humanos um potencial
ético e transformador.*

Agradecimento

A 1ª edição desta obra contou com o apoio imprescindível do Ministério Público do Estado de Mato Grosso (por meio do seu Procurador-Geral de Justiça José Antônio Borges Pereira) e da Fundação Escola Superior do Ministério Público de Mato Grosso (pelo desprendimento de seu Diretor-Geral Joelson de Campos Maciel). Agradecemos, portanto, ambas as instituições e seus dirigentes por terem oportunizado o lançamento de sua primeira estampa. Mais uma vez, registramos nossas homenagens à centenária Editora Forense – nas pessoas de Oriene Pavan e Danielle Candido de Oliveira – pela presteza e destacado profissionalismo na publicação desta obra.

Sobre os Autores

Valerio de Oliveira Mazzuoli
Pós-Doutor em Ciências Jurídico-Políticas pela Universidade Clássica de Lisboa (Portugal). Doutor *summa cum laude* em Direito Internacional pela Faculdade de Direito da Universidade Federal do Rio Grande do Sul (UFRGS) e Mestre em Direito pela Universidade Estadual Paulista (UNESP), aprovado com nota máxima e voto de louvor pela banca examinadora. Professor-associado da Faculdade de Direito da Universidade Federal de Mato Grosso (UFMT) e fundador do Mestrado em Direito da mesma Universidade. Professor dos Programas de Mestrado e Doutorado da Universidade de Itaúna – UIT e professor convidado dos Programas de Pós-Graduação da PUC-SP, UFRGS e Universidade Estadual de Londrina (UEL). Membro titular da Sociedade Brasileira de Direito Internacional (SBDI) e da Associação Brasileira de Constitucionalistas Democratas (ABCD). Advogado e membro-consultor da Comissão Especial de Direito Internacional do Conselho Federal da OAB.
E-mail: mazzuoli@ufmt.br

Marcelle Rodrigues da Costa e Faria
Mestre em Direito pela Universidade Federal de Mato Grosso (UFMT). Pós-graduada em Direito Ambiental pela Fundação Escola Superior do Ministério Público de Mato Grosso (FESMP/MT). Promotora de Justiça no Estado de Mato Grosso, titular da Promotoria do Júri da Capital e presidente da Associação Nacional dos Promotores de Justiça do Júri ("Confraria do Júri").
E-mail: marcelle.faria@mpmt.mp.br

Kledson Dionysio de Oliveira
Mestre em Direito pela Universidade Federal de Mato Grosso (UFMT). Pós-graduado em Direito Constitucional e Direito Processual Civil pela Fundação Escola Superior do Ministério Público de Mato Grosso (FESMP/MT). Promotor de Justiça no Estado de Mato Grosso, integrante do Grupo de Atuação Especial Contra o Crime Organizado – GAECO.
E-mail: kledson.oliveira@mpmt.mp.br

Duas Palavras

Esta obra chega à sua 2.ª edição graças ao prestígio dos leitores e do interesse despertado em todo o Brasil sobre a técnica do exame de convencionalidade pelo Ministério Público.

Após o lançamento de sua primeira estampa, os temas aqui desenvolvidos foram rapidamente tomados pelo mundo acadêmico e pelos profissionais do Direito brasileiros, especialmente pelos membros do Ministério Público. As ideias aqui expostas – inéditas na literatura brasileira – tiveram repercussão imediata no universo jurídico nacional, fazendo a obra se esgotar instantaneamente.

Atendendo às várias solicitações recebidas, pretendemos lançar esta nova edição completamente revista, atualizada e ampliada com diversos assuntos pertinentes ao controle de convencionalidade ministerial e a jurisprudência – nacional e internacional – mais recente relativa ao tema.

O leitor atento perceberá, ademais, o desdobramento e o esclarecimento de detalhes (substanciais e processuais) jamais suscitados na doutrina brasileira até então, permissivos de um entendimento mais completo sobre como o *Parquet* deve atuar no exame de convencionalidade das leis.

Em especial, atualizamos o livro com os mais recentes casos julgados contra o Brasil pela Corte Interamericana de Direitos Humanos – *Caso Fábrica de Fogos de Santo Antônio de Jesus* (2020) e *Caso Barbosa de Souza e Outros* (2021) – e acrescentamos dois novos itens à obra, respectivamente, sobre o consequenciamento examinatório dos núcleos ministeriais de aferição e controle de convencionalidade (item 3.2.3) e sobre o controle de convencionalidade na justiça penal consensual (item 3.4.3).

Agradecemos, mais uma vez, aos estimados leitores – profissionais do Direito, professores e estudantes – que nos honram com leitura deste livro e nos colocamos sempre à sua disposição para as críticas, dúvidas e sugestões.

Os Autores

Nota à I ª Edição

Este é o primeiro livro publicado no Brasil – e, ao que parece, no continente americano – sobre o papel do Ministério Público no exame (aferição e controle) de convencionalidade das leis. De fato, não obstante serem conhecidas as decisões da Corte Interamericana de Direitos Humanos – exaradas nos casos *Cabrera García e Montiel Flores vs. México* (2010), *Gelman vs. Uruguai* (2011) e *Trabalhadores da Fazenda Brasil Verde vs. Brasil* (2016) – sobre a ampliação da competência de controle de convencionalidade (*i*) a todos os órgãos do Estado vinculados à administração da Justiça e (*ii*) a todos os poderes e órgãos estatais em seu conjunto, certo é que faltava à doutrina investigar *como* o Ministério Público deve levar a cabo o mister de compatibilizar as normas domésticas com os tratados internacionais de direitos humanos em vigor no Brasil, especialmente à luz de sua missão constitucional de defensor da ordem jurídica, do regime democrático e dos interesses sociais e individuais indisponíveis.

Ademais, nada se havia desenvolvido entre nós sobre os *modelos* de exame de convencionalidade factíveis pelo Ministério Público, certo de que o conhecimento desses modelos se afigura essencial para que os membros do *Parquet* brasileiro possam compreender e bem manejar os instrumentos internacionais de direitos humanos para questões específicas do seu dia a dia, quer no âmbito de processos judiciais como em temas extraprocessuais. Daí a necessidade de uma investigação que conduzisse a uma *teoria geral* do exame de convencionalidade ministerial, capaz de explicitar a mecânica de aferição e controle de convencionalidade pelo Ministério Público no Brasil.

Se é certo que os estudos sobre o controle *jurisdicional* da convencionalidade das leis – é dizer, realizado exclusivamente pelo Poder *Judiciário* – já têm apresentado avanços em nosso País, não é menos verdade que a lacuna doutrinária sobre o papel do Ministério Público no exame de convencionalidade prejudica os membros do *Parquet* brasileiro em seu mister de defesa da ordem jurídica, do regime democrático e dos interesses sociais e individuais indisponíveis, especialmente quando se leva em conta que as condenações impostas ao Brasil no sistema interamericano de direitos humanos – perante a Corte IDH – decorreram, em quase todas as oportunidades, da falta do devido exame de convencionalidade pelo órgão ministerial.

A intenção de contribuir para a colmatação dessa lacuna doutrinária – já era tempo de transferir ao papel a maturação a que se chegou sobre o tema – cresceu em ideal a partir das solicitações de vários amigos, curiosamente todos membros do Ministério Público. O desejo de avançar no estudo da matéria também se acentuou quando entendi devesse uma nova investigação fazer par com os meus estudos anteriores sobre o controle de convencionalidade no âmbito judiciário. Ademais, ambas as investigações – de certa maneira agora completas – permitem compreender como se encadeiam interinstitucionalmente esses núcleos de controle e, portanto, como cada instituição – Ministério Público e Poder Judiciário – deve interagir para que a efetividade da proteção dos direitos humanos seja alcançada no Brasil.

Para levar a cabo essa tarefa convidei dois engajados Promotores de Justiça do Estado de Mato Grosso – MARCELLE RODRIGUES DA COSTA E FARIA (titular da Promotoria do Júri da Capital e presidente da Associação Nacional dos Promotores de Justiça do Júri – "Confraria do Júri") e KLEDSON DIONYSIO DE OLIVEIRA (integrante do Grupo de Atuação Especial contra o Crime Organizado – GAECO) – egressos do Programa de Pós-Graduação em Direito da UFMT, dada a sua notória competência e destacada participação em minha disciplina do Mestrado em Direito no ano de 2018, ocasião em que as primeiras reflexões sobre as formas de exame de convencionalidade pelo *Parquet* foram suscitadas no Brasil. A eles, portanto, rendo as minhas homenagens pelo engajamento, comprometimento, seriedade e pelos tantos dias e noites passados juntos do começo ao fim desta empreitada.

Na redação do livro, os coautores puderam perceber que o Ministério Público brasileiro tem enorme potencial para bem aplicar as normas internacionais de direitos humanos de que o Brasil é parte, não obstante ainda faltar-lhe método para o exercício desse mister, além de perfeita consciência sobre a importância e as múltiplas e frequentes oportunidades em que a instituição é cobrada pela ordem jurídica a exercer o exame de convencionalidade. De fato, nos vários exemplos citados no decorrer do texto, foi possível perceber casos em que *houve* aferição ou controle de convencionalidade pelo Ministério Público, mas de modo quase *intuitivo*. Examinava-se a convencionalidade das leis sem se dar conta de que esse exercício estava sendo (em muitos casos, corretamente) exercido. Em outros casos, a inconvencionalidade da norma era patente e, ainda assim, o órgão ministerial fazia tábula rasa da normativa internacional (mais benéfica) na pretensão de que fosse aplicado, exclusivamente, o direito interno (menos benéfico) contrário aos compromissos internacionais do Brasil. Esse tipo de incongruência – inadmissível quando advinda de órgão constitucionalmente responsável pela defesa da ordem jurídica – revela a falta que fazia um roteiro seguro que pudesse demonstrar aos membros do *Parquet* o caminho a seguir em vários casos específicos. Tal é o que se pretendeu lograr com a publicação deste livro, que se espera seja bem recebido pela comunidade jurídica brasileira.

De minha parte, desejo sinceramente que este estudo lance luzes sobre a atuação dos membros do Ministério Público brasileiro no que se refere ao exame de convencionalidade das leis, para que o sistema de justiça nacional possa se aprimorar e – junto às demais instituições responsáveis pela administração da Justiça – estar cada vez mais apto a dar efetividade às normas internacionais de direitos humanos em vigor no País. Se esta obra puder contribuir minimamente para tanto, a sua missão estará plenamente satisfeita.

Cuiabá, dezembro de 2020.

VALERIO DE OLIVEIRA MAZZUOLI

Sumário

Abreviaturas e Siglas Usadas XXIII

Introdução 1

Capítulo 1
Ministério Público e Exame de Convencionalidade

1.1 Estado atual do controle de convencionalidade 5
1.2 Ministério Público e proteção dos direitos humanos 16
    1.2.1 Ministério Público como agente de transformação social 17
    1.2.2 De fiscal da lei (*custos legis*) a defensor da ordem jurídica (*custos juris*) 19
    1.2.3 Papel do *Parquet* no exame de convencionalidade 20
1.3 Ministério Público e devido processo convencional 21
1.4 Plano dos capítulos seguintes 24

Capítulo 2
Aferição de Convencionalidade pelo Ministério Público

2.1 Aferição e controle de convencionalidade 25
2.2 Aferição de convencionalidade por provocação 27
    2.2.1 Aferição por provocação na ação civil pública 28
    2.2.2 Aferição por provocação na ação popular 38
    2.2.3 Aferição por provocação como fiscal da ordem jurídica em outras hipóteses legais 42
        2.2.3.1 Intervenção nas hipóteses do CPC e de outras normas 43
        2.2.3.2 Intervenção em *habeas corpus* 46
        2.2.3.3 Intervenção no mandado de segurança 49
        2.2.3.4 Intervenção na desapropriação de imóvel rural para fins de reforma agrária 50

2.2.3.5	Intervenção nas ações de alimentos...................................	51
2.2.3.6	Intervenção em casos registrais..	52
2.2.3.7	Intervenção na mediação...	53
2.2.3.8	Intervenção na ação penal privada e na execução penal....	54
2.2.3.9	Intervenção em sede recursal..	55

2.3 Aferição de convencionalidade no controle abstrato de normas (*sponte sua* ou como *custos juris*).. 56

    2.3.1 Aferição de convencionalidade por iniciativa própria (aferição *sponte sua*)... 60

        2.3.1.1 ADPF sobre Benefício de Prestação Continuada (BPC) às pessoas com deficiência.. 61

        2.3.1.2 ADI sobre a natureza pública incondicionada da ação penal fundada na Lei Maria da Penha.. 62

        2.3.1.3 ADPF sobre políticas de ensino e ideologia de gênero....... 64

    2.3.2 Aferição de convencionalidade por provocação (*custos juris*) no controle concentrado de normas.. 66

        2.3.2.1 ADPF sobre proibição do uso do amianto........................... 66

        2.3.2.2 ADPF sobre invalidade da Lei de Anistia brasileira........... 68

        2.3.2.3 ADI sobre (in)constitucionalidade das audiências de custódia.. 69

        2.3.2.4 ADPF sobre estado de coisas inconstitucional dos presídios.. 71

2.4 Aferição *sponte sua* na expedição de notificação recomendatória............. 72

2.5 Síntese da aferição de convencionalidade pelo Ministério Público............ 75

Capítulo 3
CONTROLE DE CONVENCIONALIDADE PELO MINISTÉRIO PÚBLICO

3.1 Entendimento... 77

3.2 Núcleos de controle de convencionalidade... 80

    3.2.1 Encadeamento intrainstitucional dos núcleos de controle............. 83

    3.2.2 Encadeamento interinstitucional dos núcleos de controle............. 86

        3.2.2.1 Encadeamento interinstitucional necessário ou obrigatório.. 89

        3.2.2.2 Encadeamento interinstitucional subsidiário..................... 91

    3.2.3 Consequenciamento examinatório dos núcleos ministeriais de aferição e controle de convencionalidade.. 92

3.3 Controle de convencionalidade nos procedimentos de tutela de direitos e interesses metaindividuais... 98

3.3.1 Controle de convencionalidade na promoção da ação civil pública...... 100
3.3.2 Compromissos de ajustamento de conduta para adequação às exigências convencionais 107
3.3.3 Controle de convencionalidade no arquivamento do inquérito civil 111
3.4 Controle de convencionalidade e persecução penal 112
    3.4.1 Promoção da ação penal pública e controle de convencionalidade ... 114
        3.4.1.1 Controle de convencionalidade e cumprimento das obrigações positivas do Estado em matéria penal 118
        3.4.1.2 Controle de convencionalidade da reparação mínima às vítimas de tortura 128
        3.4.1.3 Condenações contra o Brasil na Corte IDH por inconvencionalidade na persecução penal 130
            a) Caso Ximenes Lopes (2006) 132
            b) Caso Sétimo Garibaldi (2009) 138
            c) Caso Escher e Outros (2009) 143
            d) Caso Gomes Lund e Outros (2010) 150
            e) Caso Trabalhadores da Fazenda Brasil Verde (2016).. 155
            f) Caso Favela Nova Brasília (2017)................................... 159
            g) Caso Herzog e Outros (2018)... 162
            h) Caso Fábrica de Fogos de Santo Antônio de Jesus (2020).. 166
            i) Caso Barbosa de Souza e Outros (2021) 168
        3.4.1.4 Incidente de deslocamento de competência e garantia de cumprimento das obrigações positivas do Estado 173
        3.4.1.5 Controle de convencionalidade no *iter* processual penal... 175
    3.4.2 Controle de convencionalidade no arquivamento de inquérito policial e de procedimento de investigação criminal 183
        3.4.2.1 Limitação convencional ao *bis in idem* por pena cumprida no estrangeiro.. 190
        3.4.2.2 Complementação da persecução penal em casos de coisa julgada fraudulenta ou aparente 195
    3.4.3 Controle de convencionalidade e justiça penal consensual 198
3.5 Síntese do controle de convencionalidade pelo Ministério Público 205

CONCLUSÃO GERAL 209

REFERÊNCIAS BIBLIOGRÁFICAS 213

OBRAS DOS AUTORES 219

Abreviaturas e Siglas Usadas

ADI	–	Ação Direta de Inconstitucionalidade
ADC	–	Ação Declaratória de Constitucionalidade
ADO	–	Ação Direta de Inconstitucionalidade por Omissão
ADPF	–	Arguição de Descumprimento de Preceito Fundamental
ampl.	–	ampliada (edição)
ANPP	–	Acordo de Não Persecução Penal
art.	–	artigo
arts.	–	artigos
atual.	–	atualizada (edição)
CC	–	Código Civil Brasileiro
CDC	–	Código de Defesa do Consumidor
CEI	–	Centro de Informação do Exército Brasileiro
CF	–	Constituição Federal
Cf.	–	Confronte/confrontar
cit.	–	já citado(a)
CNJ	–	Conselho Nacional de Justiça
CNMP	–	Conselho Nacional do Ministério Público
Coord.	–	Coordenador(es)
Corte IDH	–	Corte Interamericana de Direitos Humanos
CP	–	Código Penal
CPC	–	Código de Processo Civil
CPP	–	Código de Processo Penal
Des.	–	Desembargador(a)
DJe	–	Diário de Justiça Eletrônico
DOI-CODI	–	Destacamento de Operações e de Informações – Centro de Operações de Defesa Interna
EC	–	Emenda Constitucional
ECA	–	Estatuto da Criança e do Adolescente
ed.	–	edição/editor
Ed.	–	Editora
etc.	–	*et cetera*
fls.	–	folhas
HC	–	*Habeas Corpus*
IBGE	–	Instituto Brasileiro de Geografia e Estatística
ibidem	–	mesma(s) página(s)

IDC	–	Incidente de Deslocamento de Competência
idem	–	mesma obra
infra	–	abaixo/à frente
j.	–	julgado em
JF	–	Justiça Federal
LDO	–	Lei de Diretrizes Orçamentárias
LO	–	Lei Orçamentária
LOAS	–	Lei Orgânica da Assistência Social
Min.	–	Ministro(a)
MP	–	Ministério Público
MPCE	–	Ministério Público do Estado do Ceará
MPF	–	Ministério Público Federal
MPT	–	Ministério Público do Trabalho
MST	–	Movimento dos Trabalhadores Rurais Sem Terra
OEA	–	Organização dos Estados Americanos
OIT	–	Organização Internacional do Trabalho
Org.	–	Organizador(es)
p.	–	página(s)
PIC	–	Procedimento Investigatório Criminal
RE	–	Recurso Extraordinário
Ref.	–	em referência a(o)
rel.	–	relator(a)
REsp.	–	Recurso Especial
rev.	–	revista (edição)
ss.	–	seguintes
STF	–	Supremo Tribunal Federal
STJ	–	Superior Tribunal de Justiça
supra	–	acima
TJCE	–	Tribunal de Justiça do Estado do Ceará
TJMG	–	Tribunal de Justiça do Estado de Minas Gerais
TJMS	–	Tribunal de Justiça de Mato Grosso do Sul
TJMT	–	Tribunal de Justiça de Mato Grosso
TJPR	–	Tribunal de Justiça do Estado do Paraná
TJRR	–	Tribunal de Justiça do Estado de Roraima
TJSP	–	Tribunal de Justiça do Estado de São Paulo
TJTO	–	Tribunal de Justiça do Estado do Tocantins
TRF	–	Tribunal Regional Federal
UFMT	–	Universidade Federal de Mato Grosso
V./v.	–	*vide*/ver
v.g.	–	*verbi gratia (por exemplo)*
vol.	–	volume
vs.	–	Versus

Introdução

O Ministério Público brasileiro – a partir da promulgação da Constituição Federal de 1988 e do previsto em seu art. 127 – tem experimentado crescente desenvolvimento em seus misteres institucionais, especialmente no que tange à defesa da ordem jurídica, do regime democrático e dos interesses sociais e individuais indisponíveis. Nesse sentido, verifica-se que o *Parquet* brasileiro tem logrado, ao longo dos anos, avançar na prática de atividades resolutivas que não demandam, obrigatoriamente, o ajuizamento de ações perante o Poder Judiciário, avultando em importância o manejo de novos instrumentos que permitem soluções mais consentâneas com os novos desafios ditados pela pós-modernidade.[1] Como se não bastasse, a missão do *Parquet* para promover os interesses da sociedade e da cidadania, inclusive contra agentes e órgãos estatais, veio consagrada pelo art. 129, III, da Carta Magna, que diz caber à instituição "zelar pelo efetivo respeito dos Poderes Públicos e dos serviços de relevância pública aos direitos assegurados nesta Constituição, promovendo as medidas necessárias à sua garantia".

Em paralelo a essa evolução institucional do Ministério Público – também a partir da promulgação da Constituição de 1988 e, consequentemente, da redemocratização do Estado brasileiro – observou-se um crescente engajamento do Brasil no âmbito das relações internacionais, especialmente na órbita da proteção dos direitos humanos, tanto no âmbito global (sistema da ONU) quanto no plano do sistema regional interamericano (sistema da OEA). Esse engajamento internacional relativo a direitos humanos levou o Brasil a ratificar, desde a década de 1950, inúmeros tratados internacionais sobre a matéria, a iniciar pela Convenção para a Prevenção e a Repressão do Crime de Genocídio, concluída em Paris em 11 de dezembro de 1948,

---

[1] A propósito, v. a Resolução nº 118, de 01.12.2014, do CNMP, sobre a Política Nacional de Incentivo à Autocomposição no âmbito do Ministério Público, segundo a qual ao *Parquet* brasileiro "incumbe implementar e adotar mecanismos de autocomposição, como a negociação, a mediação, a conciliação, o processo restaurativo e as convenções processuais, bem assim prestar atendimento e orientação ao cidadão sobre tais mecanismos" (art. 1º, parágrafo único).

ratificada pelo Brasil em 15 de abril de 1952 (promulgada pelo Decreto nº 30.822, de 06.05.1952).

Atualmente, o Brasil é parte de quase todos os tratados de proteção dos direitos humanos dos âmbitos global (ONU) e regional interamericano (OEA). Tal foi possível graças às inovações trazidas pela promulgação da Constituição de 1988, que previu a "dignidade da pessoa humana" como fundamento da República Federativa do Brasil (art. 1º, III) e a "prevalência dos direitos humanos" como princípio norteador do Estado brasileiro nas relações internacionais (art. 4º, II). Ademais, a partir da ratificação – em 1º de fevereiro de 1984 – da Convenção sobre a Eliminação de Todas as Formas de Discriminação contra a Mulher, o Brasil passou a ser parte dos principais instrumentos de proteção dos direitos humanos dos referidos sistemas (ONU e OEA) e atualizou a sua agenda externa com uma participação cada vez mais proeminente nos foros de negociação multilateral envolvendo tais temas. Outro passo decisivo para tanto foi dado quando, por meio do Decreto Legislativo nº 89, de 3 de dezembro de 1998, o Congresso Nacional aceitou a competência obrigatória da Corte IDH para todos os casos relativos à interpretação ou aplicação da Convenção Americana sobre Direitos Humanos ("Pacto de San José da Costa Rica", 1969) para fatos ocorridos a partir daquele aceite, de acordo com o previsto no art. 62(1) da Convenção, ratificada em 25 de setembro de 1992.[2] Em 8 de novembro de 2002, o Poder Executivo brasileiro – Presidente Fernando Henrique Cardoso – promulgou, por meio do Decreto nº 4.463/2002, a Declaração de Reconhecimento da Competência Obrigatória da Corte IDH, sob reserva de reciprocidade, em consonância com o art. 62 da Convenção.[3]

A decisão brasileira de aceitar a competência contenciosa da Corte IDH alinhou o Brasil, plena e definitivamente, ao movimento universal de promoção dos direitos humanos, que adveio da grande evolução dos instrumentos internacionais de proteção ocorrida nas últimas sete décadas. Tal veio ao encontro do que previsto no art. 7º do Ato das Disposições Constitucionais Transitórias, em que já propugnava – desde 1988 – pela formação de um tribunal internacional de direitos humanos.

---

[2] Um histórico do engajamento brasileiro à competência contenciosa da Corte IDH é encontrado em: CANÇADO TRINDADE, Antônio Augusto. *Tratado de direito internacional dos direitos humanos*, vol. III. Porto Alegre: Sergio Antonio Fabris, 2003, p. 636 e ss.

[3] Para um comentário analítico ao texto da Convenção Americana, *v.* PIOVESAN, Flávia, FACHIN, Melina Girardi & MAZZUOLI, Valerio de Oliveira. *Comentários à Convenção Americana sobre Direitos Humanos*. Rio de Janeiro: Forense, 2019.

Contudo, depois do reconhecimento brasileiro das normas internacionais de direitos humanos e da competência obrigatória da Corte IDH para os casos relativos à interpretação ou aplicação da Convenção Americana, vieram também as condenações contra o Brasil, a iniciar pela condenação no caso *Ximenes Lopes*, julgado pela Corte IDH em julho de 2006. A partir daí, sobrevieram as condenações nos casos *Sétimo Garibaldi* (setembro de 2009), *Escher e Outros* (novembro de 2009), *Gomes Lund e Outros* (novembro de 2010), *Trabalhadores da Fazenda Brasil Verde* (outubro de 2016), *Favela Nova Brasília* (fevereiro de 2017), *Povo Indígena Xucuru e seus Membros* (fevereiro de 2018) e *Herzog* (março de 2018).[4]

À exceção do caso *Povo Indígena Xucuru e seus Membros*, verifica-se que *todas* as demais condenações internacionais contra o Brasil deram-se em razão da *inação* do Estado na tomada de medidas eficazes para reprimir delitos ou proteger pessoas, gerando impunidade e, consequentemente, violações a direitos humanos de homens e mulheres. Por exemplo, ao julgar o caso *Sétimo Garibaldi vs. Brasil* – em que a Comissão IDH pleiteava a condenação do Brasil pelo descumprimento da obrigação de punir e investigar o homicídio do Sr. Sétimo Garibaldi ocorrido durante operação extrajudicial de despejo de famílias de trabalhadores sem-terra em área rural do Estado do Paraná – a Corte IDH reconheceu que o Brasil violou o dever de respeitar os direitos previstos na Convenção Americana (art. 1º(1)), as garantias judiciais (art. 8º(1)) e o direito à proteção judicial (art. 25(1)).[5] Para citar apenas esse caso, a Corte IDH reconheceu a obrigação do Brasil de *investigar* os atos violadores dos direitos reconhecidos pela Convenção Americana, procurando o restabelecimento, quando possível, do direito infringido ou a reparação de danos, destacando o papel da vítima e de seus familiares na persecução penal pela morte do Sr. Sétimo Garibaldi, contando com possibilidades de atuar no processo não somente em busca da sanção do responsável, mas também visando a uma devida reparação.

O Ministério Público, como instituição de defesa da ordem jurídica, do regime democrático e dos direitos sociais e individuais indisponíveis, tem a missão de também conhecer, aplicar e exigir a aplicação dos tratados internacionais de direitos humanos ratificados e em vigor no Estado, bem

---

[4] Para detalhes sobre tais casos, *v.* MAZZUOLI, Valerio de Oliveira. *Direitos humanos na jurisprudência internacional*: sentenças, opiniões consultivas, decisões e relatórios internacionais. São Paulo: Método, 2019.

[5] Corte IDH, *Caso Sétimo Garibaldi vs. Brasil*, Exceções Preliminares, Mérito, Reparações e Custas, sentença de 23 de setembro de 2009, Série C, nº 203, § 204 (itens 3 e 4).

assim a jurisprudência da Corte IDH, tanto relativa ao Brasil como atinente a terceiros Estados, promovendo transformação social pela concretização dos direitos fundamentais e humanos. Sem essa atividade do *Parquet*, condenações internacionais contra o Brasil voltarão a ocorrer, por menosprezo aos direitos das vítimas no processo interno e à falta de conformação da atuação ministerial aos parâmetros internacionais relativos à matéria.

Portanto, além de controlar a constitucionalidade das leis, deve o Ministério Público examinar também a sua convencionalidade, é dizer, se a norma jurídica interna é compatível com os tratados internacionais de direitos humanos em vigor no Brasil, sem o que tal norma será eventualmente *vigente*, mas *inválida*. A vigência da norma é aferida pela sua compatibilidade com a ordem jurídica posta no Brasil, sobretudo com a Constituição Federal. Sua *validade*, no entanto, depende também da conformidade com as normas internacionais de direitos humanos em vigor no Estado, sem o que ela será *vigente*, porém *inválida*.[6]

Em suma, é fundamental que os membros do *Parquet* brasileiro tenham conhecimento aprofundado de como se examina a convencionalidade das leis, para que a sua condição de guardião da ordem jurídica (*custos juris*) se concretize eficazmente no Brasil. Sem aplicar – e exigir que se apliquem – os tratados de direitos humanos em vigor no Estado, o Ministério Público atuará como mero "fiscal da lei" (*custos legis*) e não como hodiernamente deve ser, isto é, como guardião da completude da "ordem jurídica" (*custos juris*). Tal é precisamente o que esta investigação pretende demonstrar, para além de lançar luzes sobre o modelo desejado de atuação institucional do *Parquet* no Brasil, pautado pela proatividade e pelo caráter resolutivo de várias de suas ações, hoje mais condizente com a missão transformadora que está à base de seu regulamento constitucional, sempre na busca de atingir os objetivos da República Federativa do Brasil.

---

6   Para detalhes, *v.* MAZZUOLI, Valerio de Oliveira. *Tratados internacionais de direitos humanos e direito interno*. São Paulo: Saraiva, 2010, p. 178 e ss.

Capítulo 1

Ministério Público e Exame de Convencionalidade

1.1 ESTADO ATUAL DO CONTROLE DE CONVENCIONALIDADE

O controle de convencionalidade das leis é instituto cada vez mais em voga no Brasil e tem sido prioritariamente exercido pelo Poder Judiciário.[1] O seu exercício decorre do exame de compatibilidade vertical material das normas do direito interno com os tratados internacionais de direitos humanos ratificados e em vigor no Brasil. Tais tratados, portanto, são paradigma de controle tanto da *produção* normativa doméstica (elaboração das leis) quanto da *aplicação* das normas vigentes no Estado, razão pela qual guardam nível hierárquico superior ao das leis no direito brasileiro.[2]

---

[1] Para o estudo pioneiro do tema no Brasil, *v.* MAZZUOLI, Valerio de Oliveira. *Controle jurisdicional da convencionalidade das leis.* 5. ed. rev., atual. e ampl. Rio de Janeiro: Forense, 2018 [a primeira edição da obra é de agosto de 2009]. Para um estudo no direito comparado latino-americano, *v.* MARINONI, Luiz Guilherme & MAZZUOLI, Valerio de Oliveira (Coord.). *Controle de convencionalidade*: um panorama latino-americano (Brasil, Argentina, Chile, México, Peru, Uruguai). Brasília: Gazeta Jurídica, 2013.

[2] Na jurisprudência do STF, *v.* especialmente o RE 466.343/SP, Tribunal Pleno, rel. Min. Cezar Peluso, j. 03.12.2008, *DJe* 04.06.2009, que atribuiu a tais tratados nível *supralegal*. Na doutrina, sobre o nível diferenciado (constitucional) dos tratados de direitos humanos no Brasil, *v.* MAZZUOLI, Valerio de Oliveira. *Curso de direito internacional público.* 13. ed. rev., atual. e ampl. Rio de Janeiro: Forense, 2020, p. 765 e ss; MAZZUOLI, Valerio de Oliveira. Hierarquia constitucional e incorporação automática dos tratados internacionais de proteção dos direitos humanos no ordenamento brasileiro. *Anuario Argentino de Derecho Internacional*, Buenos Aires, vol. 11, p. 177-212, 2002; CANÇADO TRINDADE, Antônio Augusto. *Tratado de direito internacional dos direitos humanos*, vol. III, cit., p. 621 e ss; PIOVESAN, Flávia. *Direitos humanos e o direito constitucional internacional.* 12 ed. rev. e atual. São Paulo: Saraiva, 2011, p. 95 e ss; e WEIS, Carlos. *Direitos humanos contemporâneos.* 2. ed. São Paulo: Malheiros, 2010, p. 31 e ss. Atribuindo aos tratados de direitos humanos nível supraconstitucional, *v.* MELLO, Celso D. de Albuquerque. O § 2º do art. 5º da

Não há que se falar, por sua vez, em controle de convencionalidade para a compatibilização de leis internas com costumes internacionais, princípios gerais de direito ou atos de organizações internacionais, pois *convencionalidade* conota o exame de compatibilidade vertical material das normas domésticas tão somente com *tratados* (*convenções*, daí o neologismo) internacionais de direitos humanos. A compatibilização de leis com costumes internacionais, princípios gerais de direito ou atos de organizações internacionais se faz por respeito à superioridade do direito internacional frente ao direito interno, sem a mecânica própria – interna, *primária*, e internacional, *secundária* – do controle de convencionalidade e, na maioria das vezes, sem a observância de princípios dialógicos (*v.g.*, *pro homine*) de prevalência indistinta de uma ordem (internacional) sobre a outra (interna).[3]

O exame de compatibilidade vertical material que o Poder Judiciário realiza na aplicação das normas internas tendo como paradigmas os tratados de direitos humanos em vigor no Brasil – é dizer, o controle de convencionalidade das leis – decorre da jurisprudência consolidada da Corte IDH, cujas origens remontam ao ano de 2006, no julgamento do caso *Almonacid Arellano e Outros vs. Chile*. Naquela ocasião, a Corte IDH assentou que cabe ao Poder Judiciário dos Estados o exercício *primário* do controle de convencionalidade entre as normas jurídicas internas que aplicam nos casos concretos e os tratados de direitos humanos em vigor, para o que deve levar em conta não somente o tratado, senão também a interpretação que do mesmo tem feito a Corte Interamericana, intérprete última da Convenção Americana de 1969.[4]

Constituição Federal. In: TORRES, Ricardo Lobo (Org.). *Teoria dos direitos fundamentais*. 2. ed. rev. e atual. Rio de Janeiro: Renovar, 2001, p. 1-33.

[3] Sobre os fundamentos da superioridade do direito internacional nesses casos, alheios ao controle de convencionalidade, *v.* MAZZUOLI, Valerio de Oliveira & BICHARA, Jahyr-Philippe. *O judiciário brasileiro e o direito internacional*: análise crítica da jurisprudência nacional. Belo Horizonte: Arraes, 2017, especialmente p. 7-25.

[4] Corte IDH, *Caso Almonacid Arellano e Outros vs. Chile*, Exceções Preliminares, Mérito, Reparações e Custas, sentença de 26 de setembro de 2006, Série C, nº 154, § 124, *verbis*: "A Corte tem consciência de que os juízes e tribunais internos estão sujeitos ao império da lei e, por isso, estão obrigados a aplicar as disposições vigentes no ordenamento jurídico. Porém, quando um Estado ratifica um tratado internacional como a Convenção Americana, seus juízes, como parte do aparato do Estado, também estão submetidos a ela, o que os obriga a velar para que os efeitos das disposições da Convenção não se vejam prejudicados pela aplicação de leis contrárias ao seu objeto e fim, e que desde o seu início carecem de efeitos jurídicos. Em outras palavras, o Poder Judiciário *deve exercer uma espécie de 'controle de convencionalidade'* entre as normas jurídicas internas que aplicam nos casos concretos e a Convenção Americana sobre Direitos Humanos. Nesta tarefa, o Poder Judiciário deve ter em conta não

Frise-se ter sido esse julgamento o que inaugurou formalmente a doutrina do controle interno de convencionalidade no continente americano. Foi, também, a decisão a partir da qual se verificou ser intenção da Corte IDH que o controle difuso de convencionalidade seja reconhecido como tema de *ordem pública* internacional. Os juízes e tribunais internos, a partir da decisão do caso *Almonacid Arellano*, viram-se empoderados com a missão de aplicar – junto à Constituição e também às leis do Estado – os tratados de direitos humanos em detrimento das normas domésticas, quando mais benéficos aos direitos em jogo em cada caso concreto.[5]

Pouco tempo depois (em novembro de 2006) voltou a Corte IDH a se referir ao controle de convencionalidade das leis, no caso *Trabalhadores Demitidos do Congresso vs. Peru*, reforçando o seu entendimento anterior e destacando, também, algumas especificidades desse controle, dentre as quais a de caber ao Poder Judiciário controlar *ex officio* a convencionalidade das normas internas, no âmbito de suas respectivas competências e dos regulamentos processuais correspondentes. A tese exarada pela Corte IDH sobre o tema foi a seguinte:

> Quando um Estado ratifica um tratado internacional como a Convenção Americana, seus juízes também estão submetidos a ela, o que os obriga a velar para que o efeito útil da Convenção não se veja diminuído ou anulado pela aplicação de leis contrárias às suas disposições, objeto e fim. Em outras palavras, os órgãos do Poder Judiciário devem exercer não somente um controle de constitucionalidade, senão também "de convencionalidade" *ex officio* entre as normas internas e a Convenção Americana, evidentemente no âmbito de suas respectivas competências e dos regulamentos processuais correspondentes. Esta função não deve se limitar exclusivamente às manifestações ou atos dos postulantes em cada caso concreto (...).[6]

Perceba-se, no caso, a redação *imperativa* da Corte, no sentido de ser um *dever* do Poder Judiciário interno controlar a convencionalidade de suas leis em face dos tratados internacionais de direitos humanos. Ademais, pela frase derradeira do trecho citado do caso *Almonacid Arellano e Outros vs.*

---

somente o tratado, senão também a interpretação que do mesmo tem feito a Corte Interamericana, intérprete última da Convenção Americana".

[5] Sobre o papel dos juízes no controle de convencionalidade, v. GOMES, Luiz Flávio & MAZZUOLI, Valerio de Oliveira. *O juiz e o direito*: o método dialógico e a magistratura na pós-modernidade. 2. ed. rev. e atual. Salvador: JusPodivm, 2019, p. 145 e ss.

[6] Corte IDH, *Caso Trabalhadores Demitidos do Congresso (Aguado Alfaro e Outros) vs. Peru*, Exceções Preliminares, Mérito, Reparações e Custas, sentença de 24 de novembro de 2006, Série C, nº 158, § 128.

Chile – de que o Poder Judiciário "deve ter em conta não somente o tratado, *senão também a interpretação que do mesmo tem feito a Corte Interamericana*, intérprete última da Convenção Americana" – fica claro que o controle de convencionalidade exercido pelos juízes e tribunais nacionais deverá pautar-se também pelos padrões estabelecidos pela "intérprete última" da Convenção, quando o tratado-paradigma for a Convenção Americana. Tal encontra reflexo no chamado controle *difuso* de convencionalidade, pois, se a Corte IDH (repita-se: a "intérprete última" da Convenção) não limita dito controle a um *pedido expresso* das partes em um caso concreto, e se, ao seu turno, os juízes e tribunais locais devem levar em conta a interpretação que do tratado faz a Corte Interamericana, tal significa que o Poder Judiciário interno não deve se prender à solicitação das partes, senão controlar a convencionalidade das leis *ex officio*, sempre que estiver diante de um caso concreto cuja solução possa ser encontrada em tratado internacional de direitos humanos de que o Estado é parte: *iura novit curia*.

Tais decisões internacionais somadas demonstram com nitidez que o controle nacional (interno) da convencionalidade das leis há de ser o principal e o mais importante a ser levado a efeito, certo de que apenas no caso da *falta* de sua realização interna (ou de seu exercício *imperfeito*) é que deverá a justiça internacional atuar, trazendo para si a competência de controle em último grau (cuja decisão o Estado tem o *dever* de cumprir). Daí se compreender ser a jurisdição internacional *coadjuvante* ou *complementar* das jurisdições domésticas, como refere o próprio preâmbulo da Convenção Americana, que reconhece ser a "proteção internacional, de natureza convencional, *coadjuvante ou complementar* da que oferece o direito interno dos Estados americanos".

A partir do julgamento desses dois primeiros casos – *Almonacid Arellano e Outros vs. Chile* e *Trabalhadores Demitidos do Congresso vs. Peru* – é que, efetivamente, *nasceu* a firme compreensão de ser um dever *primário* dos juízes e tribunais internos o controle da convencionalidade das leis, bem assim de que a competência da Corte IDH para controlar a convencionalidade terá lugar apenas *depois* de se dar oportunidade às jurisdições nacionais, como ocorre, aliás, com os demais tribunais internacionais (Corte Europeia de Direitos Humanos, Corte Africana de Direitos Humanos e dos Povos, Corte Internacional de Justiça etc.). Ademais, a jurisprudência (inicial) interamericana já sinalizava no sentido de ser o controle de convencionalidade destituído de forma preconcebida, podendo ser levado a efeito no que tange às particularidades de cada qual dos sistemas jurídicos.[7]

Foi, porém, no caso *Cabrera García e Montiel Flores vs. México*, julgado em 26 de novembro de 2010, que a Corte IDH (à unanimidade) firmou em definitivo sua doutrina sobre o controle de convencionalidade. A partir

---

[7] V. Corte IDH, *Caso Liakat Ali Alibux vs. Suriname*, Exceções Preliminares, Mérito, Reparações e Custas, sentença de 30 de janeiro de 2014, Série C, nº 276, § 124.

daquele momento, fixou-se, *vez por todas*, a obrigação de juízes e tribunais nacionais em aplicar a Convenção Americana segundo a interpretação que dela faz a Corte IDH. É também importante lembrar que a partir desse caso a Corte IDH *amplia* os órgãos de controle de convencionalidade "aos juízes e órgãos vinculados à administração da Justiça em todos os níveis".[8] Para a Corte IDH, os juízes estão "incluídos" na competência de controle de convencionalidade, mas não são os únicos com poder para exercitar esse controle, razão pela qual deve ser também exercido por outros órgãos do Estado, como, *v.g.*, o Ministério Público. Ademais, o que se percebe a partir da sentença do caso *Cabrera García e Montiel Flores vs. México* é que o diálogo entre juízes nacionais e internacionais não é somente salutar "de cima para baixo", quando os juízes internos *recebem* dos juízes internacionais os valores (jurídicos, sociais etc.) necessários ao julgamento de uma causa envolvendo determinado tema de direitos humanos, senão também "de baixo para cima", uma vez que a experiência do Poder Judiciário interno dos vários Estados--partes à Convenção Americana pode servir de *auxílio* aos juízes da Corte IDH quando da prolação de uma decisão internacional, quer reafirmando a sua jurisprudência constante sobre determinado assunto, quer constatando a aplicação efetiva (realizada internamente pelo sistema de justiça) de suas decisões. Esse último aspecto é importante por possibilitar a ampla difusão, pelo tribunal interamericano, do estado de coisas – na maioria dos casos, *inconvencional* – existente na ordem interna do Estado demandado, muitas vezes desconhecido de terceiros Estados também integrantes do sistema interamericano. Dessa maneira, a partir da análise do posicionamento dos sistemas de justiça internos de cada Estado-parte sobre as mais diversas questões de direitos humanos, a jurisprudência da Corte IDH, ao mesmo tempo em que realiza o controle de convencionalidade em relação ao Estado demandado, propaga um efeito estruturante sobre a atividade de todos os demais mecanismos de justiça do sistema interamericano.

No Brasil, no âmbito do Poder Judiciário, se tem percebido que o controle de convencionalidade está em franca ascensão, sendo alentador verificar que juízes e tribunais têm, a cada dia, melhor se inteirado do conteúdo desses instrumentos internacionais para o fim de melhor aplicá-los nas questões *sub judice*. Nesse sentido, destaque-se que vários Tribunais de Justiça dos Estados editaram recomendações, instruções ou provimentos encorajando os magistrados a controlar a convencionalidade das leis conforme os tratados de direitos humanos em vigor no Brasil e a jurisprudência respectiva da Corte IDH. Cite-se, a propósito, o exemplo pioneiro da Corregedoria-Geral de Justiça do Tribunal de Justiça do Tocantins, que resolveu:

---

[8] Corte IDH, *Caso Cabrera García e Montiel Flores vs. México*, sentença de 26 de novembro de 2010, Série C, nº 220, § 225.

> Art. 1º. Recomendar aos magistrados que observem os tratados de direitos humanos e utilizem a jurisprudência da Corte Interamericana de Direitos Humanos (Corte IDH) quando da prolação de despachos, decisões e sentenças.[9]

Esse exemplo pioneiro foi imediatamente seguido por outros Tribunais de Justiça e encorajou, cada vez mais, os magistrados de todo o Brasil a aplicar os tratados de direitos humanos no exercício do controle de convencionalidade das leis.[10] Faltava, no entanto, uma uniformização nacional do tema, ainda que em termos recomendatórios, razão pela qual esperava-se um posicionamento do Conselho Nacional de Justiça – CNJ.

À luz desse cenário, e a par de várias discussões levadas a cabo em seu seio, o CNJ finalmente editou, em janeiro de 2022, ato normativo recomendando a toda a magistratura brasileira "a observância dos tratados e convenções internacionais de direitos humanos em vigor no Brasil e a utilização da jurisprudência da Corte Interamericana de Direitos Humanos (Corte IDH), bem como a necessidade de controle de convencionalidade das leis internas" (art. 1º, I), para além da urgente "priorização do julgamento dos processos em tramitação relativos à reparação material e imaterial das vítimas de violações a direitos humanos determinadas pela Corte Interamericana de Direitos Humanos em condenações envolvendo o Estado brasileiro e que estejam pendentes de cumprimento integral" (art. 1º, II).[11] A partir daquele momento, todo o Poder Judiciário brasileiro ficou ciente da importância de bem conhecer e aplicar os instrumentos internacionais de proteção dos direitos humanos em vigor no Brasil.

Para nós, diante da importância do tema e da dimensão do papel constitucional ocupado pelo Ministério Público na defesa da ordem jurídica e da proteção dos direitos humanos, é premente que idêntica providência seja adotada pelos órgãos de cúpula do *Parquet* brasileiro, exortando aos membros ministeriais de todos os ramos e níveis que observem e exijam o efetivo cumprimento dos tratados sobre direitos humanos em nosso País, por meio das ações de exame (de aferição e controle) de convencionalidade das leis.

---

[9] TJTO, Recomendação nº 01/2017/CGJUS/TO, Des. Eurípedes Lamounier, de 25.01.2017.

[10] Nesse exato sentido, v. ainda TJMS, Instrução de Serviço nº 01/2018/GAB, Des. Ruy Celso Barbosa Florence, de 22.03.2018; TJRR, Instrução de Serviço nº 01/2018/GAB, juiz convocado Luiz Fernando Castanheira Mallet, de 27.03.2018; e TJMT, Provimento nº 20/2020 da Corregedoria-Geral de Justiça (CGJ-MT), Des. Luiz Ferreira da Silva, de 05.06.2020.

[11] CNJ, Recomendação nº 123, de 07.01.2022.

Certo é que, à luz da jurisprudência firmada a partir dos casos *Almonacid Arellano e Outros vs. Chile, Trabalhadores Demitidos do Congresso vs. Peru* e *Cabrera García e Montiel Flores vs. México*, o Poder Judiciário dos Estados-partes à Convenção Americana passou a ser órgão fundamental de controle – com exercício *ex officio* – da convencionalidade das leis. Ainda hoje, como não poderia deixar de ser, é o Poder Judiciário o órgão do Estado que numericamente mais exerce o controle de convencionalidade no Brasil, por ser a instância estatal na qual desembocam todas as demandas contra violações a direitos humanos, para fins de reparação de danos e eventual retorno ao *status quo*.

No entanto, como se disse, a partir do julgamento do caso *Cabrera García e Montiel Flores vs. México* a Corte IDH *ampliou* a competência de controle de convencionalidade a *todos* os órgãos do Estado *vinculados à administração da Justiça*. Esperava-se, de fato que essa ampliação de competência viesse a ser confirmada pela Corte IDH para o fim de trazer mais efetividade ao tema, não obstante a sua razão teórica fazer-se presente (sobretudo no Brasil) no paralelo existente entre o controle de constitucionalidade e o de convencionalidade das leis, a permitir que os órgãos do Estado vinculados à administração da Justiça que controlam a constitucionalidade (como, *v.g.*, o Ministério Público) também possam controlar a convencionalidade de uma dada norma. Esse reforço jurisprudencial – que pode ser compreendido como uma evolução qualitativa e promissora, tanto de *sentido* quanto de *procedimento* – veio a se concretizar no julgamento do caso *Gelman vs. Uruguai*, em 24 de fevereiro de 2011, em que a Corte IDH, seguindo o estabelecido no caso *Cabrera García e Montiel Flores vs. México*, repisou na tese de que *todos* os órgãos do Estado vinculados à administração da Justiça em todos os níveis (não somente o Poder Judiciário) devem ser responsáveis pelo exercício do controle de convencionalidade das leis, ampliando, assim, o âmbito desse controle nas ordens jurídicas dos Estados-partes à Convenção Americana sobre Direitos Humanos.

Segundo a decisão da Corte IDH exarada no caso *Gelman*, todos os órgãos do Estado, "incluídos" os juízes, devem se submeter à autoridade dos tratados de direitos humanos, cabendo aos juízes *e órgãos vinculados à administração da Justiça em todos os níveis* exercer, de ofício, o controle de convencionalidade das normas internas relativamente às convenções de direitos humanos em vigor no Estado, no âmbito de suas respectivas competências e das regras processuais pertinentes. Nas palavras da Corte IDH, "[q]uando um Estado é parte em um tratado internacional como a Convenção Americana, todos os seus órgãos, incluídos seus juízes, estão a ele submetidos, o qual os obriga a velar a que os efeitos das disposições da Convenção não se vejam diminuídos pela aplicação de normas contrárias a seu objeto e fim, pelo que os juízes e órgãos vinculados à administração da Justiça em todos os níveis têm a obrigação de exercer *ex officio* um 'controle de convencionalidade' entre as normas internas e a Convenção Americana, evidentemente no âmbito de suas respectivas competências e das regras processuais correspondentes, e nesta tarefa devem levar em conta não somente o tratado, senão também a interpretação que do mesmo tem feito a Corte Interamericana, intérprete última da Convenção Americana".[12]

Portanto, a partir do julgamento dos casos *Cabrera García e Montiel Flores vs. México* e *Gelman vs. Uruguai*, a Corte IDH ampliou sobremaneira – qualitativamente, no sentido e na forma – a obrigação de controle de convencionalidade a *todos* os órgãos do Estado vinculados à administração da Justiça, no âmbito de suas respectivas competências e das regras processuais pertinentes. Dentre esses órgãos, seguramente estão – além de todo o Poder Judiciário – a Polícia Judiciária Civil,[13] a Defensoria Pública[14] e o Ministério Público.[15] Tal faz com que o controle de convencionalidade passe a ser instituto jurídico *do Estado* como um todo, e não apenas do Poder Judiciário, espraiando-se para outras instituições que participam da administração da Justiça *lato sensu*.

Além de salutar às instituições democráticas do Estado, a decisão dos casos internacionais citados tiveram também o mérito de servir de "cláusula de barreira" para que assuntos que possam ser resolvidos no âmbito interno, à luz do exame de convencionalidade, só sejam levados ao plano internacional (Comissão Interamericana e Corte IDH) após a manifestação sobre a matéria de *todos* os órgãos internos vinculados à administração da Justiça, o que, a

---

[12] Corte IDH, *Caso Gelman vs. Uruguai*, Mérito e Reparações, sentença de 24 de fevereiro de 2011, Série C, nº 221, § 193.

[13] No que tange à Polícia Judiciária Civil, contudo, tem-se que esta apenas *afere* a convencionalidade das leis, sem propriamente *controlar* essa mesma convencionalidade (*v. infra* a diferenciação entre *aferição* e *controle* de convencionalidade), dado que o Delegado de Polícia não detém, no âmbito de suas respectivas competências, o poder de retirar a validade da norma tida por inconvencional, mesmo que para o caso concreto. Seja como for, o seu papel é de suma importância na aferição (prévia) de convencionalidade das leis no Brasil, pois assim atuando melhora o sistema de justiça como um todo no País. Sobre o tema, *v*. MAZZUOLI, Valerio de Oliveira. *Curso de direitos humanos*. 7. ed. rev., atual. e ampl. São Paulo: Método, 2020, p. 418 (item 4.4 – *Aferição de convencionalidade pelo Delegado de Polícia*).

[14] Sobre o tema, *v*. MAZZUOLI, Valerio de Oliveira & ROCHA, Jorge Bheron. Defensoria Pública: instituição essencial ao controle de convencionalidade. *Revista Jurídica UNIGRAN*, vol. 22, nº 43, p. 17-27, jan.-jun. 2020.

[15] Cf. CAMBI, Eduardo & PORTO, Letícia de Andrade. *Ministério Público resolutivo e proteção dos direitos humanos*. Belo Horizonte: D'Plácido, 2019, p. 56-57, entendendo, contudo, tratar-se de "controle impróprio" o controle de convencionalidade exercido por órgãos do Estado não afetos ao Poder Judiciário, como o Ministério Público. Neste livro, demonstraremos ser definitivo (é dizer, *próprio*) o controle de convencionalidade exercido pelo Ministério Público (*v.* especialmente o Capítulo 3, *infra*).

um só tempo, traz economia ao sistema internacional de proteção dos direitos humanos e demanda dos órgãos estatais uma efetiva atuação interna (exame de convencionalidade) à luz das normas internacionais de direitos humanos ratificadas e em vigor no Brasil.

Um detalhe significativo na evolução jurisprudencial do sistema interamericano veio à luz no caso *Comunidade Garífuna de Punta Piedra e seus Membros vs. Honduras*, julgado em 8 de outubro de 2015, em que a Corte IDH advertiu ao Estado que controlasse a convencionalidade das leis à luz da jurisprudência interamericana e dos "padrões internacionais aplicáveis [à matéria respectiva]" (ali se tratava de matéria indígena).[16] Essa evolução jurisprudencial reforça a tese de que o controle de convencionalidade a ser efetivado pelos órgãos do Estado vinculados à administração da Justiça tem como paradigma todo o *corpus juris* internacional de proteção, isto é, todo o mosaico protetivo dos sistemas global (onusiano) e regional (interamericano). De fato, não obstante ser a Convenção Americana sobre Direitos Humanos importante instrumento de proteção no continente americano, não é o único a ser levado a efeito em decisões internas e internacionais, pois há um mosaico plúrimo de tratados internacionais em matéria de direitos humanos em vigor no Brasil que, igualmente, são paradigmas de controle tanto no plano interno como no plano internacional.

Por fim, outro julgamento que merece referência no que tange à evolução jurisprudencial do controle de convencionalidade – e, especialmente, por ter sido contra o Estado brasileiro – é o relativo ao caso *Trabalhadores da Fazenda Brasil Verde vs. Brasil*, julgado pela Corte IDH em 20 de outubro de 2016, oportunidade em que o tribunal interamericano novamente avançou jurisprudencialmente para entender, dessa feita, que "os Estados têm uma obrigação que vincula *todos os poderes e órgãos estatais em seu conjunto*, os quais se encontram obrigados a exercer um controle de convencionalidade *ex officio* entre suas normas internas e a Convenção Americana, no âmbito de suas respectivas competências e das regras processuais correspondentes".[17] Perceba-se que, agora, a Corte IDH não mais se refere, como nos casos anteriores, à competência controlatória dos "juízes e órgãos vinculados à administração da Justiça", mas à capacidade de controle de "todos *os poderes e órgãos estatais* em seu conjunto", o que claramente denota – segundo essa ampliação axiológica de entendimento – que não só os órgãos vinculados à administração da Justiça devem exercer a compatibilidade vertical material

---

[16] Corte IDH, *Caso Comunidade Garífuna de Punta Piedra e seus Membros vs. Honduras*, Exceções Preliminares, Mérito, Reparações e Custas, sentença de 8 de outubro de 2015, Série C, nº 304, § 211.

[17] Corte IDH, *Caso Trabalhadores da Fazenda Brasil Verde vs. Brasil*, Exceções Preliminares, Mérito, Reparações e Custas, sentença de 20 de outubro de 2016, Série C, nº 318, § 408.

das normas internas com os tratados internacionais de direitos humanos, senão também *todos* os poderes e órgãos estatais (quaisquer que sejam) em seu conjunto. Dentre esses órgãos, seguramente estão os poderes Legislativo e Executivo. Quanto ao Poder Legislativo, parece certo que – doravante – as suas Comissões de Constituição e Justiça passarão a ser, também, comissões de "Constituição, *Convencionalidade* e Justiça", pois é dever institucional do órgão controlar a convencionalidade das leis que se aprovam no Parlamento; quanto ao Poder Executivo, passa a ser mister do administrador conhecer todos os tratados de direitos humanos em vigor para não emitir atos administrativos que contrariem padrões internacionais de direitos humanos previstos em instrumentos dos quais o Brasil é parte.

Como se nota, a Corte Interamericana tem evoluído em sua jurisprudência no sentido de atribuir (*i*) tanto aos órgãos do Estado vinculados à administração da Justiça (*ii*) quanto aos demais poderes e órgãos estatais o dever (inicial e primário) de controlar a convencionalidade das leis, adaptando (invalidando ou interpretando de modo *conforme*) as normas internas menos benéficas incompatíveis com as convenções internacionais de direitos humanos ratificadas e em vigor no Estado, impondo que se interprete as normas internacionais protetivas segundo o que já decidiu a própria Corte IDH e segundo os padrões internacionais relativos à matéria em causa (*v.g.*, matéria indígena, ambiental, trabalhista, de proteção das mulheres, das crianças, dos idosos, das pessoas com deficiência, dos refugiados etc.).

Destaque-se que a jurisprudência da Corte IDH sobre controle de convencionalidade (e sua evolução) serve a todos os Estados-partes à Convenção Americana sobre Direitos Humanos. Cada qual desses Estados, contudo, tem particularidades em seus sistemas jurídicos internos e, consequentemente, em seus sistemas de justiça, não sendo diferente com o Brasil. No caso brasileiro, além do *controle* de convencionalidade (invalidação da norma pelo órgão controlador) será também possível *aferir* a convencionalidade das leis (sem invalidação normativa pelo órgão controlador) em vários casos. Pelo fato de a jurisprudência da Corte IDH servir a *todos* os Estados-partes da Convenção Americana, a própria Corte IDH não percebeu que o mais correto seria utilizar, em sua jurisprudência, a expressão-gênero "exame de convencionalidade" e não a expressão-espécie "controle de convencionalidade", pois do gênero *exame* fazem parte as espécies *aferição* e *controle* de convencionalidade, como se verá oportunamente (*v.* Capítulo 2, item 2.1, *infra*). Assim, para que não haja confusão, necessário dizer, neste momento, que este livro estudará tanto o *controle* de convencionalidade pelo Ministério Público – como exigido pela Corte IDH em sua jurisprudência constante – quanto a *aferição* de convencionalidade pelo *Parquet*. Essa última forma de exame de convencionalidade – que não tem poder de invalidação normativa – pertence ao modelo *brasileiro* de controle e não foi suscitada pela jurisprudência da

Corte IDH, não obstante poder ser abstraída do conjunto de suas decisões. Trata-se, em verdade, de um *plus* decisório e consectário lógico do dever que todos os órgãos do Estado têm de examinar a convencionalidade das leis, no âmbito de suas respectivas competências e dos regulamentos processuais correspondentes.

É importante destacar, neste ponto, a diferença de compreensão que deve ser observada entre o controle de convencionalidade exercido pelos órgãos do sistema de justiça nos âmbitos *difuso* e *concentrado*. De fato, quando o controle é desenvolvido pela via difusa, nenhum dos órgãos que participam do processo de controle convencional (nem mesmo o Poder Judiciário) expurgam do ordenamento jurídico a norma inconvencional, de forma que o referido controle consiste no reconhecimento de invalidade da norma e a conseguinte adoção, por parte dos órgãos controladores, de providência jurídico-institucional compatível com esse mesmo reconhecimento. É dizer, realizado o controle de convencionalidade em caráter difuso pelos órgãos do sistema de justiça que detêm atribuições para tanto, há que se adotar – no seio desses mesmos órgãos – posicionamento compatível com a invalidade da norma ou com a sua interpretação conforme as convenções internacionais paradigmas. Por sua vez, apenas quando o controle de convencionalidade se realiza no plano *concentrado* é que os órgãos do sistema de justiça depuram a ordem jurídica interna (com efeitos jurídicos *erga omnes*) expurgando a validade da norma declarada inconvencional. Essa ressalva é importante para que não se confunda o amplíssimo exame de convencionalidade que se realiza pelo Ministério Público e pelos demais órgãos do sistema de justiça na apreciação das causas que toquem os limites de suas atribuições institucionais com as estreitas hipóteses de controle concentrado reguladas pela Constituição Federal (com legitimados próprios também limitados previstos pelo art. 103 da Carta). Sustentar entendimento diverso significaria reconhecer que apenas o STF, no âmbito das ações constitucionais de controle abstrato, deteria competência constitucional para realizar o controle de convencionalidade das leis nacionais, hipótese claramente incongruente tanto com o sistema nacional de controle – que legitima todos os juízes e tribunais a exercerem o controle difuso – quanto com a jurisprudência constante da Corte IDH sobre a matéria.[18]

---

[18] V. Corte IDH, *Caso Cabrera García e Montiel Flores vs. México*, sentença de 26 de novembro de 2010, Série C, nº 220, § 225; Corte IDH, *Caso Gelman vs. Uruguai*, Mérito e Reparações, sentença de 24 de fevereiro de 2011, Série C, nº 221, § 193; e Corte IDH, *Caso Trabalhadores da Fazenda Brasil Verde vs. Brasil*, Exceções Preliminares, Mérito, Reparações e Custas, sentença de 20 de outubro de 2016, Série C, nº 318, § 408.

Compreendido o estado atual do controle de convencionalidade segundo os precedentes da Corte IDH, é importante investigar o papel do Ministério Público brasileiro na defesa e proteção dos direitos humanos como órgão dotado de resolutividade e competência para examinar a convencionalidade das leis no Brasil.

1.2 MINISTÉRIO PÚBLICO E PROTEÇÃO DOS DIREITOS HUMANOS

O Ministério Público é – nos termos do art. 127 da Constituição Federal de 1988 – uma "instituição permanente" e "essencial à função jurisdicional do Estado", à qual incumbe "a defesa da ordem jurídica, do regime democrático e dos interesses sociais e individuais indisponíveis". Esse amplo espectro funcional atribuído ao *Parquet* pela Constituição coloca a instituição como um dos pilares mais importantes do Estado brasileiro na atualidade.[19] Bastaria, no entanto, a menção à "defesa da ordem jurídica" para alocar o Ministério Público entre os órgãos do Estado de maior importância, pois defender a *ordem jurídica* conota uma missão especial e significativa no seio de qualquer Estado, notadamente naqueles abertos à normatividade internacional de proteção dos direitos humanos, como é o caso do Brasil.

Portanto, no conceito de "ordem jurídica" também se incluem as normas exteriores (ratificadas e internalizadas) que regulam as relações do Estado com os cidadãos relativas a direitos humanos. À medida que essas ordens (internacional e interna) se completam – e, para falar como Erik Jayme, "dialogam"[20] –, passa a nascer uma rica interação normativa que tem como ponto central a proteção do ser humano, sempre à luz do que for *mais favorável* ao indivíduo, em homenagem ao princípio *pro homine* ou *pro persona*.[21] Da mesma forma, a defesa do regime democrático impõe ao Ministério Público a tutela dos direitos humanos e fundamentais, por estar a democracia vinculada à concepção do Estado de Direito e à participação igualitária dos

---

[19] Para a evolução normativa (a partir do Império) que levou o Ministério Público a esse patamar, *v.* MAZZILLI, Hugo Nigro. *Regime jurídico do Ministério Público*. 7. ed. rev., ampl. e atual. São Paulo: Saraiva, 2013, p. 47-54; e MAZZILLI, Hugo Nigro. A evolução do perfil institucional do Ministério Público. In: ALMEIDA, Gregório Assagra de, CAMBI, Eduardo & MOREIRA, Jairo Cruz (Org.). *Ministério Público, Constituição e acesso à justiça*: abordagens institucional, cível, coletiva e penal da atuação do Ministério Público. Belo Horizonte: D'Plácido, 2019, p. 693-704.

[20] JAYME, Erik. Identité culturelle et intégration: le droit international privé postmoderne. *Recueil des Cours*, vol. 251 (1995), p. 259.

[21] Para detalhes, *v.* MAZZUOLI, Valerio de Oliveira. *Tratados internacionais de direitos humanos e direito interno*, cit., p. 129 e ss.

cidadãos na vontade geral da Nação, o que demanda a defesa ministerial do gozo e exercício dos direitos constitucional e internacionalmente reconhecidos, especialmente vinculados à igualdade, aos direitos sociais e políticos.

Não há dúvidas, portanto, de que o Ministério Público há de ser defensor *direto* dos direitos fundamentais e humanos em vigor na ordem interna, contando, para tanto, com instrumentos de tutela específicos ao cumprimento desses misteres. Assim, o exame de convencionalidade pelo membro do *Parquet* – para além do exercido pelo Poder Judiciário – é medida que se impõe na atualidade do direito brasileiro, a seguir (como já se viu) a decisão vinculativa da Corte IDH tomada no caso *Trabalhadores Fazenda Brasil Verde vs. Brasil*, à luz da qual *todos* os órgãos do Estado e seus poderes devem proceder ao exame de convencionalidade das leis.

1.2.1 Ministério Público como agente de transformação social

Para a exata compreensão do papel do Ministério Público na proteção dos direitos humanos – e, consequentemente, na aplicação dos tratados internacionais sobre a matéria de que o Brasil é parte – é necessário, primeiramente, entendê-lo na condição de agente de transformação social. Essa condição se verifica quando o membro do *Parquet* se liberta do quadro tradicional de atuação – como é o caso, *v.g.*, da mera instauração de procedimentos puramente voltados à propositura de ações judiciais – para contemplar outras plúrimas possibilidades de atendimento à sua missão constitucional de defensor da ordem jurídica, com meios e medidas extrajudiciais de concretização de sua atividade primária.

O novo perfil delineado pela Constituição da República para o Ministério Público é responsável por amalgamar todas as suas atribuições funcionais e os instrumentos de atuação que a ordem jurídica lhe confere, para a realização dos valores éticos e humanos que pautam o ideal de existência digna de todos os indivíduos, além da defesa dos direitos humanos e fundamentais e do regime democrático. O alcance de objetivos tão elevados demanda não somente a defesa dos direitos de liberdade, mas também vindica a promoção da igualdade material e da justiça social, requisitos indispensáveis para a consolidação de uma verdadeira democracia.

Para defender a ordem jurídica e o regime democrático de maneira qualificada pelo exercício imediato das suas atribuições, deve o membro do Ministério Público, sempre que cabível, aprimorar a utilização do seu aparato de intervenção extrajudicial, sobretudo como agente político *longa manus* do Estado, engajado na missão de transformador social, estimulando, *v.g.*, o diálogo e a deliberação de interessados com entidades não governamentais e/ou órgãos governamentais envolvidos em assuntos de interesse social, a título de verdadeira solução negociada, para além de planejar estrategicamente a solução dos litígios, considerando os impactos coletivos da questão envolvida à luz de uma cultura de não judicialização e de pacificação social.[22] Por oportuno, ressalte-se que o fomento de soluções extrajudiciais negociadas não retrata a possibilidade de despojamento total ou parcial dos direitos a serem concretizados, especialmente no campo dos direitos humanos, substancialmente marcados pela característica da indisponibilidade. A instância das soluções negociadas pela intermediação resolutiva do Ministério Público se presta à máxima racionalização dos percursos legais e práticos de concretização social dos direitos.

Assim, de um Ministério Público meramente *demandista* – preocupado, exclusivamente, em demandar perante os órgãos do Estado (notadamente perante o Poder Judiciário) questões pontuais e individualizadas sem qualquer solução negociada – se avança para uma instituição de caráter também *resolutivo*, com atuação preventiva e prospectiva, não restrita a processos judiciais e marcada pela proatividade, eficiência, autocomposição e pelo manejo de instrumentos e iniciativas (*v.g.*, audiências públicas, intermediação entre indivíduos e entidades etc.) que não se limitam à mera fiscalização, mas voltam-se à prevenção das violações a direitos humanos.[23]

Esse novo Ministério Público – que ultrapassa os meros limites burocráticos e, agora, passa a ser proativo nas tomadas de decisão – favorece a sociedade ao se utilizar, tanto quanto possível, de procedimentos extrajudiciais de solução de conflitos, com maior celeridade e redução dos impactos negativos da demora da prestação jurisdicional, bem assim porque age preventivamente à potencialidade de dano ou violação da ordem jurídica. Ademais, à medida que elege o consenso para a resolução de conflitos, o *Parquet* fomenta a desburocratização do sistema de justiça e, por via de consequência, acelera a resposta estatal frente aos direitos violados, tornando-a mais efetiva.

É, portanto, dever do Ministério Público manejar instrumentos que assegurem a efetivação dos direitos fundamentais e dos direitos humanos de forma não judicializada no Brasil, fomentando a emancipação social com reconstrução e transformação da sociedade, para o fim de realizar a justiça do modo mais democrático possível, seja mediando conflitos com celebra-

---

[22] V. CAMBI, Eduardo & PORTO, Letícia de Andrade. *Ministério Público resolutivo e proteção dos direitos humanos*, cit., p. 12-13.

[23] Assim, CAMBI, Eduardo & FOGAÇA, Marcos Vargas. Ministério Público resolutivo: o modelo contemporâneo de atuação institucional. *Revista dos Tribunais*, São Paulo, vol. 982, ano 106, p. 107-134, ago. 2017.

ção de compromissos de ajustamento de conduta ou expedindo notificações recomendatórias para alcançar resultados condizentes com a realidade e os valores da sociedade atual.

1.2.2 De fiscal da lei (*custos legis*) a defensor da ordem jurídica (*custos juris*)

O Ministério Público é, atualmente, instituição que também opera no exame das normas internacionais de que o Estado é parte, as quais complementam a coleção de leis nacionais e ampliam o mosaico normativo de proteção dos direitos humanos em vigor no Brasil. Há nítida transição, como se nota, do Ministério Público *custos legis* – fiscal das normas internas – para o Ministério Público *custos juris*, agora responsável pela fiscalização de cumprimento e/ou aplicação de *todas as normas* em vigor na ordem jurídica brasileira, com especial enfoque para as decorrentes de tratados internacionais de que a República Federativa do Brasil é parte, tal como expresso no art. 5º, § 2º, da Constituição.[24] Em outras palavras, o Ministério Público do terceiro milênio deve ser capaz de enxergar para além dos limites estatais e de suas normas internas, compreendendo que por sobre a instituição recai também a responsabilidade de garantir o cumprimento das normas internacionais de direitos humanos de que o Brasil é parte, em diálogo construtivo com as normas de direito interno, em verdadeira atividade de *custos juris*.[25]

Não há dúvidas de que, na prática, para haver a efetiva proteção dos direitos humanos na ordem jurídica brasileira, todos os membros do Ministério Público devem conhecer o teor dos instrumentos internacionais de direitos humanos ratificados pelo Brasil e aqui em vigor, bem assim seu impacto – é dizer, se as normas que os compõem são *mais* ou *menos* benéficas – no direito brasileiro, à luz do princípio *pro homine* ou *pro persona*.[26]

---

[24] *Verbis*: "Os direitos e garantias expressos nesta Constituição não excluem outros decorrentes do regime e dos princípios por ela adotados, ou dos tratados internacionais em que a República Federativa do Brasil seja parte".

[25] A designação evolutiva do Ministério Público como *custos juris* à luz das funções institucionais previstas no art. 127 da Constituição Federal é reconhecida pela jurisprudência da Suprema Corte, como se pode notar em: STF, RE 1.134.423/AM, rel. Min. Alexandre de Moraes, j. 07.06.2018, DJe 11.06.2018; STF, RE 846.790/DF, rel. Min. Marco Aurélio, j. 23.12.2014, DJe 03.02.2015; e STF, HC 84.367/RJ, 1ª Turma, rel. Min. Carlos Britto, j. 09.11.2004, DJU 18.02.2005.

[26] Sobre o princípio *pro homine*, v. MAZZUOLI, Valerio de Oliveira & RIBEIRO, Dilton. The *pro homine* principle as an enshrined feature of international human rights law. *The Indonesian Journal of International & Comparative Law*, vol. III, issue 1,

O Ministério Público, certamente, não é o único órgão integrante do sistema de justiça a que compete a aferição e o controle de convencionalidade das leis, obrigação que deve recair sobre todos os órgãos do sistema, de acordo com as correspondentes atribuições previstas na Constituição e nas leis. No entanto, a sua posição constitucional de defensor da ordem jurídica o torna verdadeiro *protagonista* do exame de convencionalidade das normas do direito interno, visando à prevalência e à efetividade dos direitos humanos internacionalmente reconhecidos.

1.2.3 Papel do *Parquet* no exame de convencionalidade

Como instituição responsável por defender a ordem jurídica, zelar pelo regime democrático e pelos interesses sociais e individuais indisponíveis, não há dúvidas incumbir ao Ministério Público a escorreita aplicação das normas internacionais de direitos humanos de que o Brasil é parte, quer no plano processual como no âmbito extraprocessual. Essa missão – cujas origens já se faziam presentes desde a promulgação da Constituição de 1988, não obstante pouco observada na prática – tem o mérito de ressignificar o sistema de justiça brasileiro, à medida que passa a compreender a "ordem jurídica" como aquela em que se integram normas internas (Constituição, leis, decretos, regulamentos etc.) *e também* normas internacionais, quer provenientes do sistema global (ONU) como do sistema regional interamericano (OEA).

Ademais, sendo o Ministério Público órgão legitimado a exercer o controle de constitucionalidade,[27] não há razão para que deixe de realizar o exame – maior e mais amplo, até mesmo axiologicamente – de compatibilidade vertical material entre as normas do direito brasileiro com os tratados internacionais de direitos humanos ratificados e em vigor, pugnando pela adaptação ou invalidação de eventuais leis contrárias aos dispositivos pactuados.[28] Por isso, na sua missão de defensor da ordem jurídica, deve o órgão ministerial ter em conta que a ordem normativa brasileira é composta não só pela Constituição e pelas leis nacionais, senão também por *todos* os tratados internacionais em vigor que o

---

p. 77-99, January 2016; e DE CLÉMENT, Zlata Drnas. La complejidad del principio *pro homine*. *Jurisprudencia Argentina*, fascículo nº 12, Buenos Aires, p. 98-111, mar. 2015.

[27] Sobre o tema, *v.* GARCIA, Emerson. Ministério Público e controle de constitucionalidade. In: ALMEIDA, Gregório Assagra de, CAMBI, Eduardo & MOREIRA, Jairo Cruz (Org.). *Ministério Público, Constituição e acesso à justiça*: abordagens institucional, cível, coletiva e penal da atuação do Ministério Público. Belo Horizonte: D'Plácido, 2019, p. 833-865.

[28] Nesse sentido, cf. CAMBI, Eduardo & PORTO, Letícia de Andrade. *Ministério Público resolutivo e proteção dos direitos humanos*, cit., p. 75.

Estado brasileiro assina e ratifica. Esse conjunto de normas compõe um *mosaico normativo* plúrimo que – ademais de aceito pela sociedade de Estados, sob a ótica do direito internacional público – dialoga entre si para melhor proteger os direitos de toda e qualquer pessoa que assenta à jurisdição do Estado.

Portanto, é premente que se estude o papel do Ministério Público no exame de convencionalidade das leis, notadamente porque, à luz da Constituição Federal de 1988, a instituição é *"essencial* à função jurisdicional do Estado", sem a qual a ordem jurídica, o regime democrático e os interesses sociais e individuais indisponíveis não logram efetiva proteção no Brasil. Nesse contexto, a efetiva primazia dos direitos humanos – segundo o estabelecido pelas regras de direito internacional – depende diretamente da consolidação de um Ministério Público pós-moderno, que não se limita à tradicional fiscalização das leis, segundo a já ultrapassada concepção de *custos legis*.

1.3 MINISTÉRIO PÚBLICO E DEVIDO PROCESSO CONVENCIONAL

A novel missão de defensor da ordem jurídica do Ministério Público – é dizer, de *custos juris* – atribui à instituição não apenas o dever de exame da convencionalidade *material* das normas do direito interno, senão também a apuração da convencionalidade *procedimental* das leis internas relativamente às previsões (igualmente procedimentais) constantes em tratados de direitos humanos ratificados e em vigor no Estado, ao que se nomina *devido processo convencional*.[29]

Na sua missão de guardião do devido processo convencional, deverá o órgão ministerial aferir a observância do processo interno de aplicação das leis em face das normas de procedimento das convenções de direitos humanos internalizadas, em especial (em nosso entorno geográfico) das previstas na Convenção Americana sobre Direitos Humanos. Nesse instrumento, *v.g.*, há várias garantias judiciais – elencadas no art. 8º(2) – que devem ser observadas, cabendo ao órgão ministerial fiscalizar a sua correta aplicação, quais sejam: *a*) direito do acusado de ser assistido gratuitamente por tradutor ou intérprete, se não compreender ou não falar o idioma do juízo ou tribunal; *b*) comunicação prévia e pormenorizada ao acusado da acusação formulada; *c*) concessão ao acusado do tempo e dos meios adequados para a preparação de sua defesa; *d*) direito do acusado de defender-se pessoalmente ou de ser

---

[29] Para o trato pioneiro do tema no Brasil, v. MAZZUOLI, Valerio de Oliveira. *Curso de direitos humanos*, cit., p. 216-220 (item 5 – *Devido Processo Convencional*).

assistido por um defensor de sua escolha e de comunicar-se, livremente e em particular, com seu defensor; *e)* direito irrenunciável de ser assistido por um defensor proporcionado pelo Estado, remunerado ou não, segundo a legislação interna, se o acusado não defender a si próprio nem nomear defensor dentro do prazo estabelecido pela lei; *f)* direito da defesa de inquirir as testemunhas presentes no tribunal e de obter o comparecimento, como testemunhas ou peritos, de outras pessoas que possam lançar luz sobre os fatos; *g)* direito de não ser obrigado a depor contra si mesmo, nem a declarar-se culpado; e *h)* direito de recorrer da sentença para juiz ou tribunal superior (garantia do duplo grau de jurisdição).[30]

Da mesma forma, compete ao Ministério Público garantir a proteção judicial das vítimas de violação a direitos humanos, consoante o art. 25 da Convenção Americana, que determina que toda pessoa "tem direito a um recurso simples e rápido ou a qualquer outro recurso efetivo, perante os juízes ou tribunais competentes, que a proteja contra atos que violem seus direitos fundamentais reconhecidos pela Constituição, pela lei ou pela presente Convenção, mesmo quando tal violação seja cometida por pessoas que estejam atuando no exercício de suas funções oficiais". A garantia desse direito oportuniza às vítimas de violações a direitos humanos (ou a seus familiares) amplas possibilidades de serem ouvidas nos processos, bem assim de terem os fatos esclarecidos com eventual punição dos responsáveis, garantindo-se a adequada e justa reparação, tudo em consonância com a obrigação geral do Estado de garantir o livre e pleno exercício dos direitos reconhecidos pela Convenção.

As garantias elencadas no art. 25 da Convenção Americana – para a proteção judicial das vítimas de violações a direitos humanos e seus familiares – constituem espécies de cláusulas pétreas (ou normas de ordem pública) constantes do tratado internacional, correspondendo não somente a um dos pilares da Convenção como também do Estado Democrático de Direito, uma vez que é vedada a sua suspensão, ainda que em situação de emergência, conforme a previsão do art. 27(2) da Convenção Americana.[31]

---

[30] Sobre a garantia do duplo grau de jurisdição na Convenção Americana, *v.* MAZZUOLI, Valerio de Oliveira. A garantia do duplo grau de jurisdição em matéria criminal na Convenção Americana sobre Direitos Humanos e na jurisprudência recente do STF: uma análise a partir dos casos "Barreto Leiva *vs.* Venezuela" (CIDH) e "Mensalão" (STF). In: CLÈVE, Clèmerson Merlin & FREIRE, Alexandre (Coord.). *Direitos fundamentais e jurisdição constitucional*. São Paulo: Revista dos Tribunais, 2014, p. 833-847.

[31] *Verbis*: "A disposição precedente não autoriza a suspensão dos direitos determinados seguintes artigos: 3 (Direito ao reconhecimento da personalidade jurídica); 4 (Direito à vida); 5 (Direito à integridade pessoal); 6 (Proibição da escravidão e servidão);

Para além das garantias previstas na Convenção Americana, certo é que há inúmeras outras constantes em vários tratados de direitos humanos ratificados e em vigor no Brasil, ainda "latentes" e à espera de aplicação concreta. O Ministério Público será – na condição de defensor da ordem jurídica ou *custos juris* – o responsável direto por fiscalizar se há observância das normas de procedimento previstas em tratados de direitos humanos, bem assim se há empecilhos internos à sua efetiva aplicação.

A implantação das audiências de custódia no Brasil é exemplo de respeito pelo Estado do devido processo convencional, dado que a previsão insculpida no art. 7º(5) da Convenção Americana – segundo a qual "[t]oda pessoa detida ou retida deve ser conduzida, sem demora, à presença de um juiz ou outra autoridade autorizada pela lei a exercer funções judiciais e tem direito a ser julgada dentro de um prazo razoável ou a ser posta em liberdade, sem prejuízo de que prossiga o processo"[32] – foi respeitada e cumprida pelo Conselho Nacional de Justiça – CNJ, ao determinar (desde 2015) que "toda pessoa presa em flagrante delito, independentemente da motivação ou natureza do ato, seja obrigatoriamente apresentada, em até 24 horas da comunicação do flagrante, à autoridade judicial competente, e ouvida sobre as circunstâncias em que se realizou sua prisão ou apreensão".[33]

Destaque-se, porém, que a garantia da audiência de custódia já vigorava no Direito brasileiro desde 25 de setembro de 1992, quando da entrada em vigor no Brasil da Convenção Americana, vindo, contudo, a ser observada vários anos depois. Tal é reflexo, para dizer o mínimo, da falta de conhecimento, pelos órgãos do Estado, do que dispõem os tratados de direitos humanos ratificados e em vigor no Brasil, bem como da cultura ainda presente de não observância dos compromissos assumidos pelo Estado no plano internacional.

Observe-se que as garantias processuais previstas em tratados de direitos humanos *prevalecem* às normas internas de índole congênere, uma vez que os tratados de direitos humanos ratificados e em vigor contam com índole e

---

9 (Princípio da legalidade e da retroatividade); 12 (Liberdade de consciência e de religião); 17 (Proteção da família); 18 (Direito ao nome); 19 (Direitos da criança); 20 (Direito à nacionalidade) e 23 (Direitos políticos), *nem das garantias indispensáveis para a proteção de tais direitos*" [grifo nosso].

[32] *V.* também o art. 9º(3), primeira parte, do Pacto Internacional sobre Direitos Civis e Políticos, de 1966: "Qualquer pessoa presa ou encarcerada em virtude de infração penal deverá ser conduzida, sem demora, à presença do juiz ou de outra autoridade habilitada por lei a exercer funções judiciais e terá o direito de ser julgada em prazo razoável ou de ser posta em liberdade".

[33] Resolução 213 do CNJ, de 15.12.2015, art. 1º.

nível constitucionais no Brasil.³⁴ Se se pretender, porém, seguir a atual jurisprudência do STF sobre a hierarquia dos tratados de direitos humanos, tem-se que, ainda assim, tais instrumentos prevalecem às normas de procedimento infraconstitucionais, por guardarem nível *supralegal* no Brasil.³⁵

Em suma, o Ministério Público tem um grande campo de atividade ao exigir que se respeitem as previsões procedimentais constantes em tratados de direitos humanos aqui em vigor, devendo sempre zelar pela sua correta observância na sua missão de fiscal do devido processo convencional.

1.4 PLANO DOS CAPÍTULOS SEGUINTES

Nos capítulos seguintes estudaremos as duas espécies possíveis de exame de convencionalidade pelo Ministério Público no Brasil, quais sejam: a *aferição* de convencionalidade (Capítulo 2) e o *controle* de convencionalidade (Capítulo 3) no âmbito ministerial. A compreensão do fenômeno é importante para que o órgão do Ministério Público possa aprimorar-se na missão de defesa da ordem jurídica e do regime democrático, tal como disciplinada pela Constituição Federal. Esses, frise-se, são dois eixos temáticos que não tiveram desenvolvimento conjugado pela doutrina (nacional ou estrangeira) até o presente momento.

---

[34] Na doutrina, v. MAZZUOLI, Valerio de Oliveira. *Curso de direito internacional público*, cit., p. 765 e ss; MAZZUOLI, Valerio de Oliveira. Hierarquia constitucional e incorporação automática dos tratados internacionais de proteção dos direitos humanos no ordenamento brasileiro, cit., p. 177-212; CANÇADO TRINDADE, Antônio Augusto. *Tratado de direito internacional dos direitos humanos*, vol. III, cit., p. 621 e ss; PIOVESAN, Flávia. *Direitos humanos e o direito constitucional internacional*, cit., p. 95 e ss; e WEIS, Carlos. *Direitos humanos contemporâneos*, cit., p. 31 e ss.
[35] STF, RE 466.343/SP, rel. Min. Cezar Peluso, Tribunal Pleno, j. 03.12.2008, *DJe* 05.06.2009.

Capítulo 2

Aferição de Convencionalidade pelo Ministério Público

2.1 AFERIÇÃO E CONTROLE DE CONVENCIONALIDADE

Inicialmente, mister diferenciar o que se entende por *aferição* e por *controle* de convencionalidade das leis, certo de que são institutos distintos, não obstante materialmente similares.[1] Como já se disse, há casos em que o Ministério Público apenas *aferirá* a convencionalidade das leis (inclusive com desdobramentos, como se verá) e casos em que a instituição ministerial propriamente *controlará* essa mesma convencionalidade. Tanto a aferição quanto o controle de convencionalidade podem ter lugar, indistintamente, dentro do processo (*locus* endoprocessual) ou fora dele (*locus* extraprocessual). Se, na maioria dos casos, a aferição de convencionalidade tem lugar *dentro do processo*, há, por sua vez, a exceção das notificações recomendatórias, que são eminentemente extraprocessuais (*v.* item 2.4, *infra*). Por sua vez, no que tange ao *controle* de convencionalidade, tem-se que o seu exercício pode ocorrer tanto *fora* do processo – como nos casos de arquivamento de inquérito policial ou de procedimento de investigação criminal (*v.* Capítulo 3, item 3.4.2, *infra*) – quanto *dentro* do processo – como nos procedimentos de tutela de direitos e interesses metaindividuais (*v.* Capítulo 3, item 3.3, *infra*) e na ação penal pública (*v.* Capítulo 3, item 3.4, *infra*). Não há, portanto, uma regra pela qual se possa dizer ser uma ou outra espécie de controle endo ou extraprocessual. O que importa é saber em quais casos o Ministério Público *afere* e em quais *controla* a convencionalidade das leis no Brasil.

Entende-se por *aferição de convencionalidade* a análise sobre a compatibilidade das normas internas com os tratados internacionais de direitos humanos, *sem invalidação para o caso concreto* da norma sobre a qual recai a aferição, é

---

[1] A distinção entre *aferição* e *controle* de convencionalidade foi desenvolvida pioneiramente por: MAZZUOLI, Valerio de Oliveira. *Controle jurisdicional da convencionalidade das leis*, cit., p. 51 e ss (item 1.3 – *Aferição de Convencionalidade*).

dizer, sem que se retire da norma, por ato da própria instituição que realiza o exame de convencionalidade, a sua validade intrínseca. Exemplo de aferição de convencionalidade internacional ocorre quando a Corte IDH diz ser inconvencional uma lei interna por meio de *Opinião Consultiva*, isto é, por expediente sem força de *res judicata*.[2] Em casos tais, há apenas *aferição* da convencionalidade da norma, sem propriamente *invalidar* a normativa por inconvencionalidade (o que ocorreria, no plano da Corte IDH, em decisão no âmbito de sua competência contenciosa). Por sua vez, o *controle de convencionalidade* é o exercício pelo qual a norma interna inconvencional é reconhecida como propriamente *inválida* pelo órgão controlador, com poder para tanto, ensejando a instauração das medidas significativas da atuação institucional correspondente. Nesses casos, para além da verificação (*aferição*) da convencionalidade da norma, há verdadeiro *controle* (invalidação para o caso concreto) de sua convencionalidade, pois há *retirada* da produção de efeitos jurídicos da lei declarada inconvencional (corte de efeitos) para o fim de alicerçar o efetivo exercício da parcela de soberania estatal que compete à instituição controladora manejar. Dessa maneira, no âmbito do exame interno de convencionalidade *lato sensu*, é possível haver aferição – no caso do Ministério Público, por provocação ou *sponte sua* – de convencionalidade da norma, para além de verdadeiro *controle* (retirada de efeitos) de convencionalidade, em razão de incompatibilidade normativa da lei com o tratado de direitos humanos em vigor no Estado.

Não há dúvidas de que o Poder Judiciário é o órgão do Estado que (ainda) mais *controla* a convencionalidade das leis no Brasil, dado que é sua função precípua julgar e decidir controvérsias concretas postas *sub judice*. Há casos, no entanto, em que o Ministério Público será também capaz de *controlar* a convencionalidade das leis, pois dará a última palavra sobre a validade da norma interna para um caso concreto à luz da norma internacional paradigma, no âmbito de sua competência institucional, regulada pela Constituição e pelas leis brasileiras (*v.* Capítulo 3, *infra*). Antes, porém, de compreender o controle de convencionalidade pelo Ministério Público, é necessário investigar quando o *Parquet* exercita a aferição de convencionalidade das leis, seja por provocação (item 2.2), quando atua no controle abstrato de normas, quer *sponte sua* ou a título de *custos juris* (item 2.3), ou ainda quando afere a convencionalidade *sponte sua* na expedição de notificação recomendatória (item 2.4).

---

[2] Tal não significa, contudo, que as *Opiniões Consultivas* da Corte IDH não tenham qualquer valor, ou que seja apenas "moral" o seu valor jurídico. Sobre o tema, *v.* especialmente PALACIOS, Augusto Guevara. *Los dictámenes consultivos de la Corte Interamericana de Derechos Humanos*: interpretación constitucional y convencional. Barcelona: Bosch, 2012.

2.2 AFERIÇÃO DE CONVENCIONALIDADE POR PROVOCAÇÃO

A Constituição Federal de 1988 estabeleceu expressamente (art. 127) as funções *típicas* do Ministério Público, dizendo ser o *Parquet* órgão essencial à função jurisdicional do Estado, incumbindo-lhe a "defesa da ordem jurídica" em todas as suas intervenções, nas atividades processuais e extraprocessuais, quando atua como parte ou como *custos juris*. Além da defesa da ordem jurídica, o Ministério Público também passou a ser defensor do regime democrático e dos interesses sociais, possuindo, portanto, o importante papel na consecução dos objetivos da República Federativa do Brasil de construir uma sociedade livre, justa e solidária (CF, art. 3º, I), pautada na tutela dos direitos fundamentais (constitucionais) e dos direitos humanos (internacionais).

Dessa forma, em decorrência de suas atribuições constitucionais, o Ministério Público, quando não integrar um dos polos da relação processual instaurada, deverá intervir em todas as causas em que o interesse envolvido, a qualidade de ao menos uma das partes ou a natureza da lide revelem ressonância no leque de direitos e valores que se encontram no horizonte de seus compromissos constitucionais para com a sociedade. Comportando-se como órgão interveniente, a instituição ministerial deve desempenhar a tarefa de efetivamente *interferir* no conteúdo de todas as decisões a serem proferidas no curso da relação processual, notadamente na sentença que delineia a solução jurídica definitiva da causa. Evidentemente, a efetiva interferência que deve realizar o Ministério Público em todas as decisões do processo tem a acepção de promover a apresentação de todos os fundamentos de fato e de direito verdadeiramente pertinentes ao esclarecimento da verdade, além da sua correta interpretação e da aplicação da matéria jurídica imprescindível à resolução da demanda. Por certo, tais providências se completam com a exigência fiscalizatória que o órgão julgador genuinamente deverá realizar, manifestando-se fundamentadamente sobre as razões suscitadas pelo órgão ministerial, de modo a evitar que questões que deveriam ser decididas a partir da apreciação do direito convencional sejam eventualmente decididas apenas à luz do direito interno (sem a ampla compreensão, portanto, de toda a sistemática jurídica exigível para o caso).

No desempenho das atribuições de órgão essencial à função jurisdicional do Estado, que carrega em seu espírito a responsabilidade de vivificar os interesses e valores mais caros à sociedade, o Ministério Público interveniente deve sempre aferir a convencionalidade dos atos normativos relativos às demandas processuais de que participa, supervisionando como o tema convencional será objeto de fundamentação nas decisões judiciais.

Importa reconhecer que, como órgão interveniente, mesmo quando a atividade do *Parquet* é justificada pela defesa de um interesse, seja de pessoas determinadas (incapazes, fundações etc.), de um grupo determinável de pessoas (interesses coletivos e individuais homogêneos) ou, ainda, de um grupo indeterminável de pessoas (interesses difusos), o Ministério Público permanece submetido ao dever de fiscalização da ordem jurídica, e, por conseguinte, a sua atividade institucional não equivale à defesa do interesse subjetivado. Destaca-se, assim, que a conduta do agente ministerial na condição de interveniente deve ser pautada pela independência e pela imparcialidade, na busca da melhor interpretação e aplicação do direito interno à luz das normas convencionais de que o Estado é parte.

Considera-se, portanto, aferição de convencionalidade por provocação a atividade ministerial de análise de compatibilidade vertical material da legislação interna com as normas internacionais de direitos humanos decorrente de imperativo legal ou de impulsionamento do juízo, para o fim de intervenção fiscalizatória do Ministério Público em demandas judiciais propostas por terceiros. Ressalte-se, por oportuno, que para a concretização do exercício da aferição de convencionalidade por provocação a matéria convencional não necessita sequer estar em debate na demanda ou exsurgir de alegações dos litigantes, disposição legal ou apontamento judicial para pronunciamento específico do Ministério Público. Nesse contexto, a partir da sua intervenção na causa, *provocada* pelo interesse envolvido na demanda, pela qualidade da parte ou pela natureza da lide, o agente ministerial deve desenvolver *ex officio* a aferição de convencionalidade das normas do direito interno, pois é seu dever proceder à verificação de compatibilidade da norma interna com os comandos de tratados internacionais de direitos humanos em vigor no Brasil.

Dentre todas as hipóteses em que atua o Ministério Público, certo é que em várias delas age *por provocação*, é dizer, como órgão interveniente ou *custos juris*. Em casos tais, pode-se nominar "aferição de convencionalidade *por provocação*" os casos em que o órgão ministerial se manifesta em determinado processo interventivamente, em decorrência de imperativo legal ou de impulsionamento do juízo, apontando matérias de natureza convencional para a solução da lide. Aqui se irá verificar quando o Ministério Público atua como órgão interveniente na ação civil pública (item 2.2.1), na ação popular (item 2.2.2) e quando atua como fiscal da ordem jurídica nas demais hipóteses previstas em lei (item 2.2.3).

2.2.1 Aferição por provocação na ação civil pública

A ação civil pública é instrumento para a defesa em juízo de interesses transindividuais que visa à responsabilização por danos causados ao meio ambiente, ao consumidor e a bens e direitos de valor artístico, estético, histórico, turístico e paisagístico, tendo como legitimados não somente o

Ministério Público, mas também a União, os Estados, os Municípios, as autarquias, empresas públicas, fundações, sociedades de economia mista e associações, desde que presentes os requisitos previstos na Lei nº 7.347/85 (Lei da Ação Civil Pública).

Quando o Ministério Público não figurar como proponente da ação, atuará como órgão interveniente na qualidade de *custos juris*, devido ao interesse público primário que move a demanda judicial, agindo na defesa da ordem jurídica, do regime democrático e dos interesses sociais relativos à causa (Lei nº 7.347/85, art. 5º, § 1º). Destaque-se, contudo, que várias outras normas brasileiras também preveem a participação do Ministério Público – como legitimado próprio ou como *custos juris* – em ações civis públicas relativas, *v.g.*, à proteção das pessoas com deficiência, dos idosos e das crianças e adolescentes, como verificaremos abaixo.

Quando atuar como interveniente, o órgão ministerial terá vista dos autos após as partes, devendo ser intimado de todos os atos processuais, podendo requerer produção de provas ou medidas processuais, oportunidade em que, antes de adentrar ao mérito, verificará a compatibilidade das normas internas com os tratados de direitos humanos ratificados e em vigor no Brasil. Da mesma forma, quando da análise do mérito, deverá o *Parquet* vindicar pela aplicação e devida interpretação – segundo a jurisprudência da Corte IDH e conforme os padrões internacionais já estabelecidos sobre a matéria – dos tratados e convenções de direitos humanos incorporados à ordem jurídica brasileira.

No momento em que se manifesta nos autos, o Ministério Público, como órgão essencial à função jurisdicional do Estado, deve se posicionar firmemente pelo afastamento da norma contrária aos tratados de direitos humanos em vigor no Brasil, se for mais benéfica a tutela prevista na norma convencional, em homenagem ao princípio *pro homine* ou *pro persona*. Portanto, em caso de conflito entre a norma interna e a prevista no tratado de direitos humanos, deverá o Ministério Público optar pela fonte que proporciona a norma *mais favorável* à pessoa protegida (princípio *pro homine*), pois o que se visa é a otimização e a maximização dos sistemas (interno e internacional) de proteção dos direitos humanos.[3]

De fato, os tratados internacionais de direitos humanos são conquistas sociais que refletem os valores almejados pela sociedade internacional e correspondem a padrões mínimos (é dizer, à plataforma *básica*) de proteção

---

[3] Sobre essa otimização e maximização dos sistemas, cf. BIDART CAMPOS, Germán J. *Tratado elemental de derecho constitucional argentino*, t. III. Buenos Aires: Ediar, 1995, p. 282.

que os Estados aceitaram internacionalmente respeitar, razão pela qual o Ministério Público tem o dever de zelar pelo cumprimento de tais obrigações na defesa dos interesses que tutela, mormente da ordem jurídica e do regime democrático. Na defesa desses interesses, deve o Ministério Público aferir a convencionalidade das leis quando atua como interveniente ou *custos juris*, para o fim de propor a adaptação das normas internas menos benéficas aos comandos (mais benéficos, se for o caso) dos tratados de direitos humanos em vigor no Brasil.

Portanto, defender a ordem jurídica enseja a defesa da Constituição Federal, das leis nacionais *e de todos os tratados de direitos humanos* de que o Estado é parte, os quais complementam e ampliam a "coleção de leis" nacionais. Assim, quando o Ministério Público for chamado ao processo como guardião da ordem jurídica, deverá buscar a correta aplicação das convenções internacionais e sua interpretação, valendo-se, para tanto, dos precedentes jurisprudenciais (caso existam) da Corte IDH,[4] os quais possuem força vinculante (*res judicata*) nos casos em que os Estados são partes, e força interpretativa (*res interpretata*) para terceiros Estados (se estes também forem partes na Convenção Americana sobre Direitos Humanos).[5] Mas não é só: também deve o Ministério Público aferir a convencionalidade das leis internas levando em conta as *Opiniões Consultivas* da Corte IDH, no caso de inexistir jurisprudência da Corte sobre determinado tema. Tais *Opiniões Consultivas* manifestam o entendimento da Corte IDH em assuntos dos mais importantes, levados à apreciação do tribunal em sede de aferição de convencionalidade internacional.[6]

Frise-se que a ação civil pública possui natureza de ação coletiva, de modo que a legitimidade para a sua propositura enseja a condensação do polo ativo da relação processual, evitando que cada um dos titulares dos direitos violados necessite ingressar em juízo individualmente. Portanto, os efeitos da aferição de convencionalidade em sede de ação civil pública, uma vez acolhida pelo Poder Judiciário, produzirão impactos a cada um dos ci-

---

[4] A jurisprudência (casos contenciosos) da Corte IDH pode ser consultada *on-line* em: [https://www.corteidh.or.cr/casos_sentencias.cfm].

[5] Sobre as qualidades de *res judicada* e *res interpretata* das sentenças da Corte IDH, v. MAC-GREGOR, Eduardo Ferrer. Eficacia de la sentencia interamericana y la cosa juzgada internacional: vinculación directa hacia las partes (*res judicada*) e indirecta hacia los Estados parte de la Convención Americana (*res interpretata*) – Sobre el cumplimiento del *Caso Gelman* vs. *Uruguay*, Anuario de Derecho Constitucional Latinoamericano, 19º año, Bogotá: Konrad-Adenauer-Stiftung, 2013, p. 607-638.

[6] As Opiniões Consultivas da Corte IDH podem ser consultadas *on-line* em: [https://www.corteidh.or.cr/opiniones_consultivas.cfm].

dadãos substituídos pela instituição proponente, o que aumenta a relevância da atuação ministerial no exame de convencionalidade da norma a título de *custos juris*. Isso porque as matérias que podem ser objeto de ação civil pública também encontram fundamento em tratados de direitos humanos ratificados pelo Brasil, o que transforma o instituto em relevante instrumento de transformação social e de consecução dos direitos humanos internacionalmente reconhecidos.

A Lei da Ação Civil Pública diz caber a ação, primeiramente, nos casos de responsabilidade por danos morais e patrimoniais causados ao meio ambiente (art. 1º, I). Portanto, nos casos em que o Ministério Público atuar como *custos juris*, é dizer, quando não deflagrar o processo coletivo, terá por obrigação verificar não somente a Constituição e as normas domésticas, senão também aferir a compatibilidade destas com as convenções internacionais em matéria ambiental de que o Brasil é parte.[7] Tais convenções são em número amplíssimo, podendo-se citar, *v.g.*, a Convenção sobre a Diversidade Biológica (Decreto nº 2.519, de 16.03.1998), a Convenção sobre as Zonas Úmidas de Importância Internacional especialmente como Habitat de Aves Aquáticas (Decreto nº 1.905, de 16.05.1996), a Convenção de Viena para a Proteção da Camada de Ozônio (Decreto nº 99.280, de 06.06.1990) (e seus Protocolos e Emendas), a Convenção Internacional para a Prevenção da Poluição Causada por Navios (Decreto nº 2.508, de 04.03.1998), a Convenção Interamericana para Proteção e Preservação das Tartarugas Marinhas (Decreto nº 3.842, de 13.06.2001), a Convenção de Roterdã sobre o Procedimento de Consentimento Prévio Informado para o Comércio Internacional de Certas Substâncias Químicas e Agrotóxicos Perigosos (Decreto nº 5.360, de 31.01.2005), a Convenção Internacional para o Preparo, Resposta e Cooperação em caso de Poluição por Óleo (Decreto nº 2.870, de 10.12.1998), a Convenção para a Proteção da Fauna, da Flora, e das Belezas Cênicas Naturais dos Países das Américas (Decreto nº 58.054, de 23.03.1966), o Acordo Constitutivo do Instituto Interamericano para Pesquisa em Mudanças Globais (Ata de Montevidéu) (Decreto nº 2.544, de 13.04.1998) e seu Protocolo (Decreto nº 5.445, de 12.05.2005), a Convenção sobre Diversidade Biológica (Decreto nº 2.519, de 16.03.1998), o Acordo-Quadro-Sobre o Meio Ambiente do Mercosul (Decreto nº 5.208, de 17.09.2004), a Convenção sobre o Comércio Internacional das Espécies da Fauna e da Flora e Fauna Selvagens em Perigo de Extinção (Decreto nº 76.623, de 17.11.1975), a Convenção da Basiléia sobre o Controle de Movi-

---

[7] Sobre a incorporação dos tratados ambientais no direito brasileiro, *v.* MAZZUOLI, Valerio de Oliveira. Trattati internazionali in materia di ambiente nell'ordinamento giuridico brasiliano. *Rivista Giuridica dell'Ambiente*, Milano, vol. 1, p. 141-158, 2017.

mentos Transfronteiriços de Resíduos Perigosos e seu Depósito (Decreto nº 875, de 19.07.1993), a Convenção para a Salvaguarda do Patrimônio Cultural Imaterial (Decreto nº 5.753, de 12.04.2006), a Convenção de Estocolmo sobre Poluentes Orgânicos Persistentes (Decreto nº 5.472, de 20.06.2005), o Protocolo de Cartagena sobre Biossegurança da Convenção sobre Diversidade Biológica (Decreto nº 5.705, de 16.02.2006), dentre tantos outros.

Essa citação exemplificativa demonstra, *per se*, o amplo espectro de proteção abrangido pelas normas dessa índole, por corresponderem à ordem jurídica *lato sensu* em vigor no País. Portanto, repita-se, nas ações civis públicas em que se pretender reparar o dano ambiental, é premente que o *Parquet* – ao se manifestar a título de *custos juris* – analise todo o arcabouço de proteção internacional de que o Brasil é parte, para além da legislação interna e da Constituição, na curadoria da ordem jurídica e na defesa do meio ambiente, cumprindo de maneira completa e qualificada os seus misteres constitucionais.

Por sua vez, é também cabível o ajuizamento da ação civil pública para a tutela dos direitos dos consumidores, dada a reconhecida vulnerabilidade dessa categoria de pessoas (Lei nº 7.347/85, art. 1º, II). Da mesma forma, para além das normas previstas no Código de Defesa do Consumidor (Lei nº 8.078/90) e demais normas correlatas, o *Parquet* deverá verificar se há norma internacional protetiva dessa categoria de vulneráveis e cotejá-la com as normas internas, para o fim de encontrar a *mais favorável* ao consumidor.[8] Nos termos do CDC, a defesa coletiva dos direitos dos consumidores e das vítimas será exercida quando se tratar de (*i*) interesses ou direitos difusos, assim entendidos os transindividuais, de natureza indivisível, de que sejam titulares pessoas indeterminadas e ligadas por circunstâncias de fato, (*ii*) interesses ou direitos coletivos, assim entendidos os transindividuais, de natureza indivisível de que seja titular grupo, categoria ou classe de pessoas ligadas entre si ou com a parte contrária por uma relação jurídica base, e (*iii*) os interesses ou direitos individuais homogêneos, assim entendidos os decorrentes de origem comum (art. 81, parágrafo único).

A ação civil pública é, ainda, instrumento para a defesa dos bens e direitos de valor artístico, estético, histórico, turístico e paisagístico (Lei nº 7.347/85, art. 1º, III) integrantes do patrimônio cultural da nação, reconhecidos como direitos humanos que refletem as características de uma sociedade em dado

---

[8] Para detalhes, *v.* MARQUES, Claudia Lima & MAZZUOLI, Valerio de Oliveira. O consumidor "depositário infiel", os tratados de direitos humanos e o necessário diálogo das fontes nacionais e internacionais: a primazia da norma mais favorável ao consumidor. *Revista de Direito do Consumidor*, São Paulo, vol. 70, p. 93-138, abr.-jun. 2009.

período histórico. Constituem-se, por isso, em bens materiais e imateriais que guardam a memória e a história do povo brasileiro. No plano internacional tem-se, v.g., o Tratado para a Proteção das Instituições Artísticas, Científicas e Monumentos Históricos (*Tratado de Roerich*), firmado em Washington em 15 de abril de 1935 e incorporado ao direito brasileiro pelo Decreto nº 1.087, de 8 de setembro de 1936, cuja finalidade é "preservar, em qualquer época de perigo, todos os monumentos imóveis, de propriedade nacional ou particular, que constituem o patrimônio cultural dos povos, e afim de que esse patrimônio de cultura seja respeitado e protegido em tempo de guerra e de paz". Encontra-se também em vigor no Brasil a Convenção Relativa à Proteção do Patrimônio Mundial, Cultural e Natural, celebrada em Paris em 23 de novembro de 1972 e internalizada no Brasil pelo Decreto nº 80.978, de 12 de dezembro de 1977. O instrumento traz no seu bojo os princípios e as obrigações referentes à defesa do patrimônio cultural, que devem servir de fundamento para as ações civis públicas relativas a situações violadoras desses direitos, devendo o Ministério Público cotejar as disposições contidas na legislação nacional com as normas encerradas na Convenção, para o fim de identificar as que oferecem o maior espectro de proteção aos bens protegidos, aferindo devidamente a convencionalidade das leis internas contrárias ao espírito do tratado internacional.

A Lei da Ação Civil Pública, no art. 1º, IV, prevê, ainda, que "qualquer outro interesse difuso ou coletivo" violado ou ameaçado de violação comporta a propositura da ação civil pública (art. 1º, IV). Tal justifica a atividade do Ministério Público a título de *custos juris* para aferir a compatibilidade da legislação ventilada com os tratados de direitos humanos internalizados. E, em se tratando de direitos difusos e coletivos, há todo um conjunto de tratados ratificados pela República Federativa do Brasil que o Ministério Público tem a obrigação de conhecer, interpretar e aplicar. Por fim, a mesma Lei da Ação Civil Pública prevê o cabimento da ação para a responsabilização por danos morais e patrimoniais causados "por infração da ordem econômica" (art. 1º, V), "à ordem urbanística" (art. 1º, VI), "à honra e à dignidade de grupos raciais, étnicos ou religiosos" (art. 1º, VII) e "ao patrimônio público e social" (art. 1º, VIII).

O que se pode notar com clareza é que nas ações civis públicas voltadas à defesa dos direitos coletivos *lato sensu* deverá o Ministério Público, ainda que não seja o seu proponente, zelar – como *custos juris* – para que a aplicação das normas internacionais relativas a cada matéria em pauta seja efetivada nos respectivos casos concretos, visando impedir que leis internas dissonantes com os compromissos internacionais sejam aplicadas pelo Poder

Judiciário quando for menor o seu grau de proteção, tento como paradigmas os tratados de direitos humanos em vigor.

Os casos relativos à proteção (*i*) das pessoas com deficiência, (*ii*) dos idosos, (*iii*) das crianças e adolescentes e (*iv*) dos povos indígenas necessitam ser referenciados, por se tratar de minorias e grupos vulneráveis a que a ordem internacional destina específica proteção.

Relativamente aos direitos das pessoas com deficiência, destaque-se, no plano internacional, a Convenção sobre o Direito das Pessoas com Deficiência, promulgada no Brasil pelo Decreto nº 6.949, de 25 de agosto de 2009, com equivalência de emenda constitucional, após ter sido submetida ao quórum qualificado de que versa o art. 5º, § 3º, da Constituição.[9] Posteriormente, o Brasil também aprovou a Lei nº 13.146/2015 (Estatuto da Pessoa com Deficiência), garantindo à Defensoria Pública e ao Ministério Público legitimidade para tomar "as medidas necessárias à garantia dos direitos previstos nesta Lei" (art. 79, § 3º). Assim, o Ministério Público, na defesa dos direitos desse grupo de pessoas, passa a contar com mais de um instrumento jurídico de proteção, certo de que, quando não for o proponente da ação, atuará a título de *custos juris*.[10] Além da Convenção sobre o Direito das Pessoas com Deficiência, destaque-se a ratificação, pelo Brasil, do Tratado de Marraqueche para Facilitar o Acesso a Obras Publicadas às Pessoas Cegas, com Deficiência Visual ou com outras Dificuldades para Ter Acesso ao Texto Impresso, aprovado internacionalmente em 27 de junho de 2013, com vigor internacional desde 30 de setembro de 2016. O Congresso Nacional brasileiro também aprovou tal instrumento pelo procedimento previsto no art. 5º, § 3º, da Constituição, é dizer, por maioria qualificada de votos no Parlamento Federal (Decreto Legislativo nº 261, de 25.11.2015). Assim, desde a ratificação brasileira, o referido tratado guarda nível de emenda constitucional no Brasil, podendo ser paradigma do controle concentrado de convencionalidade (perante o STF). Seja como for, certo é que, quando o *Parquet* não for o proponente de ações relativas à proteção das pessoas com deficiência, deverá atuar no plano da aferição de convencionalidade, manifestando-se, *v.g.*, nos casos de

---

[9] *Verbis*: "Os tratados e convenções internacionais sobre direitos humanos que forem aprovados, em cada Casa do Congresso Nacional, em dois turnos, por três quintos dos votos dos respectivos membros, serão equivalentes às emendas constitucionais".

[10] O STJ já decidiu, contudo, que em causas que versam direito indisponível de pessoas com deficiência "a intervenção do Ministério Público fundamentada na qualidade de parte dotada de capacidade civil deve envolver direitos indisponíveis ou de tamanha relevância social que evidenciem a existência de interesse público no feito (art. 82, III, CPC)". (STJ, AgRg no REsp. 565.084/DF, 6ª Turma, rel. Min. Maria Thereza de Assis Moura, j. 24.08.2009, *DJe* 14.09.2009).

reconhecimento de escassez permanente de exemplares de obras literárias disponíveis em formato acessível para pessoas cegas ou com deficiência visual.

A mesma sistemática se apresenta no que tange à proteção dos direitos dos idosos, previstos na Lei nº 10.741/2003 (Estatuto do Idoso). A normativa prevê (art. 74, I) a propositura de ação civil pública para a proteção dos direitos dessa categoria de pessoas, determinando que nos processos e procedimentos em que o Ministério Público não for parte, deverá obrigatoriamente atuar "na defesa dos direitos e interesses de que cuida esta Lei, hipóteses em que terá vista dos autos depois das partes, podendo juntar documentos, requerer diligências e produção de outras provas, usando os recursos cabíveis" (art. 75). No plano interamericano, os direitos dos idosos vêm previstos na Convenção Interamericana sobre a Proteção dos Direitos Humanos dos Idosos, adotada em 15 de junho de 2015, cujo objetivo é promover, proteger e assegurar o reconhecimento e o pleno gozo e exercício, em condições de igualdade, de todos os direitos humanos e liberdades fundamentais do idoso, a fim de contribuir para sua plena inclusão, integração e participação na sociedade. Até a presente data, contudo, o Brasil ainda não ratificou a referida Convenção. Todavia, o Ministério Público necessita manter-se vigilante ao instrumento internacional já compromissado e, enquanto não for ratificado, deve adotá-lo como parâmetro de interpretação *pro homine* dos direitos dos idosos em todo o país, especialmente quando se encontram ameaçados ou violados.

Por sua vez, a criança e o adolescente, consoante imposição constitucional, goza de proteção integral e absoluta prioridade, nos termos do art. 227 da Constituição Federal, o que demanda de todos os órgãos do Estado a sua tutela e, em especial, do Ministério Público, no desempenho de sua função institucional. No ECA há previsão de propositura de ação civil pública para a proteção dos direitos de crianças e adolescentes, estabelecendo, no seu art. 202, que "[n]os processos e procedimentos em que não for parte, atuará obrigatoriamente o Ministério Público na defesa dos direitos e interesses de que cuida esta Lei, hipótese em que terá vista dos autos depois das partes, podendo juntar documentos e requerer diligências, usando os recursos cabíveis". Assim, quando o *Parquet* não for o proponente da ação, deverá intervir para atuar como *custos juris* na defesa da ordem jurídica interna e internacional relativa aos direitos de crianças e adolescentes, optando pela norma que *mais proteja* os direitos dessa categoria de pessoas. O membro do Ministério Público deverá, portanto, interpretar o ordenamento jurídico brasileiro pelas lentes das normas internacionais de proteção às crianças e adolescentes.

Ainda no que tange à proteção dos direitos de crianças e adolescentes, relembre-se o que dispõe o art. 19 da Convenção Americana sobre Direitos

Humanos, segundo o qual "[t]oda criança tem direito às medidas de proteção que a sua condição de menor requer, por parte da sua família, da sociedade e do Estado", bem assim a *Opinião Consultiva nº 17* da Corte IDH, de 28 de agosto de 2002, que reafirmou o entendimento (da Convenção da ONU sobre os Direitos da Criança de 1989) de que "criança é toda pessoa que não completou 18 anos de idade". Relembre-se, também, que os Pactos de Nova York de 1966 – Pacto Internacional sobre Direitos Civis e Políticos e Pacto Internacional dos Direitos Econômicos, Sociais e Culturais – consignaram o dever dos Estados de proteger a criança contra a exploração socioeconômica, o que leva o Ministério Público a exigir a sua aplicação quando interveniente em ação civil pública afeta a direitos de crianças e adolescentes. No Pacto Internacional sobre Direitos Civis e Políticos os direitos das crianças vêm expressos no art. 24, segundo o qual "[t]oda criança terá direito, sem discriminação alguma por motivo de cor, sexo, língua, religião, origem nacional ou social, situação econômica ou nascimento, às medidas de proteção que a sua condição de menor requer por parte de sua família, da sociedade e do Estado" (§ 1º), complementando que "[t]oda criança deverá ser registrada imediatamente após seu nascimento e deverá receber um nome" (§ 2º) e que "[t]oda criança terá o direito de adquirir uma nacionalidade" (§ 3º). Já no Pacto Internacional dos Direitos Econômicos, Sociais e Culturais tais direitos vêm expressos no art. 10, § 3º, segundo o qual é dever dos Estados "adotar medidas especiais de proteção e de assistência em prol de todas as crianças e adolescentes, sem distinção alguma por motivo de filiação ou qualquer outra condição", além de "proteger as crianças e adolescentes contra a exploração econômica e social". O mesmo dispositivo afirma, ainda, que "[o] emprego de crianças e adolescentes em trabalhos que lhes sejam nocivos à moral e à saúde ou que lhes façam correr perigo de vida, ou ainda que lhes venham a prejudicar o desenvolvimento norma, será punido por lei". Por sua vez, o art. 12, § 2º, *a*, do mesmo Pacto reconhece que as medidas que os Estados deverão adotar com o fim de assegurar o pleno exercício do direito de desfrutar o mais elevado nível possível de saúde física e mental incluirão as medidas que se façam necessárias para assegurar "[a] diminuição da mortinatalidade e da mortalidade infantil, bem como o desenvolvimento das crianças". No plano onusiano, a Convenção Internacional sobre os Direitos da Criança (1989) e seus Protocolos – Protocolo Facultativo à Convenção sobre os Direitos da Criança relativo ao Envolvimento de Crianças em Conflitos Armados (2000) e Protocolo Facultativo à Convenção sobre os Direitos da Criança Referente à Venda de Crianças, à Prostituição Infantil e à Pornografia Infantil (2000), ambos promulgados no Brasil pelos Decretos nos 5.006 e 5.007, de 8 de março de 2004 – garantem direitos às crianças dos mais variados (pautados no princípio do interesse superior da criança) e são de observância obrigatória no plano interno, especialmente pelo Ministério Público quando atua como *custos juris*.

Por fim, merecem referência os direitos difusos, coletivos e individuais homogêneos dos povos indígenas e das comunidades tradicionais, os quais também podem ser objeto de ação civil pública, oportunidade em que o Ministério Público, nos termos do art. 129, V, da Constituição, deve considerar as disposições encerradas nos vários instrumentos internacionais de proteção dessa categoria de pessoas. Como exemplos, cite-se a Convenção 169 da Organização Internacional do Trabalho, de 1989, a Convenção Internacional sobre a Eliminação de Todas as Formas de Discriminação Racial, de 1965, e a Convenção sobre a Proteção e a Promoção da Diversidade das Expressões Culturais, de 2005, além de *declarações* relativas aos povos indígenas, como, *v.g.*, a Declaração Americana sobre os Direitos dos Povos Indígenas, de 2016. Destaque-se, a propósito, que o STJ já decidiu que haverá intervenção obrigatória do Ministério Público quando evidenciado o interesse dos povos indígenas no feito, com fundamento no art. 232 da Constituição Federal, segundo o qual "[o]s índios, suas comunidades e organizações são partes legítimas para ingressar em juízo em defesa de seus direitos e interesses, intervindo o Ministério Público em todos os atos do processo".[11] Assim, da mesma forma, ao participar de processos de interesse dos índios, suas comunidades e organizações, deve o *Parquet* aferir a convencionalidade das leis para a adequada apreciação do mérito da lide, verificando se não houve violação de direitos e garantias de povos indígenas previstos em instrumentos internacionais de direitos humanos em vigor no Brasil.

Além do mais, devem nortear as manifestações interventivas do *Parquet* as inúmeras decisões proferidas pela Corte IDH sobre direitos dos povos indígenas e comunidades tradicionais, a exemplo das exaradas nos casos *Comunidade Mayagna (Sumo) Awas Tingni vs. Nicarágua* (2001), *Comunidade Indígena Yakye Axa vs. Paraguai* (2005), *Comunidade Indígena Xákmok Kásek vs. Paraguai* (2010) e *Povos Kaliña e Lokono vs. Suriname* (2015), que versaram a relação dos povos indígenas com a terra que tradicionalmente ocupam.[12] Cabe relembrar, também, que a Corte IDH, no julgamento do caso *Comunidade Garifuna de Punta Piedra e seus Membros vs. Honduras* (2015), decidiu que o Estado deve interpretar e aplicar a sua legislação interna nos termos da jurisprudência interamericana *e dos padrões internacionais*

---

[11] STJ, REsp. 660.225/PA, 1ª Turma, rel. Min. Luiz Fux, rel. para o acórdão Min. Teori Zavascki, j. 13.03.2007, *DJ* 12.04.2007, p. 213.

[12] Para todos os casos indígenas julgados pela Corte IDH, *v*. MAZZUOLI, Valerio de Oliveira. *Direitos humanos na jurisprudência internacional*, cit., p. 477 e ss.

aplicáveis à matéria.[13] Naquele caso, a Corte IDH advertiu o Estado sobre "a relevância da devida interpretação da legislação e aplicação do controle de convencionalidade, à luz da jurisprudência da Corte e dos padrões internacionais aplicáveis [à matéria em causa], a fim de garantir os direitos da propriedade coletiva indígena e tribal".[14] Em suma, nos precedentes citados, a Corte IDH tem declarado expressamente o direito dos povos indígenas ao território coletivo que tradicionalmente usam e ocupam para a manutenção de sua cultura, tradições e subsistência, imputando ao Estado a "obrigação de adotar medidas especiais para reconhecer, respeitar, proteger e garantir a seus integrantes o direito de propriedade comunal relativo a esse território".[15] Esse posicionamento deve ser norte obrigatório para a aferição de convencionalidade pelo Ministério Público quando a questão *sub judice* versar o tema em apreço, ainda que a decisão do tribunal interamericano não tenha sido contra o nosso País, dado que – repita-se – as suas sentenças valem para terceiros Estados a título de *res interpretata*, vinculando a interpretação jurídica do comando convencional a todos os órgãos do Estado integrantes do respectivo sistema de administração da Justiça.

Como foi possível verificar, a atuação *custos juris* do Ministério Público na ação civil pública é importante forma de resguardar a ordem jurídica, especialmente em relação aos tratados de direitos humanos ratificados pelo Estado brasileiro, cabendo-lhe a aferição de convencionalidade todas as vezes em que atuar na demanda. Em quaisquer instâncias – em primeiro grau, segundo grau ou em grau superior – devem os órgãos do Ministério Público proceder ao exame da matéria quando chamados a se manifestar nos momentos processuais oportunos.

2.2.2 Aferição por provocação na ação popular

A ação popular vem prevista no art. 5º, LXXIII, da Constituição Federal, que dispõe que "qualquer cidadão é parte legítima para propor ação popular que vise a anular ato lesivo ao patrimônio público ou de entidade de que o Estado participe, à moralidade administrativa, ao meio ambiente e ao patrimônio histórico e cultural, ficando o autor, salvo comprovada má-fé, isento de custas judicias e do ônus da sucumbência". Seu objetivo é permitir

---

[13] Corte IDH, *Caso Comunidade Garifuna de Punta Piedra e seus Membros vs. Honduras*, Exceções Preliminares, Mérito, Reparações e Custas, sentença de 08.10.2015, Série C, nº 304, § 211.

[14] Idem, ibidem.

[15] Corte IDH, *Caso Kaliña e Lokono vs. Suriname*, Mérito, Reparação e Custas, sentença de 25 de novembro de 2015, Série C, nº 309, § 125.

a todo cidadão – daí a sua nomenclatura "popular" – que interceda perante o Poder Judiciário para fins de que sejam anulados atos lesivos (*i*) ao patrimônio público, (*ii*) ao patrimônio de entidade de que participe o Estado, (*iii*) à moralidade administrativa, (*iv*) ao meio ambiente e (*v*) ao patrimônio histórico e cultural brasileiro.

O remédio constitucional em apreço age como uma forma de contrapeso entre os atos da administração pública e os direitos dos cidadãos que elegeram os seus representantes, permitindo àqueles vindicar a anulação dos atos lesivos aos valores referidos pela Constituição. Trata-se da maneira pela qual pode a sociedade, por intermédio de cada um dos seus cidadãos, fiscalizar os atos da administração pública, por ato próprio garantido pela Constituição. Nesse sentido, a Lei da Ação Popular (Lei nº 4.717, de 29.06.65) prevê que "[q]ualquer cidadão será parte legítima para pleitear a anulação ou a declaração de nulidade de atos lesivos ao patrimônio da União, do Distrito Federal, dos Estados, dos Municípios, de entidades autárquicas, de sociedades de economia mista, de sociedades mútuas de seguro nas quais a União represente os segurados ausentes, de empresas públicas, de serviços sociais autônomos, de instituições ou fundações para cuja criação ou custeio o tesouro público haja concorrido ou concorra com mais de cinquenta por cento do patrimônio ou da receita anual, de empresas incorporadas ao patrimônio da União, do Distrito Federal, dos Estados e dos Municípios, e de quaisquer pessoas jurídicas ou entidades subvencionadas pelos cofres públicos" (art. 1º), considerando-se patrimônio público "os bens e direitos de valor econômico, artístico, estético, histórico ou turístico" (art. 1º, § 1º).

Nos termos da Lei, o Ministério Público "acompanhará a ação, cabendo-lhe apressar a produção da prova e promover a responsabilidade, civil ou criminal, dos que nela incidirem, sendo-lhe vedado, em qualquer hipótese, assumir a defesa do ato impugnado ou dos seus autores" (art. 6º, § 4º). Na ação popular, portanto, o Ministério Público age sempre por provocação, é dizer, a título de *custos juris*. Apenas se o autor desistir da ação ou der motivo à absolvição da instância é que o representante do *Parquet* poderá, nos termos do art. 9º da Lei, promover o prosseguimento da ação. Assim, quando houver ação em curso – proposta por qualquer cidadão brasileiro – deverá o Ministério Público fielmente acompanhá-la, apressando a produção de prova e promovendo a responsabilidade civil ou criminal dos que nela incidirem, oportunidade em que deverá cotejar se as normas referenciadas no processo estão ou não em compatibilidade com os tratados internacionais de direitos humanos em vigor no Brasil. Ademais, cabe ao Ministério Público promover a execução da sentença que julga procedente o pedido formulado na ação popular, caso a execução não seja promovida pelo autor ou terceiro, devendo fazê-lo em trinta dias, sob pena de falta grave (art. 16).

Como se nota, a intervenção do Ministério Público na ação popular dá-se em decorrência do próprio objeto da lide, pois de natureza indisponível e de relevância social, ao que se acrescenta o seu alcance difuso. Ao prever a possibilidade de os cidadãos ingressarem com a ação popular, a ordem jurídica brasileira previu, ao que andou bem, a participação do *Parquet*, para fins de acompanhamento e de promoção da responsabilidade civil ou criminal dos que na ação impugnada incidirem. No âmbito desse acompanhamento, deverá o órgão ministerial – em prol da defesa da ordem jurídica, exigida pela Constituição – aferir a convencionalidade das normas em jogo (indicadas na ação) e se manifestar pela aplicação ou inaplicação normativa, caso sejam ou não consentâneas com os comandos previstos em instrumentos internacionais de direitos humanos de que o Brasil é parte.

Perceba-se que, nos termos do art. 6º, § 4º, da Lei da Ação Popular, é vedado ao Ministério Público, em qualquer hipótese, *defender* o ato impugnado ou os seus autores. Contudo, não lhe será jamais defeso vindicar em juízo pela correta aplicação de normas internacionais de direitos humanos em vigor no Brasil, depois de aferida a convencionalidade do ato impugnado, em face da sua independência funcional no exercício de suas funções. De fato, a independência funcional do Ministério Público revela que o órgão deva agir conforme sua missão constitucional de defesa da ordem jurídica, zelando pela consecução dos direitos contemplados nos tratados internacionais, até mesmo quando há legitimidade ativa *ad causam* superveniente, na hipótese de o autor popular desistir da demanda ou der ensejo à absolvição de instância.

Tanto nesses casos como nos relativos à ação civil pública, bem assim quando o conteúdo da demanda impuser a intervenção do órgão ministerial a título de *custos juris*, deverá o Ministério Público proceder ao exame de compatibilidade vertical material das normas internas com os comandos dos tratados internacionais de direitos humanos em vigor no Estado. Assim o fazendo, estará o *Parquet* seguindo a jurisprudência da Corte IDH estabelecida a partir dos casos *Cabrera García e Montiel Flores vs. México* (2010) e *Gelman vs. Uruguai* (2011), zelando pela *unidade* da ordem jurídica brasileira, que é atualmente composta por normas convencionais, constitucionais e legais, perfazendo um só conjunto da "coleção normativa" em vigor no Brasil.

Ademais, consoante o comando expresso no art. 2º da Convenção Americana sobre Direitos Humanos, os Estados-partes se comprometem a adotar as "medidas necessárias para tornar efetivos os direitos e liberdades" nela reconhecidos. E, como órgão essencial do Estado, o Ministério Público se vincula ao que a República Federativa do Brasil assumiu no plano externo, perante o direito internacional dos direitos humanos, em especial perante o sistema interamericano de direitos humanos (em nosso entorno geográfico). Em razão dessa lógica, deve o Ministério Público tomar as medidas que lhe competem para assegurar o gozo e a fruição dos direitos e garantias constitucional e internacionalmente consagrados.

A ação popular, como importante instrumento de controle externo da atividade administrativa, deve ter como paradigma não apenas a Constituição Federal e as leis nacionais, senão também os tratados e as convenções internacionais de direitos humanos, sempre destacando que o Estado brasileiro tem como fundamento a dignidade da pessoa humana, que deve nortear os rumos da administração pública para que se cumpram os objetivos traçados pelo art. 3º da Constituição. Tal é assim por ser a ação popular instrumento de defesa do patrimônio público, imprescindível à tutela dos direitos humanos e fundamentais e à concretude dos objetivos da República, como a construção de uma sociedade livre, justa e igualitária, a garantia do desenvolvimento nacional e a erradicação da pobreza e da marginalização e redução das desigualdades sociais e regionais.

Ilustre-se o tema com a propositura de ação popular, no Estado de Minas Gerais, visando coibir abusos e ilegalidades cometidos por agentes públicos em desfavor de pessoas em situação de rua, consistentes na apreensão de seus documentos de identificação e pertences pessoais, tais como cobertores, roupas e alimentos. A ação foi fundamentada em atos lesivos à moralidade administrativa na ação dos agentes públicos contrários aos direitos dessas pessoas em situação de extrema vulnerabilidade. No âmbito do TJMG, decidiu-se que "[a] retirada de documentos de identificação e objetos pessoais dos moradores em situação de rua, sem justa causa e a lavratura do auto correspondente, configura violação aos direitos dessa população altamente vulnerável, diminuindo sua possibilidade de sobrevivência, com o mínimo de dignidade, infringindo demais disso os direitos fundamentais da igualdade e propriedade (artigo 5º da CR/88)".[16] Na ação, houve parecer do Ministério Público para o acolhimento do pedido, oportunidade em que se destacou o princípio da dignidade da pessoa humana e a validade de normas internacionais como os arts. 7º e 29 da Convenção Americana sobre Direitos Humanos. Pode-se dizer, de certa maneira, que houve aferição de convencionalidade no presente caso, pelo membro do *Parquet*.

De igual maneira, as hipóteses de danos ambientais, lesão à moralidade administrativa e ao patrimônio histórico, também ensejam a propositura de ação

---

[16] TJMG, Apelação Cível nº 10024121355234004, rel. Des. Teresa Cristina da Cunha Peixoto, j. 23.04.2019, *DJ* 14.05.2019.

popular, em que o Ministério Público, pela natureza da causa, obrigatoriamente intervirá e, sendo o caso, procederá o exame de convencionalidade respectivo.

2.2.3 Aferição por provocação como fiscal da ordem jurídica em outras hipóteses legais

Há, também, outras hipóteses de intervenção processual do Ministério Público na qualidade de *custos juris*, que guardam certa diferença em relação aos casos anteriormente analisados, relativos à ação civil pública e à ação popular. Com o propósito de delinear essa distinção, perceba-se que na ação civil pública e na ação popular o Ministério Público figura como órgão interveniente que *também detém* a possibilidade legal de assumir o polo ativo da demanda, caso verificados a desistência ou o abandono da causa pelo seu autor (respectivamente, Lei nº 4.717/65, art. 9º[17] e Lei nº 7.347/85, art. 5º, § 3º[18]). Nessas hipóteses, a instituição ministerial figura como verdadeira *sucessora* de quaisquer dos legitimados para as referidas demandas. Acrescente-se, ainda, que nos casos de ação civil pública e de ação popular compete ao Ministério Público providenciar a execução dos respectivos julgados quando há inércia dos proponentes, velando pelo efetivo cumprimento dos comandos judiciais nelas proferidos (respectivamente, Lei nº 4.717/65, art. 16[19] e Lei nº 7.347/85, art. 15[20]). Assim, enquanto nos casos já estudados o Ministério Público figura como *custos juris* sucessor da parte autora e fiscal do cumprimento dos seus julgados, nas hipóteses que se irá verificar agora o órgão ministerial atua como parte interveniente *não vinculada* à assunção das demandas ou à execução das suas correspondentes sentenças.

A intervenção do Ministério Público é exigida por lei – ainda que não figure como parte na relação jurídico-processual – sempre que a qualidade

---

[17] *Verbis*: "Se o autor desistir da ação ou der motiva à absolvição da instância, serão publicados editais nos prazos e condições previstos no art. 7º, inciso II, ficando assegurado a qualquer cidadão, bem como ao representante do Ministério Público, dentro do prazo de 90 (noventa) dias da última publicação feita, promover o prosseguimento da ação".

[18] *Verbis*: "Em caso de desistência infundada ou abandono da ação por associação legitimada, o Ministério Público ou outro legitimado assumirá a titularidade ativa".

[19] *Verbis*: "Caso decorridos 60 (sessenta) dias da publicação da sentença condenatória de segunda instância, sem que o autor ou terceiro promova a respectiva execução, o representante do Ministério Público a promoverá nos 30 (trinta) dias seguintes, sob pena de falta grave".

[20] *Verbis*: "Decorridos sessenta dias do trânsito em julgado da sentença condenatória, sem que a associação autora lhe promova a execução, deverá fazê-lo o Ministério Público, facultada igual iniciativa aos demais legitimados".

das partes e a natureza do direito esteja em consonância com a vocação constitucional do órgão, consoante o que preconiza o art. 129, IX, da Constituição Federal, segundo o qual é função institucional do Ministério Público "exercer outras funções que lhe forem conferidas, desde que compatíveis com sua finalidade, sendo-lhe vedada a representação judicial e a consultoria jurídica de entidades públicas". Como se nota, poderá o Ministério Público, à luz dessa norma constitucional, exercer *outras funções* que lhe forem conferidas, desde que compatíveis com sua finalidade.

Nesse sentido, várias normas brasileiras preveem situações em que o *Parquet* deverá intervir, à luz do seu interesse primário e no exercício de sua missão constitucional de defesa da ordem jurídica, do regime democrático e dos interesses sociais ou individuais indisponíveis, razão pela qual a instituição é o órgão vinculado à administração da Justiça que por primeiro deve zelar pela aplicação dos compromissos internacionais de direitos humanos de que o Brasil é parte.

2.2.3.1 Intervenção nas hipóteses do CPC e de outras normas

O Código de Processo Civil (Lei nº 13.105/2015) estabeleceu íntima participação do Ministério Público no processo, ao prever – em repetição à ideia já presente no art. 127 da Constituição – que "[o] Ministério Público atuará na defesa da ordem jurídica, do regime democrático e dos interesses e direitos sociais e individuais indisponíveis" (art. 176), e que "exercerá o direito de ação em conformidade com suas atribuições constitucionais" (art. 177).[21] O mesmo CPC, no art. 178, andou bem ao prever a intervenção ministerial como fiscal da ordem jurídica nos processos que envolvam (*i*) interesse público ou social, (*ii*) interesse de incapaz e (*iii*) litígios coletivos pela posse de terra rural ou urbana, para o fim de velar pela justiça do processo e de sua decisão.[22]

Por sua vez, em razão da qualidade da parte, competirá ao *Parquet* agir sempre que houver interesse de incapaz (como, *v.g.*, em inventários – CPC, arts. 616, VII, 626, *caput*, 664, § 1º e 665 – e em ações de família – CPC, art. 698), nas fundações (CC, art. 66), em questões relativas a crianças e adolescentes (ECA, art. 201), aos índios (CF, art. 232) ou a titulares de direitos difusos e coletivos (CDC, art. 82, I). No que tange à natureza da lide, ao interesse público

---

[21] Sobre as relações entre o CPC/2015 e o Ministério Público, *v.* especialmente ZANETI JR., Hermes. *O Ministério Público e o novo processo civil*. Salvador: JusPodivm, 2018.

[22] Esclareça-se que, tendo a Constituição conferido ao Ministério Público independência funcional, caberá exclusivamente à instituição decidir se o interesse público e social justificam a sua intervenção. Nesse sentido, *v.* STF, RE 98.941-2/SP, rel. Min. Djaci Falcão, *DJU* 04.10.1984, p. 16.288.

e social e aos litígios coletivos, a intervenção do Ministério Público é exigida, v.g., na ação que requer a desconsideração da pessoa jurídica, (CPC, art. 133, *caput*), na ação possessória em que figure no polo ativo grande número de pessoas (CPC, arts. 554, § 1º e 565, § 2º), nos procedimentos de jurisdição voluntária, desde que a hipótese se enquadre no art. 178 do CPC (CPC, art. 720), na alteração do regime de bens do casamento (CPC, art. 734, § 1º), em testamentos e codicilos (CPC, arts. 735, § 2º e 737, § 2º), na herança jacente (CPC arts. 739, § 1º, I e 740, § 6º), nos bens de ausente (CPC, art. 745, § 4º), na interdição (CPC, art. 747, IV e art. 748), no levantamento de curatela (CPC, art. 756, § 1º) e na remoção de tutor ou curador (CPC, art. 761, *caput*).

Para nós, ainda que não houvesse previsão legal, a função do Ministério Público de defesa da ordem jurídica, do regime democrático e dos interesses sociais e individuais indisponíveis já estaria a justificar a sua intervenção em feitos dessa natureza. Por isso, o rol de normas acima citado é meramente exemplificativo, certo de que em várias outras hipóteses a ordem jurídica brasileira prevê – seja em razão do interesse envolvido, da qualidade da parte ou da natureza da lide – a intervenção do Ministério Público a título de *custos juris*. Tal se dá, à evidência, em consonância com a finalidade da instituição, bem assim à luz de sua independência funcional, caracterizada pela ampla liberdade dos seus membros avaliarem os fatos e se manifestarem devidamente, até mesmo em sentido contrário ao interesse das partes. De fato, a independência funcional do órgão garante ao *Parquet* que verifique, de forma exclusiva, quando e como exercer as suas funções enquanto órgão interveniente. Assim já decidiu o STF, aduzindo que a "custódia da lei, deferida ao Ministério Público, não pode sofrer restrições, na exegese da norma processual, coarctando-lhe o pleno desempenho do ofício".[23] Apenas frise-se que a nova roupagem conferida à instituição pelo legislador constituinte de 1988 permitiu ampliar o vocábulo *lei* – referido na decisão do STF – para o atinente à *ordem jurídica*, no seio da qual se incluem tanto as normas domésticas (Constituição, leis etc.) como todas as normas de índole internacional de que o Brasil é parte. O próprio CPC dispõe, no art. 13, que "a jurisdição civil será regida pelas normas processuais brasileiras, ressalvadas [é dizer, *prevalecendo*] as disposições específicas previstas em tratados, convenções ou acordos internacionais de que o Brasil seja parte".

Assim, o Ministério Público, quando chamado a intervir, como pressuposto para o acolhimento de posição institucional quanto ao mérito da causa, terá por obrigação compatibilizar a norma doméstica tanto com a Constitui-

---

[23] STF, RE 92.656/RJ, 1ª Turma, rel. Min. Néri da Silveira, j. 03.12.1984, *Lex-JSTF* 92/1973.

ção Federal quanto com os tratados internacionais de direitos humanos em vigor no Estado, ainda que a sua manifestação seja contrária à pretensão da parte ou ao interesse que motivou a sua intervenção no feito, amparado pelo princípio da independência funcional. Nesse sentido, já observou o STJ que "não está obrigado o representante do Ministério Público a manifestar-se, sempre, em favor do litigante incapaz", pois "[e]stando convencido de que a postulação do menor não apresenta nenhum fomento de juridicidade, é-lhe possível opinar pela sua improcedência".[24]

Por sua vez, quando da análise do mérito processual, deverá o Ministério Público compreender – "escutar", para falar com o Erik Jayme[25] – o "diálogo" entre a norma internacional e a norma interna, para o fim de se manifestar pela aplicação da norma que oferecer o espectro de maior proteção à pessoa, em homenagem ao princípio *pro homine* ou *pro persona*. Nesse "diálogo" que deve ser travado pelo *Parquet* na condição de *custos juris*, há que se levar também em conta os precedentes (eventualmente existentes) da Corte IDH, pois é essa a instância última de interpretação da Convenção Americana sobre Direitos Humanos. Assim, se o órgão ministerial verificar que a normativa convencional é mais benéfica que o direito interno, deverá se manifestar pela aplicação imediata do tratado internacional, à luz da primazia da norma mais favorável à pessoa. Relembre-se, ademais, que as sentenças da Corte IDH valem a título de coisa julgada (*res judicata*) para o Estado-réu na ação internacional e como "coisa interpretada" (*res interpretata*) para terceiros Estados.[26] As sentenças internacionais em desfavor de terceiros Estados valem no Brasil, portanto, como *res interpretata*, certo de que nessa condição devem ser levadas em consideração pelo órgão ministerial. Não há, portanto, justificativa válida para que se desconheça a jurisprudência da Corte IDH sobre os mais variados temas relativos a direitos humanos, para além, evidentemente, dos casos específicos contra o Brasil (*v.* Capítulo 3, item 3.4.1.3, *infra*). Esse complexo jurisprudencial deverá guiar os membros do *Parquet* na interpretação das normas internacionais ligadas às decisões da Corte IDH.

Observe-se que a falta de intimação do Ministério Público para atuar nos feitos em que seja obrigatória a sua intervenção é causa de nulidade processual, prevista no art. 279, *caput*, do CPC, segundo o qual "[é] nulo o processo quando o membro do Ministério Público não for intimado a acom-

---

24 STJ, REsp 135.744/SP, 4ª Turma, rel. Min. Barros Monteiro, j. 24/06/2003, *DJU* 22.09.2003, p. 327.
25 JAYME, Erik. Identité culturelle et intégration..., cit., p. 259.
26 *V.* MAC-GREGOR, Eduardo Ferrer. Eficacia de la sentencia interamericana y la cosa juzgada internacional..., cit., p. 607-638.

panhar o feito em que deva intervir". Nesse contexto, destaque-se que o art. 967, III, *a*, do mesmo *Codex*, legitimou o órgão a propor ação rescisória nos processos em que não for ouvido,[27] o que demonstra, de forma inequívoca, o protagonismo da instituição na defesa da ordem jurídica e dos interesses sociais e individuais indisponíveis.

Ademais, o CPC também determinou a intervenção ministerial nos incidentes de resolução de demandas repetitivas, ao dispor que "[s]e não for o requerente, o Ministério Público intervirá obrigatoriamente no incidente e deverá assumir sua titularidade em caso de desistência ou de abandono" (art. 976, § 2º). Em tal oportunidade, a manifestação do Ministério Público ecoará nas múltiplas demandas, uma vez que a decisão do incidente formará coisa julgada sobre a questão repetitiva, certo de que os tratados de direitos humanos não devem ser alijados desse processo, dado caber ao *Parquet* ponderá-los com as demais normas que formam o ordenamento jurídico nacional.

2.2.3.2 Intervenção em habeas corpus

O art. 654, *caput*, do CPP prevê a possibilidade de o Ministério Público – na defesa da ordem jurídica e na fiscalização da execução da lei (art. 257, II) – impetrar *habeas corpus* em favor de alguém que sofreu ou se achar na iminência de sofrer violência ou coação ilegal na sua liberdade de ir e vir, certo de que, quando não for o autor do remédio heroico, haverá hipóteses em que o membro ministerial será intimado a intervir na qualidade de *custos juris*.

Neste ponto, importa consignar que no capítulo destinado pelo CPP ao tratamento do processo de *habeas corpus*, não há qualquer previsão legal para a intervenção do Ministério Público na qualidade de *custos juris*. De fato, relativamente aos *habeas corpus* impetrados em primeira instância, a norma processual penal se revela movida pelo claro propósito de conferir celeridade à tramitação do remédio heroico, motivo pelo qual, nesses casos, deve o juízo competente, à vista do instrumento de impetração da medida, requisitar informações ao agente apontado como coator e logo proceder ao julgamento do mérito da causa. Por isso, a jurisprudência dos tribunais sobre a matéria não reconhece a nulidade das sentenças que concedem liberdade em sede de *habeas corpus* sem a prévia intimação do Ministério Público para manifestação na causa.[28]

---

[27] *Verbis*: "Têm legitimidade para propor a ação rescisória: (...) III – o Ministério Público: *a*) se não foi ouvido no processo em que lhe era obrigatória a intervenção".

[28] A propósito, assim já se manifestou o TRF-2: "Nos termos do Decreto-lei 552/69, não é obrigatória a intervenção ministerial nas ações de *habeas corpus* em trâmite pelo 1º grau de jurisdição, salvo no caso de impetração pelo MPF ou de ele constituir

No entanto, a manifestação do *Parquet* como órgão interveniente nas ações de *habeas corpus* em trâmite nos tribunais, seja em caráter originário ou em grau de recurso, recebe expressa previsão no art. 1º do Decreto-lei nº 552, de 25 de abril de 1969,[29] certo de que, ainda, o art. 666 do CPP autoriza os "Tribunais de Apelação" – expressão que identifica atualmente os Tribunais de Justiça dos Estados e os Tribunais Regionais Federais – a estabelecerem normas complementares para o processo e julgamento das ações de *habeas corpus* de sua competência originária.[30] Já no âmbito dos tribunais superiores, a intervenção do Ministério Público nas ações de *habeas corpus*, a título de *custos juris*, conta com previsão expressa tanto no Regimento Interno do STF (art. 192, § 1º[31]) quanto do STJ (art. 202[32]).

Em todos os casos em que prevista a intervenção do *Parquet* nas ações de *habeas corpus*, deve a instituição, quando provocada, aferir a convencionalidade das normas do direito interno à luz das convenções de direitos humanos em vigor no Brasil, seja para garantir os direitos individuais relacionados à liberdade do impetrante ou para defender ou vindicar o cumprimento das obrigações positivas do Estado em matéria criminal, em atendimento aos direitos e interesses das vítimas de crimes ou da proteção objetiva dos direitos humanos por meio da tutela penal (*v.* Capítulo 3, subitem 3.4.1.1, *infra*).

Uma questão interessante relativa ao remédio heroico e à *falta de devida aferição* de convencionalidade pelo Ministério Público diz respeito à decisão do STF que admitiu o *habeas corpus* coletivo – dispensando o requisito

---

autoridade coatora. Inexistência de nulidade na sentença que concede a ordem sem abrir vista ao Ministério Público para se manifestar" (TRF-2, 1ª Turma Especializada, Recurso em Sentido Estrito nº 2005.51.05.000433-1, rel. Des. Fed. Abel Gomes, j. 11.01.2006, *DJU* 26.01.2006, p. 162).

[29] *Verbis*: "Ao Ministério Público será sempre concedida, nos Tribunais Federais ou Estaduais, vista dos autos relativos a processos de 'habeas corpus' originários ou em grau de recurso pelo prazo de 2 (dois) dias".

[30] *Verbis*: "Os regimentos dos Tribunais de Apelação estabelecerão as normas complementares para o processo e julgamento do pedido de *habeas corpus* de sua competência originária".

[31] *Verbis*: "Não se verificando a hipótese do *caput*, instruído o processo e ouvido o Procurador-Geral em dois (2) dias, o Relator apresentará o feito em mesa para julgamento na primeira sessão da Turma ou do Plenário, observando-se, quanto à votação, o disposto nos arts. 146, § único, e 150, § 3º".

[32] *Verbis*: "Instruído o processo e ouvido o Ministério Público em dois dias, o relator o colocará em mesa para julgamento, na primeira sessão da Turma, da Seção ou da Corte Especial, ou, se a matéria for objeto de jurisprudência consolidada do Superior Tribunal de Justiça ou do Supremo Tribunal Federal, poderá decidir monocraticamente".

previsto no art. 654, § 1º, *a*, do CPP[33] – para conceder liberdade a todas as mulheres submetidas à prisão cautelar no sistema penitenciário brasileiro que ostentavam a condição de gestantes, puérperas ou mães com filhos de até 12 anos de idade sob sua responsabilidade.[34] No acórdão em questão, o STF concedeu a ordem para determinar a substituição da prisão preventiva pela domiciliar – sem prejuízo da aplicação concomitante das medidas alternativas previstas no art. 319 do CPP – de todas as mulheres presas, gestantes, puérperas ou mães de crianças e deficientes sob sua guarda, nos termos do art. 2º do ECA e da Convenção da ONU sobre os Direitos das Pessoas com Deficiência, enquanto perdurasse tal condição, excetuados os casos de crimes praticados mediante violência ou grave ameaça, contra seus descendentes ou, ainda, em situações excepcionalíssimas devidamente fundamentadas pelos juízes em caso de denegação do benefício. O STF também estendeu a ordem, de ofício, às demais mulheres presas, gestantes, puérperas ou mães de crianças e de pessoas com deficiência, bem assim às adolescentes sujeitas a medidas socioeducativas em idêntica situação no território nacional, observadas as restrições referidas.[35]

Em face do interesse que fundamentava o remédio heroico, o Procurador-Geral da República foi instado a se manifestar, porém deixou de aferir devidamente a compatibilidade dos atos impugnados com os tratados de direitos humanos em vigor no Brasil, entendendo pelo não conhecimento do *habeas corpus* coletivo, alegando impossibilidade de concessão de ordem genérica, sem individualização do beneficiário e com expedição de salvo-conduto a número indeterminado de pessoas. A falta de devida aferição de convencionalidade, nesse caso, foi patente. De fato, deveria ter o chefe do Ministério Público da União adentrado ao mérito do pedido e apreciado o direito das segregadas à luz dos tratados internacionais de direitos humanos, inclusive com o devido cotejo ao direito das vítimas, de forma a aprofundar a necessidade da cautelar contestada em relação à proteção judicial conferida aos agredidos, nos termos do art. 25 da Convenção Americana de Direitos Humanos.[36] No entanto, o Procurador-Geral da República deixou de exa-

---

[33] *Verbis*: "A petição de *habeas corpus* conterá: *a*) o nome da pessoa que sofre ou está ameaçada de sofrer violência ou coação e o de quem exercer a violência, coação ou ameaça".
[34] O *habeas corpus* respectivo foi impetrado pela Defensoria Pública da União.
[35] STF, *HC* 143.641/SP, 2ª Turma, rel. Min. Ricardo Lewandowski, j. 20.02.2018, *DJe* 08.10.2018.
[36] *Verbis*: "1. Toda pessoa tem direito a um recurso simples e rápido ou a qualquer outro recurso efetivo, perante os juízes ou tribunais competentes, que a proteja contra atos que violem seus direitos fundamentais reconhecidos pela constituição, pela lei ou pela

minar a convencionalidade da questão trazida em sede de *habeas corpus* e sequer analisou os comandos de instrumentos importantes de proteção dos direitos humanos, como a Convenção Americana de Direitos Humanos e a Convenção da ONU sobre Direitos das Pessoas com Deficiência.[37]

Exemplos como esse, não há dúvida, depõem contra o Ministério Público por demonstrarem desconhecimento – naquele caso concreto, da Procuradoria-Geral da República – de todo o mosaico normativo de direitos humanos em vigor no Brasil e seu impacto no direito interno, à luz do princípio *pro homine* ou *pro persona*.

Enfim, é importante fixar a ideia de que, em sede de *habeas corpus*, o Ministério Público tem a responsabilidade de se manifestar pelo afastamento do ato ilegal ou inconvencional que não observa as obrigações internacionais assumidas do Estado brasileiro, levando sempre em conta o princípio *pro homine* ou *pro persona* na aplicação dos tratados internacionais de direitos humanos em vigor no Brasil.

2.2.3.3 Intervenção no mandado de segurança

A Lei nº 12.016/2009 – Lei do Mandado de Segurança – prevê, em seu artigo inaugural, o cabimento do mandado de segurança "para proteger direito líquido e certo, não amparado por *habeas corpus* ou *habeas data*, sempre que, ilegalmente ou com abuso de poder, qualquer pessoa física ou jurídica sofrer violação ou houver justo receio de sofrê-la por parte de autoridade, seja de que categoria for e sejam quais forem as funções que exerça" (art. 1º, *caput*). A norma, como se nota, segue a diretriz constitucional segundo a qual "conceder-se-á mandado de segurança para proteger direito líquido e certo, não amparado por *habeas corpus* ou *habeas data*, quando o responsável pela ilegalidade ou abuso de poder for autoridade pública ou agente de pessoa jurídica no exercício de atribuições do Poder Público" (art. 5º, LXIX).

Segundo a Lei do Mandado de Segurança, ao final do prazo de informações da autoridade coatora "o juiz ouvirá o representante do Ministério Público, que opinará, dentro do prazo improrrogável de 10 (dez) dias" (art.

---

presente Convenção, mesmo quando tal violação seja cometida por pessoas que estejam atuando no exercício de suas funções oficiais. 2. Os Estados Partes comprometem-se: *a)* a assegurar que a autoridade competente prevista pelo sistema legal do Estado decida sobre os direitos de toda pessoa que interpuser tal recurso; *b)* a desenvolver as possibilidades de recurso judicial; e *c)* a assegurar o cumprimento, pelas autoridades competentes, de toda decisão em que se tenha considerado procedente o recurso".

[37] MPF, Procuradoria-Geral da República, *Parecer nº 29.57/CS* (*HC* 13.641/SP), Brasília, 06.11.2017.

12, *caput*). Como se nota, a norma não trouxe qualquer limitação à fonte do direito líquido e certo objeto do *mandamus*, que poderá ser oriunda, portanto, de tratados internacionais de direitos humanos, oportunidade em que o Ministério Público, ao se manifestar, tem a obrigação de aferir a convencionalidade do ato tido por ilegal ou praticado com abuso de poder.

Assim, o interesse que justifica a intervenção do Ministério Público no *mandamus* obriga a instituição a compatibilizar verticalmente as normas domésticas (as espécies de leis, *lato sensu*, vigentes no país) com os tratados internacionais de direitos humanos ratificados pelo Estado e em vigor no território nacional. Isso porque a ação mandamental visa a correção de ato violador de direito ou omissão das autoridades, para afastar a ilegalidade ou o abuso de poder.

2.2.3.4 Intervenção na desapropriação de imóvel rural para fins de reforma agrária

A desapropriação para fins de reforma agrária consiste na disposição da propriedade privada – direito humano e fundamental – em favor do Estado, por motivos de necessidade ou utilidade pública, ou por interesse social, mediante prévia e justa indenização em dinheiro (CF, art. 5º, XXIV e arts. 184-191). A matéria decorre dos princípios que regem a atividade econômica no Brasil, trazidos no bojo do art. 170 da Constituição da República, especialmente a função social da propriedade, prevista no inciso III do dispositivo.

O interesse social a ensejar a limitação do direito fundamental (propriedade) já justifica a participação do Ministério Público no procedimento de desapropriação, que possui como fundamento não só a propriedade, mas a existência digna para os contemplados com a reforma agrária e principalmente a justiça social, com o claro objetivo de diminuir as desigualdades, cujo regulamento encontra-se na Lei Complementar nº 76/93.

A Lei Complementar nº 76/93 rege o procedimento contraditório especial, de rito sumário, para o processo de desapropriação de imóvel rural, por interesse social, para fins de reforma agrária. Para a Lei, a desapropriação é de competência privativa da União e será precedida de decreto declarando o imóvel de interesse social, para fins de reforma agrária (art. 2º). A ação de desapropriação, proposta pelo órgão federal executor da reforma agrária, será processada e julgada pelo juiz federal competente, inclusive durante as férias forenses (art. 2º, § 1º). Declarado o interesse social, para fins de reforma agrária, o expropriante torna-se legitimado a promover a vistoria e a avaliação do imóvel, inclusive com o auxílio de força policial, mediante prévia autorização do juiz, responsabilizando-se por eventuais perdas e danos que seus agentes vierem a causar, sem prejuízo das sanções penais cabíveis (art. 2º, § 2º). Ainda nos termos da Lei, a ação de desapropriação deverá ser proposta dentro do prazo de dois anos, contado da publicação do decreto declaratório (art. 3º).

Nos termos do art. 18, § 2º, da Lei, o Ministério Público Federal deverá intervir, obrigatoriamente, após a manifestação das partes, antes de cada decisão manifestada no processo, em qualquer instância. Certo, assim, é que a intervenção do *Parquet* federal deve levar em consideração todo o mosaico legislativo que integra o ordenamento jurídico brasileiro, inclusive os tratados e convenções de direitos humanos em vigor no Brasil, sempre à luz do princípio *pro homine* ou *pro persona*. Assim, a decisão relativa ao pedido de desapropriação encontrará fundamento estreito (de índole nacional e internacional) na garantia dos direitos fundamentais e humanos, a depender de cada caso concreto. É, portanto, fundamental a aferição de convencionalidade pelo *Parquet* para que o Poder Judiciário *controle* (com definitividade) a convencionalidade quando da decisão respectiva, não deixando que direitos fundamentais e humanos sejam prejudicados.

2.2.3.5 Intervenção nas ações de alimentos

A Lei nº 5.478/68 (Lei de Alimentos) prevê a intervenção do Ministério Público na audiência respectiva, após a oitiva das partes litigantes (art. 9º, *caput*). O *Parquet*, assim, intervém na ação de alimentos, inclusive quando da proposição do acordo, certo de que nessa oportunidade deverá defender os direitos do credor pela observância da norma (internacional ou interna) que maior espectro de proteção apresenta. Tal é assim por serem os alimentos necessários à subsistência do credor, integrando a sua dignidade e configurando direito indisponível. Daí ser necessária a verificação de qual norma – a internacional ou a interna – é *mais benéfica* ao credor de alimentos.

No caso específico de crianças e adolescentes, o ECA diz competir ao Ministério Público tanto a *promoção* quanto o *acompanhamento* das ações de alimentos (art. 201, III). No caso da promoção da ação há, inclusive, súmula do STJ segundo a qual "[o] Ministério Público tem legitimidade ativa para ajuizar ação de alimentos em proveito de criança ou adolescente independentemente do exercício do poder familiar dos pais, ou do fato de o menor se encontrar nas situações de risco descritas no art. 98 do Estatuto da Criança e do Adolescente, ou de quaisquer outros questionamentos acerca da existência ou eficiência da Defensoria Pública na comarca" (Súmula 594, de 25.10.2017).

A seu turno, quando o *Parquet* não for o proponente da ação, deverá acompanhá-la a título de *custos juris*, ocasião em que deve observar, para além das normas domésticas, os tratados internacionais de direitos humanos em vigor no Brasil, para o fim de verificar qual normativa confere maior proteção à criança ou ao adolescente.

2.2.3.6 Intervenção em casos registrais

Por meio do Registro Público se atribui autenticidade a documentos, coisas ou declarações de verdade, e por isso é um instrumento de segurança tão necessário às relações sociais. Nesse sentido, cabe ao Ministério Público, consoante as suas atribuições constitucionais, zelar pela veracidade das informações constantes nos registros públicos realizados em cartórios de pessoas ou de imóveis, por caracterizarem serviço de relevância pública. Para isso, os Promotores de Justiça agem como fiscais nos processos judiciais e extrajudiciais que envolvem pedidos de modificação nesses registros, nos termos da Lei de Registros Públicos (Lei nº 6.015/73).

A Lei de Registros Públicos demanda a intervenção ministerial em procedimentos relativos, *v.g.*, à alteração de nome e de prenome (arts. 57, *caput* e 58, parágrafo único), à habilitação de casamento (art. 67, § 1º), ao casamento em iminente risco de vida (art. 76, §§ 2º e 3º), à suspeita de fraude, falsidade ou má-fé em declarações ou documentação para fins de averbação (art. 97, parágrafo único), à restauração, suprimento ou retificação de registro civil (art. 109, *caput* e § 1º e art. 110, *caput*) e ao procedimento de suscitação de dúvida de registro (art. 200). Em todos esses casos a intervenção ministerial é imprescindível para a estabilidade das relações sociais, uma vez que garante autenticidade, segurança e eficácia aos atos jurídicos, seja em razão dos interesses envolvidos ou no que tange aos reflexos sociais que o ato ocasiona.

Relativamente ao registro de crianças, destaque-se a previsão do art. 24(2) do Pacto Internacional sobre Direitos Civis e Políticos, segundo o qual "[t]oda criança deverá ser registrada imediatamente após seu nascimento e deverá receber um nome". Por sua vez, o Pacto Internacional dos Direitos Econômicos, Sociais e Culturais prevê, no art. 10(3), que os Estados-partes "[d]evem adotar medidas especiais de proteção e de assistência em prol de todas as crianças e adolescentes, sem distinção por motivo de filiação ou qualquer outra condição", devendo "proteger as crianças e adolescentes em trabalhos que lhes sejam nocivos à saúde ou que lhes façam correr perigo de vida, ou ainda que lhes venham a prejudicar o desenvolvimento normal, será punido por lei", bem assim "estabelecer limites de idade sob os quais fique proibido e punido por lei o emprego assalariado da mão de obra infantil". No sistema interamericano, o art. 19 da Convenção Americana prevê que "[t]oda criança tem direito às medidas de proteção que a sua condição de menor requer, por parte da sua família, da sociedade e do Estado", lembrando-se que o conceito de "criança", para fins de proteção, conota toda pessoa que não atingiu 18 (dezoito) anos de idade, consoante entendimento da Corte IDH na *Opinião Consultiva nº 17*, de 28 de agosto de 2002 (e também consoante o art. 1º da Convenção da ONU sobre os Direitos da Criança, de 1989). Essas são, portanto, normativas internacionais que hão de ser paradigma para o exame de convencionalidade pelo Ministério Público quando da defesa dos interesses de menores.

Cabe relevar, ainda, que nos termos do art. 129, II, da Constituição Federal são funções institucionais do Ministério Público "zelar pelo efetivo respeito dos Poderes Públicos e dos serviços de relevância pública aos direitos assegurados nesta Constituição, promovendo as medidas necessárias a sua garantia", o que torna imprescindível a atuação ministerial perante o serviço público de registro, defendendo a ordem jurídica e compatibilizando verticalmente as normas internas com os tratados de direitos humanos internalizados.

2.2.3.7 Intervenção na mediação

A Lei nº 13.140/2015 (Lei da Mediação) dispõe – a exemplo do que prevê o art. 3º, § 3º, do CPC[38] – sobre a mediação entre particulares como meio de solução de controvérsias e sobre a autocomposição de conflitos no âmbito da administração pública, determinando que o consenso das partes envolvendo direitos indisponíveis, porém transigíveis, deve ser homologado em juízo, exigida a oitiva do Ministério Público (art. 3º).

A mediação consiste, segundo a Lei, na "atividade técnica exercida por terceiro imparcial sem poder decisório, que, escolhido ou aceito pelas partes, as auxilia e estimula a identificar ou desenvolver soluções consensuais para a controvérsia" (art. 1º, parágrafo único). Nesse sentido, a intervenção do Ministério Público decorre dos direitos indisponíveis que serão objeto da mediação, bem como do interesse público e social, vocação constitucional do órgão ministerial.

Da mesma forma que nos casos anteriores, deve o *Parquet*, quando da sua oitiva, intervir na causa à luz do interesse público primário, procedendo à harmonização do eventual conflito. Nessa oportunidade, deve aferir a convencionalidade do direito em questão relativamente às previsões dos tratados internacionais de direitos humanos em vigor no Brasil. Tal se dá porque a transação sobre direitos indisponíveis deve pautar-se na busca de uma avença sobre a melhor forma de resguardá-los.

---

[38] *Verbis*: "A conciliação, a mediação e outros métodos de solução consensual de conflitos deverão ser estimulados por juízes, advogados, defensores públicos e membros do Ministério Público, inclusive no curso do processo judicial".

2.2.3.8 Intervenção na ação penal privada e na execução penal

A legislação brasileira também prevê hipóteses em que o Ministério Público intervém na seara criminal, quando não exerce a titularidade da ação penal. Tal se dá nos casos do art. 45 do CPP, que prevê atuação do órgão como *custos juris* na ação penal de iniciativa privada, e no do art. 67 da Lei de Execução Penal (Lei nº 7.210/84), que prevê a obrigação do órgão de fiscalizar a execução da pena e da medida de segurança, oficiando no processo executivo e nos incidentes da execução.

Na ação penal privada o Ministério Público não exercerá o *jus persequendi*, uma vez que o instrumento possui como objeto infrações penais cujo prejuízo derivado da conduta ilícita afeta maximamente a vítima. No entanto, na defesa da ordem jurídica deve atuar como *custos juris*, zelando pelo devido processo legal e demais garantias processuais penais, oportunidade em que apreciará a compatibilidade vertical entre a norma penal e processual penal aos tratados de direitos humanos, sempre defendendo a aplicação da norma que ofereça maior espectro de proteção ao direito violado.

A aplicação dos tratados de direitos humanos nos casos de cumprimento de pena deve ser prioridade do Ministério Público nas varas de execução penal, uma vez que o princípio da dignidade da pessoa humana irradia efeitos a todo o processo penal e à execução penal no Brasil, inadmitindo-se as penas tortuosas, desumanas ou degradantes que solapam a dignidade do reeducando. Nesse sentido, o art. 5º, III, da Constituição assegura que "ninguém será submetido a tortura nem a tratamento desumano ou degradante". No contexto interamericano, a Convenção Americana garante, no art. 5º(2), que "ninguém deve ser submetido a torturas, nem a penas ou tratos cruéis, desumanos e degradantes", bem assim que "[t]oda pessoa privada de liberdade deve ser tratada com o respeito devido à dignidade inerente ao ser humano". Por isso, ao intervir nas execuções penais, deve o *Parquet* pautar o cumprimento da pena também conforme os ditames convencionais, interpretando e aplicando o direito para compatibilizar os atos normativos à dignidade do sentenciado, devendo sua manifestação direcionar-se ao afastamento da norma menos protetora ao direito tutelado.

Frise-se que a Comissão IDH, no caso *Carandiru vs. Brasil*, apresentou o Relatório nº 34, de 13 de abril de 2000, em que destacou a proteção que a Convenção Americana faz do direito à vida e do direito à integridade pessoal, declarando, na ocasião, que o Brasil "violou suas obrigações decorrentes dos artigos 4º (direito à vida) e 5º (direitos à integridade pessoal), em virtude da morte de 111 pessoas e de um número indeterminado de feridos, todos eles detidos sob a sua custódia, na subjugação do motim Carandiru em 2 de outubro de 1992, pela ação dos agentes da Polícia Militar de São Paulo", bem assim que "[a] República Federativa do Brasil é responsável pela violação dos citados artigos da Convenção por motivo do descumprimento, no caso dos internos em Carandiru, das devidas condições de detenção e pela omissão em adotar estratégias e medidas adequadas para prevenir as situações de violência e para debater possíveis motins". A Comissão reconheceu, no entanto, que "foram tomadas medidas para melhorar as condições carcerárias, em particular a construção de novas instalações penitenciárias, a fixação de novas normas de detenção e o estabelecimento do Estado de São Paulo de uma secretaria especial responsável por esses assuntos".[39] A Comissão também recomendou ao Brasil que procedesse uma investigação completa, imparcial e efetiva para identificar e processar as autoridades e funcionários responsáveis pelas violações de direitos humanos, e que adotasse as necessárias medidas de amparo às vítimas e seus familiares, inclusive com a devida reparação. Por fim, recomendou que o Brasil deva desenvolver "políticas e estratégias destinadas a descongestionar a população das casas de detenção, estabelecer programas de reabilitação e reinserção social acordes com as normas nacionais e internacionais e prevenir surtos de violência nesses estabelecimentos", e "[d]esenvolver, ademais, para o pessoal carcerário e policial, políticas, estratégias e treinamentos especiais orientados para a negociação e a solução pacífica de conflitos, assim como técnicas de reinstauração da ordem que permitam a subjugação de eventuais motins como o mínimo de risco para a vida e a integridade pessoal dos internos e das forças policiais".

Nesse sentido, o Ministério Público, atuando como *custos juris* na execução penal, deve garantir a consecução do que foi recomendado pela Comissão IDH contra o Brasil, zelando pelo cumprimento da pena com a dignidade que lhe garante o ordenamento jurídico, intervindo para prevenir e evitar graves violações a direitos humanos, tais as ocorridas em outubro de 1992, na Casa de Detenção de São Paulo ("Carandiru"), sem prejuízo, à evidência, do dever de fiscalizar o efetivo cumprimento da pena imposta, como forma de garantir a proteção objetiva dos direitos humanos e os legítimos interesses das vítimas e de seus familiares.

2.2.3.9 Intervenção em sede recursal

O membro Ministério Público que atua perante os tribunais – proferindo pareceres nos processos que exijam a intervenção ministerial, em decorrência

---

[39] Comissão IDH, Relatório nº 34/2000, Caso 11.291 (Carandiru), de 13.04.2000.

da qualidade da parte ou da natureza da lide, a título de *custos juris* – deve assumir o seu protagonismo de defesa dos direitos humanos e fundamentais, à guisa do membro que atua na instância inferior.

Ainda que em nenhum momento processual tenha sido ventilada a compatibilidade das normas domésticas relativamente a tratados de direitos humanos, certo é que o órgão ministerial de instância recursal deve obrigatoriamente fazê-lo, notadamente em face da indisponibilidade do direito ou questão de ordem pública, em qualquer momento processual, mesmo que não alegado ou requerido pelas partes, ainda que uma delas seja o Ministério Público de primeira instância.

Destaca-se que o Ministério Público no segundo grau de jurisdição (e perante os tribunais superiores) atua nas causas mais complexas e, muitas vezes, urgentes, o que demanda uma atitude ágil e célere ante o possível perecimento do direito, ocorrência do dano ou, até mesmo, o agravamento da violação do direito em tela. Nesse sentido, deve agir eficazmente para assegurar o cumprimento dos objetivos da República Federativa do Brasil com a preponderância das normas internacionais que melhor tutelem os direitos vulnerados, em homenagem ao princípio *pro homine* ou *pro persona*.

Haveria, evidentemente, a necessidade de uma interação maior dos membros do *Parquet* com atividade em instâncias jurisdicionais diversas, dado que o órgão ministerial é uno e indivisível, o que não impede o membro com atribuição perante a segunda instância de defender a ordem jurídica e optar pela melhor (mais benéfica) aplicação dos tratados de direitos humanos internalizados, atingindo, ainda que tardiamente, o seu mister constitucional de inserir os direitos fundamentais e humanos no eixo essencial do sistema de justiça.

2.3 AFERIÇÃO DE CONVENCIONALIDADE NO CONTROLE ABSTRATO DE NORMAS (*SPONTE SUA* OU COMO *CUSTOS JURIS*)

Para garantir a segurança jurídica e estabilizar as relações sociais o sistema constitucional brasileiro definiu os controles difuso (concreto) e concentrado (abstrato) de constitucionalidade das leis, o primeiro realizado por todos os órgãos investidos de jurisdição e o segundo pelo STF, para o fim de compatibilizar as normas nacionais com os preceitos contemplados pela Constituição Federal. Frise-se, por oportuno, que também os Tribunais de Justiça dos Estados controlam a constitucionalidade no modelo concentrado, relativamente às normas das Constituições estaduais.

Não obstante a importância de que se reveste o controle de constitucionalidade, certo é que, hodiernamente, para que uma norma interna seja vigente e *válida* deve passar por *duplo crivo* de compatibilidade, pois somente assim será conforme a ordem jurídica *como um todo*. Esse duplo crivo é relativo ao exame de constitucionalidade *e de convencionalidade* das leis, ao que se nomina "dupla compatibilidade vertical material",[40] especialmente porque, à luz da jurisprudência atual do STF, os tratados internacionais de direitos humanos em vigor no Brasil guardam nível supralegal no País.[41] Para além disso, frise-se que as normas domésticas devem também estar conformes a jurisprudência da Corte IDH, que é o tribunal internacional que vincula, em matéria de direitos humanos, os Estados-partes na Convenção Americana sobre Direitos Humanos, como é o caso do Brasil. Portanto, para que as normas internas brasileiras sejam vigentes *e válidas* devem estar de acordo tanto (*i*) com a Constituição Federal quanto (*ii*) com os tratados internacionais de direitos humanos em vigor no Brasil, e ainda (*iii*) com a jurisprudência (caso exista para o caso concreto) da Corte IDH.[42]

Dessa forma, todos os órgãos do Estado devem interpretar e aplicar a lei doméstica consoante os tratados internacionais de direitos humanos aqui em vigor, compatibilizando-as ou conformando-as segundo os mandamentos (sempre quando *mais benéficos*) desses tratados, devendo o Ministério Público, a seu turno, assim proceder a título de tutor da ordem jurídica, por expressa determinação constitucional (CF, art. 127). Tal é assim, também, pelo fato de os tratados internacionais de direitos humanos, após internalizados, deterem eficácia *imediata* na ordem doméstica (CF, art. 5º, § 1º) e efeito paralisador das normas internas menos benéficas, até que elas sejam conformadas, interpretadas e aplicadas nos termos das convenções internalizadas e em vigor.

A possibilidade de controle difuso de convencionalidade está prevista em nosso ordenamento jurídico desde 5 de outubro de 1988, quando veio à luz a atual Constituição Federal, nos termos do art. 5º, § 2º, para o qual os direitos e garantias expressos no texto constitucional "não excluem" outros

---

[40] Sobre o desenvolvimento pioneiro dessa dupla compatibilização no Brasil, *v.* MAZZUOLI, Valerio de Oliveira. *Tratados internacionais de direitos humanos e direito interno*, cit., p. 178 e ss; e MAZZUOLI, Valerio de Oliveira. *Controle jurisdicional da convencionalidade das leis*, cit., p. 142 e ss.

[41] STF, RE 466.343/SP, Tribunal Pleno, rel. Min. Cezar Peluso, j. 03.12.2008, *DJe* 04.06.2009.

[42] A propósito, *v.* Corte IDH, *Caso Trabalhadores Demitidos do Congresso (Aguado Alfaro e Outros) vs. Peru*, Exceções Preliminares, Mérito, Reparações e Custas, sentença de 24 de novembro de 2006, Série C, nº 158, § 128.

direitos e garantias decorrentes de tratados internacionais de que o Brasil seja parte. O dispositivo, como se nota, reconhece uma *dupla fonte normativa* ao sistema brasileiro de direitos e garantias: a proveniente de normas de direitos fundamentais (constitucionais) e a decorrente de normas de direitos humanos (internacionais).[43]

Portanto, os direitos conferidos por tratados internacionais internalizados possuem índole e nível de normas constitucionais no Brasil e, por consequência, aplicabilidade imediata, o que leva à necessidade de se aferir a compatibilidade vertical da legislação doméstica com os direitos e garantias previstos por tais convenções. Todos os órgãos do Estado – incluído o Ministério Público, em todos os âmbitos – têm o dever, no momento do desempenho de suas funções, de examinar essa convencionalidade *ex officio*, cabendo ao Poder Judiciário, antes da apreciação do mérito da causa, exercer o controle *difuso* de convencionalidade da norma em questão.

Todavia, a Emenda Constitucional nº 45/2004 trouxe a possibilidade do controle também *concentrado* de convencionalidade das leis no Brasil, pelo acréscimo do § 3º ao art. 5º da Constituição Federal, que estabelece equivalência entre os tratados internacionais de direitos humanos e as emendas constitucionais, desde que se submetam ao procedimento especial ali previsto (três quintos dos votos dos membros de cada Casa do Congresso Nacional, em dois turnos). Assim, os tratados direitos humanos aprovados por essa maioria qualificada no Congresso Nacional possuirão "equivalência" de emendas constitucionais no Brasil, podendo ser paradigmas do controle *concentrado* (abstrato) de convencionalidade no STF.[44] Com isso, terão condições de "reformar" a Constituição (pois equivalem às emendas constitucionais) e não poderão ser denunciados por decreto do Poder Executivo, uma vez que são frutos do poder constituinte reformador (norma

---

[43] Sobre essa constatação, v. MAZZUOLI, Valerio de Oliveira. Os tratados internacionais de direitos humanos como fonte do sistema constitucional de proteção de direitos. *Revista do Centro de Estudos Judiciários*, nº 18, Brasília, p. 120-124, jul.-set. 2002.

[44] O estudo dos controles *difuso* e *concentrado* de convencionalidade foi pioneiramente desenvolvido no Brasil por: MAZZUOLI, Valerio de Oliveira. *Controle jurisdicional da convencionalidade das leis*, cit., p. 158 e ss. Destaque-se que os tratados não aprovados com quórum qualificado pelo Parlamento serão paradigma apenas do controle *difuso* de convencionalidade, por faltar-lhes (segundo entendimento atual do STF) o devido nível constitucional. Para detalhes, v. MAZZUOLI, Valerio de Oliveira. Podem os tratados de direitos humanos não "equivalentes" às emendas constitucionais servir de paradigma ao controle concentrado de convencionalidade? *Revista Direito Público*, Porto Alegre, vol. 64, p. 222-229, 2015.

constitucional material e formal) e paradigmas do controle concentrado de convencionalidade das leis.

Atualmente, o Brasil já aprovou, nos termos do art. 5º, § 3º, da Constituição, quatro importantes tratados internacionais de direitos humanos, quais sejam: (*i*) a Convenção Internacional sobre os Direitos das Pessoas com Deficiência, de 2007 (internalizada pelo Decreto nº 6.949/2009), (*ii*) o Protocolo Facultativo da Convenção Internacional sobre os Direitos das Pessoas com Deficiência, de 2007 (internalizado pelo Decreto nº 6.949/2009), (*iii*) o Tratado de Marraqueche para Facilitar o Acesso a Obras Publicadas às Pessoas Cegas, com Deficiência Visual ou com Outras Dificuldades para Ter Acesso ao Texto Impresso, de 2013 (internalizado pelo Decreto nº 9.522/2018) e (*iv*) a Convenção Interamericana contra o Racismo, a Discriminação Racial e Formas Correlatas de Intolerância, de 2013 (internalizada pelo Decreto nº 10.932/2022). Sendo, portanto, "equivalentes" às emendas constitucionais, tais instrumentos são paradigma para o controle *concentrado* de convencionalidade, podendo, assim, os legitimados do art. 103 da Constituição proporem, perante o STF, as ações do controle abstrato de normas para o fim de invalidar leis internas contrárias aos comandos (mais benéficos) desses instrumentos internacionais.

Dentre os legitimados a propor perante o STF as ações de controle abstrato de normas está o Procurador-Geral da República (CF, art. 103, VI), que é o chefe do Ministério Público da União (CF, art. 128, § 1º). Tem-se, nesse caso, a legitimidade desse agente do Estado – membro do Ministério Público Federal – para deflagrar, também, o controle abstrato (concentrado) de convencionalidade no Brasil, para o fim de adaptar/invalidar as leis internas contrárias aos comandos (mais benéficos) dos tratados de direitos humanos equivalentes às emendas constitucionais.

O chefe do Ministério Público da União, no controle concentrado de convencionalidade, atua como legitimado constitucional, e assim agindo – aferindo a compatibilidade vertical da norma com o tratado de direitos humanos – realiza o *primeiro* juízo de convencionalidade da norma, que seguirá, depois, para o Poder Judiciário (STF). Caso o Procurador-Geral da República entenda pela incompatibilidade normativa da lei em relação ao tratado, caberá a propositura ou (*i*) da "ação direta de inconvencionalidade" (art. 103, VI), ou (*ii*) da "ação declaratória de convencionalidade" (art. 103, VI), (*iii*) da "ação direta de inconvencionalidade por omissão" (art. 103, § 2º) ou, ainda, (*iv*) da Arguição de Descumprimento de Preceito Fundamental [fundado em tratado de direitos humanos equivalente a emenda constitucional] (art. 102, § 1º). Outrossim, ainda que não atue como parte, o chefe do Ministério Público da União, na defesa da ordem jurídica, participa do processo deflagrado pelos demais colegitimados na qualidade de *custos juris*.

Importante, portanto, analisar as duas formas de atuação do *Parquet* federal no controle abstrato de normas: primeiramente, quando a aferição de convencionalidade se dá por iniciativa do Procurador-Geral da República, quando deflagra, *sponte sua*, o controle concentrado de normas perante o STF (item 2.3.1); depois, quando o mesmo Procurador-Geral da República é provocado a se manifestar nesse controle concentrado, atuando, agora, como *custos juris* nas ações convencionais abstratas deflagradas por outros legitimados do art. 103 da Constituição (item 2.3.2).

2.3.1 Aferição de convencionalidade por iniciativa própria (aferição *sponte sua*)

O Ministério Público, no uso de suas atribuições institucionais, especialmente na defesa da ordem jurídica e do regime democrático, possui – não há dúvidas – legitimidade para questionar a constitucionalidade das normas internas. Da mesma forma, deve o Ministério Público questionar se as leis domésticas estão em consonância com os comandos previstos em tratados internacionais de direitos humanos em vigor no Brasil.

Uma das formas desse exame de convencionalidade ocorre quando o Procurador-Geral da República deflagra, *sponte sua*, o controle abstrato de normas perante o STF. Em casos tais, verificando que a legislação doméstica apresenta descompasso com a tutela dos direitos humanos consagrada em tratados de que o Brasil é parte, deve o *Parquet* federal promover o controle de convencionalidade concentrado perante o STF, nos termos da Lei nº 9.868/99, que dispõe sobre o processo e julgamento da ação direta de inconstitucionalidade e da ação declaratória de constitucionalidade.

Tal é assim, já se viu, porque a Emenda Constitucional nº 45/2004 acrescentou o § 3º ao art. 5º da Constituição Federal, possibilitando que os tratados de direitos humanos aprovados pelo quórum qualificado ali previsto (idêntico ao das emendas constitucionais) passassem a "equivaler" às emendas constitucionais, o que permitiu – em verdade, *fez surgir* – o controle concentrado de normas tendo como paradigma exclusivo os tratados internacionais de direitos humanos devidamente internalizados.

Alguns casos de controle abstrato propostos pelo Procurador-Geral da República perante o STF bem demonstram como é possível aferir a convencionalidade de leis internas à luz dos tratados internacionais de direitos humanos em vigor no Brasil, conjugada com fundamentos de direito constitucional sobre a matéria.

2.3.1.1 ADPF sobre Benefício de Prestação Continuada (BPC) às pessoas com deficiência

Entre os tratados de direitos humanos aprovados com equivalência de emenda constitucional no Brasil (nos termos do art. 5º, § 3º, da Constituição) está – já se falou – a Convenção Internacional sobre os Direitos das Pessoas com Deficiência de 2007 (internalizada pelo Decreto nº 6.949/2009). A partir de sua incorporação ao direito pátrio, foi possível utilizar das ações constitucionais de controle abstrato (ADI, ADC, ADO, ADPF etc.) para invalidar normas brasileiras violadoras dessa nova "emenda" constitucional.[45]

A Procuradoria-Geral da República se atentou para esse fato – não obstante deixar de utilizar a terminologia "controle de convencionalidade" na peça inicial – quando, *sponte sua*, ajuizou a ADPF 182 no STF, objetivando fosse reconhecido que (*a*) o art. 20, § 2º, da Lei nº 8.742/93 (Lei Orgânica da Assistência Social – LOAS) nao foi recepcionado pela Convenção Internacional dos Direitos da Pessoa com Deficiência, aprovada no Brasil pelo procedimento previsto no art. 5º, § 3º, da Constituição, e que (*b*) o conceito de pessoa com deficiência, estabelecido no art. 1º da Convenção, é de uso imperativo no direito interno brasileiro, sendo imediatamente aplicável no que tange aos critérios para a concessão dos benefícios de prestação continuada previstos na LOAS.[46]

De fato, a redação originária do art. 20, § 2º, da LOAS, trazia um conceito de pessoa com deficiência sobretudo desumano, ao dizer que "[p]ara efeito de concessão deste benefício, a pessoa portadora de deficiência é aquela *incapacitada para a vida independente e para o trabalho*". Como se sabe, as pessoas com deficiência não são, obrigatoriamente, incapacitadas para a vida independente e para o trabalho, podendo, em milhares de casos, viver e trabalhar normalmente, apenas com certas adaptações decorrentes de sua especial condição. Como disse a Procuradoria-Geral da República na petição inicial da ADPF, a definição de pessoa com deficiência na redação originária da LOAS sempre suscitou polêmica por ser "considerada extremamente restritiva", dado que "uma pessoa que apresente uma lesão física, mental, intelectual ou sensorial, que comprometa gravemente a sua participação em igualdade de condições na sociedade, e que viva em situação econômica de

---

[45] Para detalhes, *v.* MAZZUOLI, Valerio de Oliveira. *Controle jurisdicional da convencionalidade das leis*, cit., p. 167 e ss.
[46] MPF, Procuradoria-Geral da República, *Petição Inicial da ADPF 182*, Brasília, 09.07.2009.

absoluta miserabilidade, não fará jus ao benefício, se não for considerada '*incapaz para a vida independente e para o trabalho*'" [grifo do original].

Ao propor a ADPF 182, a Procuradoria-Geral da República entendeu – aferindo devidamente a convencionalidade da lei à luz da Convenção da ONU – que depois da incorporação da Convenção de 2007 ao direito brasileiro há um novo "conceito de pessoa com deficiência expressamente consagrado", que "é frontalmente incompatível com aquele estabelecido no ato normativo ora impugnado". De fato, a Convenção em referência prevê um espectro sobremaneira maior de proteção a essa categoria de pessoas que o conceito legal brasileiro impugnado, pois prevê que "[p]essoas com deficiência são aquelas que têm impedimentos de longo prazo de natureza física, mental, intelectual ou sensorial, os quais, em interação com diversas barreiras, podem obstruir sua participação plena e efetiva na sociedade em igualdades de condições com as demais pessoas" (art. 1º). Não se trata, como se nota, de pessoas *incapacitadas para a vida independente ou para o trabalho*, razão pela qual o Ministério Público Federal exerceu corretamente – por iniciativa própria – a fiscalização (aferição) de convencionalidade na modalidade concentrada (abstrata).

Frise-se que a ADPF em questão – que foi a primeira ação de controle concentrado de convencionalidade proposta no Brasil – perdeu, depois, o seu objeto em razão da edição da Lei nº 12.470/11, que alterou o art. 20, § 2º, da Lei nº 8.742/93, para atribuir às pessoas com deficiência o *exato* conceito da Convenção de Nova York de 2007 (no que se pode falar ter havido um controle *legislativo* de convencionalidade da Lei no Brasil). Posteriormente, a Lei nº 13.146/15 (Estatuto da Pessoa com Deficiência) manteve o mesmo entendimento e a conformidade conceitual de "pessoa com deficiência" com o que previsto pela Convenção da ONU, o que levou o STF a arquivar a ADPF por perda superveniente de seu objeto.[47]

2.3.1.2 *ADI sobre a natureza pública incondicionada da ação penal fundada na Lei Maria da Penha*

O Procurador-Geral da República propôs, no STF, a ADI 4424/DF, para que fosse conferida natureza pública incondicionada à ação penal fundada na Lei Maria da Penha (Lei nº 11.340/2006). Na ação, o MPF requereu que se conferisse interpretação conforme à Constituição aos artigos 12, I, 16 e 41 da Lei Maria da Penha, para que (*i*) a Lei nº 9.099/95 (Lei dos Juizados Espe-

---

[47] STF, ADPF 182/DF, rel. Min. Celso de Mello, Medida Cautelar, decisão de arquivamento de 24.04.2020.

ciais Cíveis e Criminais) não se aplique, em nenhuma hipótese, aos crimes cometidos no âmbito da Lei Maria da Penha, (*ii*) o crime de lesões corporais consideradas de natureza leve, praticadas contra a mulher em ambiente doméstico, seja processado mediante ação penal pública incondicionada, e (*iii*) os dispositivos referidos tenham aplicação a crimes que se processam mediante representação, por previsão legal distinta da Lei nº 9.099/95.

Naquele caso, ainda que a Convenção Interamericana para Prevenir, Punir e Erradicar a Violência contra a Mulher (*Convenção de Belém do Pará*, de 1994) não tenha integrado o ordenamento jurídico brasileiro com fundamento no art. 5º, § 3º, da Constituição, o Procurador-Geral da República, ao propor a ADI 4424/DF, fundamentou o seu pedido no art. 7º do tratado, que prevê, *inter alia*, a necessidade de (*i*) incluir na legislação interna normas penais, civis e administrativas necessárias para prevenir, punir e erradicar a violência contra a mulher, (*ii*) modificar leis e regulamentos vigentes ou modificar práticas jurídicas ou costumeiras que respaldem a persistência ou tolerância da violência contra a mulher, e (*iii*) estabelecer procedimentos legais justos e eficazes para a mulher que tenha sido submetida a violência.[48]

O pedido do MPF teve por base, também, *Recomendação* da Comissão IDH atinente ao Brasil que concluiu que o procedimento previsto na Lei dos Juizados Especiais configurava proteção insuficiente ao bem jurídico tutelado, determinando que o Estado brasileiro incorporasse à sua legislação – nos termos do art. 7º, *c*, da Convenção de Belém do Pará – "normas penais, civis, administrativas e de outra natureza, que sejam necessárias para prevenir, punir e erradicar a violência contra a mulher, bem como adotar as medidas administrativas adequadas que forem aplicáveis" ao necessário cumprimento da Convenção.[49]

Como se verifica, houve a devida aferição de convencionalidade, *sponte sua*, pelo Procurador-Geral da República ao propor a ADI 4424/DF no STF. Esse tribunal, por sua vez, seguindo o voto do relator, Min. Marco Aurélio, ponderou que "[d]escabe interpretar a Lei Maria da Penha de forma dissociada do Diploma Maior e dos tratados de direitos humanos ratificados pelo Brasil, sendo estes últimos normas de caráter supralegal também aptas a nortear a interpretação da legislação ordinária".[50]

---

[48] MPF, Procuradoria-Geral da República, *Petição Inicial da ADI 4424/DP*, Brasília, 31.05.2010.
[49] V. Comissão IDH, *Relatório* nº 54/2001, Caso 12.051, 4 de abril de 2001.
[50] STF, ADI 4424/DF, Tribunal Pleno, rel. Min. Marco Aurélio, j. 09.02.2012, *DJe* 01.08.2014.

Ao final do julgamento, concluiu o STF, acertadamente, que o pedido do Ministério Público deveria ser acolhido para assentar a natureza pública *incondicionada* da ação penal em caso de crime de lesão corporal resultante de violência doméstica contra a mulher, pouco importando a sua extensão.

2.3.1.3 ADPF sobre políticas de ensino e ideologia de gênero

Outro caso interessante de aferição de convencionalidade *sponte sua* pelo Ministério Público diz respeito à ADPF 460/PR, proposta pelo Procurador-Geral da República em desfavor do Plano Municipal do Município de Cascavel-PR para o período de 2015 a 2025 (expresso na Lei Municipal nº 6.495/2015). Na normativa municipal ficava "vedada a adoção de políticas de ensino que tendam a aplicar a ideologia de gênero, o termo 'gênero' ou 'orientação sexual'" (art. 2º, parágrafo único).

Na ADPF, o Procurador-Geral da República sustentou que o dispositivo impugnado utilizava indevidamente a expressão "ideologia de gênero" (cujo conteúdo é incerto e constitui, ela própria, uma manifestação ideológica) em vez de "estudos" ou "teoria de gênero", para legitimar a fusão artificial entre gênero e interesses e afastar a temática do campo dos direitos e do processo educativo, além do que, ao proibir uso e veiculação de material didático que contenha "ideologia de gênero", a lei tentava driblar a discriminação latente da população LGBT[QIA+][51] e a necessária discussão sobre gênero e sexualidade.[52]

Na inicial da ADPF, percebe-se que o Procurador-Geral da República aferiu devidamente a inconvencionalidade da Lei Municipal em questão, especialmente no que tange à igualdade prevista no art. 1º da Convenção Americana, segundo o qual "[o]s Estados-Partes nesta Convenção comprometem-se a respeitar os direitos e liberdades nela reconhecidos e a garantir seu livre e pleno exercício a toda pessoa que esteja sujeita à sua jurisdição, sem discriminação alguma por motivo de raça, cor, sexo, idioma, religião, opiniões políticas ou de qualquer outra natureza...". Também, e da mesma

---

[51] A sigla LGBTQIA+ – atualmente utilizada para a inclusão de pessoas com diversas orientações sexuais e identidades de gênero – tem o seguinte significado: *L* – Lésbicas, *G* – *Gays*, *B* – Bissexuais, *T* – Transgêneros e Transexuais, *Q* – *Queer* (pessoas que transitam entre os gêneros masculino, feminino ou outros gêneros sem relação de binariedade, não sendo cisgêneros), *I* – Intersexuais, *A* – Assexuais, Sinal + (em que se incluem todas as demais orientações sexuais e identidades de gênero, como, *v.g.*, os pansexuais).

[52] MPF, Procuradoria-Geral da República, *Petição Inicial da ADPF 460/PR*, Brasília, 06.06.2017.

forma, entendeu pela contrariedade normativa com o texto do art. 1º do Pacto Internacional sobre Direitos Civis e Políticos, para o qual "[o]s Estados Partes nesta Convenção comprometem-se a respeitar os direitos e liberdades nela reconhecidos e a garantir seu livre e pleno exercício a toda pessoa que esteja sujeita à sua jurisdição, sem discriminação alguma por motivo de raça, cor, sexo, idioma, religião, opiniões políticas ou de qualquer outra natureza...". Por fim, houve também referência aos *Princípios de Yogyakarta* (norma de *soft law*) que versam a isonomia e não discriminação por motivos de gênero. Tais *Princípios*, não obstante serem normas de *soft law*, devem ser levados em consideração pelos Estados a título de *guias interpretativos* para a aplicação das normas internacionais (*hard law*) relativas à tutela dos direitos da comunidade LGBTQIA+.[53]

O STF – em sede de *controle* de convencionalidade – entendeu, dentre outros argumentos, que a "vedação da abordagem dos temas de 'gênero' e de 'orientação sexual' no âmbito escolar viola os princípios da liberdade, enquanto pressuposto para a cidadania", bem assim que "[a] renovação de ideias e perspectivas é um elemento caro à democracia política, consoante consta do Pacto Internacional sobre Direitos Econômicos, Sociais e Culturais, promulgado pelo Decreto 591, de 6 de julho de 1992, e no Protocolo Adicional à Convenção Americana sobre Direitos Humanos em Matéria de Direitos Econômicos, Sociais e Culturais (Protocolo de São Salvador), pro-

---

[53] Merecem destaque os dois primeiros princípios do documento internacional, *verbis*: "Princípio 1 – *Direito ao Gozo Universal dos Direitos Humanos*. Todos os seres humanos nascem livres e iguais em dignidade e direitos. Os seres humanos de todas as orientações sexuais e identidades de gênero têm o direito de desfrutar plenamente de todos os direitos humanos"; "Princípio 2 – *Direito à Igualdade e à Não Discriminação*. Todas as pessoas têm o direito de desfrutar de todos os direitos humanos livres de discriminação por sua orientação sexual ou identidade de gênero. Todos e todas têm direito à igualdade perante à lei e à proteção da lei sem qualquer discriminação, seja ou não também afetado o gozo de outro direito humano. A lei deve proibir qualquer dessas discriminações e garantir a todas as pessoas proteção igual e eficaz contra qualquer uma dessas discriminações. A discriminação com base na orientação sexual ou identidade gênero inclui qualquer distinção, exclusão, restrição ou preferência baseada na orientação sexual ou identidade de gênero que tenha o objetivos ou efeito de anular ou prejudicar a igualdade perante a lei ou proteção igual da lei, ou o reconhecimento, gozo ou exercício, em base igualitária, de todos os direitos humanos e das liberdades fundamentais. A discriminação baseada na orientação sexual ou identidade de gênero pode ser, e comumente é, agravada por discriminação decorrente de outras circunstâncias, inclusive aquelas relacionadas ao gênero, raça, idade, religião, necessidades especiais, situação de saúde e status econômico".

mulgado pelo Decreto 3.321, de 30 de dezembro de 1999, revelando exemplo de educação democrática".[54]

Em suma, esses exemplos bem demonstram que o Ministério Público, diante de um tratado internacional que versa sobre direitos humanos, estabelecendo uma nova ordem jurídica, é instituição competente para compatibilizar e integrar as normas do direito interno com os comandos previstos nas normas internacionais protetivas, requerendo – por iniciativa própria – o controle dos atos normativos ao Poder Judiciário.

2.3.2 Aferição de convencionalidade por provocação (*custos juris*) no controle concentrado de normas

O Ministério Público, no exercício de suas atribuições constitucionais, tem legitimidade para a propositura da Ação Direta de Inconstitucionalidade – ADI, da Ação Declaratória de Constitucionalidade – ADC e da Arguição de Descumprimento de Preceito Fundamental – ADPF, nos termos do que dispõem a Lei nº 9.868/99 e a Lei nº 9.882/99, respectivamente. Contudo, a legitimidade para a propositura das ações constitucionais do controle abstrato é concorrente disjuntiva, dado que também são legitimados o Presidente da República, a Mesa da Câmara do Deputados, a Mesa do Senado Federal, a Mesa de Assembleia Legislativa ou da Câmara Legislativa do Distrito Federal, o Governador de Estado ou do Distrito Federal, o Conselho Federal da Ordem dos Advogados do Brasil, partido político com representação no Congresso Nacional e confederação sindical ou entidade de classe de âmbito nacional (CF, art. 103).

Quando o Procurador-Geral da República não for o proponente da ação, atuará no feito a título de *custos juris*. Tal se dá em razão da norma expressa no art. 103, § 1º, da Constituição, pela qual "[o] Procurador-Geral da República deverá ser previamente ouvido nas ações de inconstitucionalidade e em todos os processos de competência do Supremo Tribunal Federal". Assim, quando provocado, deverá o Procurador-Geral da República, para além de examinar a constitucionalidade da norma questionada, aferir a sua convencionalidade, à luz dos tratados de direitos humanos em vigor no Brasil e da jurisprudência da Corte IDH.

2.3.2.1 *ADPF sobre proibição do uso do amianto*

A ADPF 109/SP, proposta pela Confederação Nacional do Trabalhadores na Indústria – CNTI, contestava a Lei nº 13.113, de 16 de março de 2001, e

---

[54] STF, ADPF 460/PR, Tribunal Pleno, rel. Min. Luiz Fux, j. 29.06.2020, *DJe* 13.08.2020.

o Decreto nº 41.788/2002, ambos do Município de São Paulo, que proibiam o uso de materiais, elementos construtivos e equipamentos da construção civil constituídos de amianto. Conforme a proponente, as normas contestadas usurpavam a competência da União para editar normas gerais sobre consumo, proteção do meio ambiente e saúde (CF, art. 24, V, VI e XII), e para legislar privativamente sobre o transporte, jazidas, minas e outros recursos minerais e de metalurgia (CF, art. 22, XI e XII).

Instado a se manifestar, o Procurador-Geral da República – na condição de *custos juris* – fundamentou o seu parecer na Convenção 162 da OIT, internalizada no Brasil pelo Decreto nº 126, de 22 de maio 1991 (atualmente com promulgação consolidada pelo Decreto nº 10.088/2019),[55] entendendo que a legislação impugnada, que proibia o uso de materiais como o amianto na construção civil, protegia de forma mais ampla tanto o direito humano ao meio ambiente quanto o direito humano à saúde, e que, portanto, a ADPF deveria ser julgada improcedente. Para o Procurador-Geral da República:

> Em se tratando de amianto, os elementos colhidos pela ciência e pela experiência são suficientes para intensificar as medidas protetivas do estado. Leis estaduais e municipais que ampliem a proteção deficiente da lei federal devem ser acolhidas, para melhor concretização dos preceitos constitucionais.

No seu parecer, a Procuradoria-Geral da República também lembrou que, conforme a *Conferência Rio-92*, que consolidou o princípio da precaução em âmbito internacional, a "falta de certeza científica absoluta, não deverá

---

[55] O art. 9º da Convenção 162 da OIT dispõe que: "A legislação nacional adotada de acordo com o Artigo 3 da presente Convenção deverá prever que a exposição ao amianto deverá ser evitada ou controlada por um ou mais dos meios a seguir: *a*) a sujeição do trabalho suscetível de provocar a exposição do trabalhador ao amianto às disposições que prescrevem medidas técnicas de prevenção, bem como métodos de trabalho adequados, particularmente referentes à higiene do local de trabalho; *b*) a prescrição de regras e de procedimentos especiais, entre os quais autorizações para o uso de amianto ou de certos produtos que contenham amianto, ou, ainda, para certos tipos de trabalho". O art. 10, por sua vez, estabelece que: "Quando necessárias para proteger a saúde dos trabalhadores, e viáveis do ponto de vista técnico, as seguintes medidas de verão ser previstas pela legislação nacional: *a*) sempre que possível, a substituição do amianto ou de certos produtos que contenham amianto por outros materiais ou produtos ou então, o uso de tecnologias alternativas, desde que submetidas à avaliação, científica pela autoridade competente e definidas como inofensivas ou menos perigosas; *b*) a proibição total ou parcial do uso do amianto ou de certos tipos de amianto ou de certos produtos que contenham amianto para certos tipos de trabalho".

ser utilizada como razão para postergar a adoção de medidas eficazes para impedir a degradação do meio ambiente". Assim agindo, o MPF confirmou a eficácia da Convenção 162 da OIT, em sede de aferição de convencionalidade por provocação, concluindo que o espectro de proteção alcançado pela legislação municipal combatida era convencional e, portanto, deveria prevalecer sobre a norma de menor proteção, sublinhando a relevância dos tratados internacionais de direitos humanos para a proteção da saúde humana.[56]

O STF – sem fazer referência ao direito internacional – julgou improcedente a ADPF, sob o estrito argumento do "exercício legítimo dos Municípios para suplementarem a legislação federal".[57] Seja como for, certo é que, nesse caso, houve a correta aferição de convencionalidade pelo *Parquet* federal, na sua missão de defensor da ordem jurídica.

2.3.2.2 *ADPF sobre invalidade da Lei de Anistia brasileira*

O Procurador-Geral da República foi provocado a se posicionar na ADPF 320/DF, proposta pelo Partido Socialismo e Liberdade – PSOL, que tinha como fundamento o caráter vinculante das decisões da Corte IDH, para o fim de que o STF declarasse que a Lei de Anistia brasileira (Lei nº 6.683/79) não se aplicava às graves violações de direitos humanos cometidas por agentes públicos, militares ou civis, bem assim aos delitos continuados ou permanentes, após a data de expiração do diploma legal. Tal provocação decorreu tanto do art. 103, § 1º, da Constituição Federal quanto do art. 5º, § 2º, da Lei nº 9.882/99, que regula o processo e julgamento da ADPF, segundo o qual "[o] relator poderá ouvir os órgãos ou autoridades responsáveis pelo ato questionado, bem como o Advogado-Geral da União ou o Procurador-Geral da República, no prazo comum de cinco dias".

O partido político requereu na ADPF que os órgãos do Estado brasileiro dessem cumprimento integral à decisão da Corte IDH exarada no caso *Gomes Lund e Outros vs. Brasil* ("Guerrilha do Araguaia").[58] Instado a

---

[56] MPF, Procuradoria-Geral da República, *Parecer nº 218.563/2016*, AsJConst/SAJ/PGR, Brasília, 19.09.2016.

[57] STF, ADPF 109/SP, Tribunal Pleno, re. Min. Edson Fachin, j. 30.11.2017, *DJe* 01.02.2019.

[58] Para uma análise detalhada do caso, v. especialmente GOMES, Luiz Flávio & MAZZUOLI, Valerio de Oliveira (Org.). *Crimes da ditadura militar*: uma análise à luz da jurisprudência atual da Corte Interamericana de Direitos Humanos. São Paulo: Revista dos Tribunais, 2011. Cf. também WEICHERT, Marlon Alberto. Anistia a graves violações a direitos humanos no Brasil: um caso de suprema impunidade. *Revista OABJR*, vol. 25, nº 2, Rio de Janeiro, p. 137-164, jul.-dez. 2009; e SANTOS,

se manifestar, chefe do Ministério Público da União entendeu – realizando a correta aferição de convencionalidade da norma – que a Lei de Anistia brasileira era contrária à Convenção Americana, especialmente após a condenação do Brasil pela Corte IDH no caso *Gomes Lund*, ressaltando, ainda, que a submissão do Estado à jurisdição contenciosa da Corte IDH decorreu de ato soberano e voluntário da República Federativa do Brasil, nos termos do Decreto nº 4.463/2002, que promulgou a declaração de reconhecimento da competência obrigatória desse tribunal internacional. De fato, nos termos do art. 1º do Decreto, ficou "reconhecida como obrigatória, de pleno direito e por prazo indeterminado, a competência da Corte Interamericana de Direitos Humanos em todos os casos relativos à interpretação ou aplicação da Convenção Americana de Direitos Humanos (Pacto de São José), de 22 de novembro de 1969, de acordo com art. 62 da citada Convenção, sob reserva de reciprocidade e para fatos posteriores a 10 de dezembro de 1998".

Na defesa da ordem jurídica e dos interesses sociais, ao proceder na aferição de convencionalidade, destacou o chefe do *Parquet* federal que somente seria possível negar eficácia à Convenção Americana se fosse declarado inconstitucional o ato de incorporação desse instrumento ao direito brasileiro, o que não está à vista de ocorrer. No exercício de seu mister, o Procurador-Geral da República insistiu, acertadamente, que a República Federativa do Brasil haveria de cumprir o que determinado pela Corte IDH, a cujas decisões se submeteu voluntariamente, sublinhando que o País foi internacionalmente condenado pela falta de investigação, julgamento e punição dos responsáveis por delitos de lesa-humanidade, não sujeitos à extinção de punibilidade por prescrição.[59]

2.3.2.3 ADI sobre (in)constitucionalidade das audiências de custódia

Outro caso que merece menção é o relativo à ADI 5240/SP, proposta pela Associação dos Delegados de Polícia do Brasil – ADEPOL para questionar a constitucionalidade do Provimento Conjunto nº 03/2015 do Tribunal de Justiça de São Paulo, que regulamentava as audiências de custódia no âmbito daquele tribunal, ao argumento de que o regramento da audiência de custódia, por ter natureza jurídica de norma processual, dependeria da edição de lei federal, por força dos arts. 22, I, e 5º, II, da Constituição Federal, além

---

Roberto Lima. *Crimes da ditadura militar*: responsabilidade internacional do Estado brasileiro por violação aos direitos humanos. Porto Alegre: Nuria Fabris, 2010.

[59] MPF, Procuradoria-Geral da República, *Parecer nº 4.433*, AsJConst/SAJ/PGR, Brasília, 28.08.2014.

do que o Provimento do TJSP estaria suprindo lacuna legal e extrapolando, de forma inconstitucional, o poder regulamentar daquela Corte estadual.

O Procurador-Geral da República, ao ser ouvido na ação constitucional, aferiu devidamente a convencionalidade do ato impugnado à luz do art. 7º(5) da Convenção Americana, que determina que "toda pessoa presa, detida ou retida deve ser conduzida, sem demora, à presença de um juiz", bem assim da norma semelhante contida no art. 9º(3) do Pacto Internacional sobre Direitos Civis e Políticos de 1966. Com isso, o chefe do *Parquet* federal se manifestou pela improcedência da ADPF, ressaltando que a Convenção Americana e o Pacto Internacional sobre Direitos Civis e Políticos trazem disposições de estatura supralegal vigentes na ordem jurídica brasileira, inclusive já apreciadas e aprovadas pelo Congresso Nacional e pelo Presidente da República, no seu processo de ratificação e internalização.[60]

Para o Procurador-Geral da República, tais normas supralegais teriam sido apenas regulamentadas pelo Provimento Conjunto nº 03/2015 do TJSP, o qual não trazia, por sua vez, qualquer inovação processual, nem violaria a separação dos Poderes, sem passar dos limites de mera regulação do funcionamento interno dos serviços judiciários, com arrimo no art. 96, I, *a*, da Constituição.[61] Por fim, o chefe do *Parquet* federal entendeu que o provimento combatido estaria em sintonia com os princípios da dignidade da pessoa humana, do devido processo legal, da ampla defesa e da liberdade, além de permitir um tratamento mais humanizado ao preso, a redução da população carcerária e o cumprimento de importantes compromissos assumidos no plano internacional pelo Brasil.

O STF, ao final, julgou improcedente a ADI proposta pela ADEPOL – agora em sede de controle de convencionalidade concentrado – reconhecendo que os "[t]ratados e convenções internacionais com conteúdo de direitos humanos, uma vez ratificados e internalizados, ao mesmo passo em que criam diretamente direitos para os indivíduos, operam a supressão de efeitos de outros atos estatais infraconstitucionais que se contrapõem à sua plena efetivação".[62] Aqui, como se nota, houve o perfeito encadeamento entre a *aferição* de convencionalidade (exercida *custos juris* pelo MPF) e o *controle*

---

[60] MPF, Procuradoria-Geral da República, *Parecer nº 139.937/2015*, AsJConst/SAJ/PGR, Brasília, 21.07.2015.

[61] *Verbis*: "Compete privativamente: I – aos tribunais: *a*) eleger seus órgãos diretivos e elaborar seus regimentos internos, com observância das normas de processo e das garantias processuais das partes, dispondo sobre a competência e o funcionamento dos respectivos órgãos jurisdicionais e administrativos".

[62] STF, ADI 5.240/SP, Tribunal Pleno, rel. Min. Luiz Fux, j. 20.08.2015, *DJe* 01.02.2016.

dessa mesma convencionalidade (realizado pelo STF) na via concentrada, para o fim de validar a aplicação de provimento estadual compatível com tratados de direitos humanos devidamente internalizados no Brasil.

2.3.2.4 ADPF sobre estado de coisas inconstitucional dos presídios

A decisão do STF da ADPF 347, ajuizada pelo Partido Socialismo e Liberdade – PSOL, declarou, em sede de Medida Cautelar, o "estado de coisas inconstitucional" que acomete o sistema penitenciário brasileiro, com reiteradas violações aos direitos humanos e fundamentais dos segregados, como integridade física e moral, ocasionando alteração no sistema de persecução penal com a determinação de realização de audiência de custódia em todo território nacional, com aplicação imediata do art. 7º(5) da Convenção Americana sobre Direitos Humanos, segundo o qual "[t]oda pessoa detida ou retida deve ser conduzida, sem demora, à presença de um juiz ou outra autoridade autorizada pela lei a exercer funções judiciais e tem direito a ser julgada dentro de um prazo razoável ou a ser posta em liberdade, sem prejuízo de que prossiga o processo".

Para o Ministro relator, dado o "[p]resente quadro de violação massiva e persistente de direitos fundamentais, decorrente de falhas estruturais e falência de políticas públicas e cuja modificação depende de medidas abrangentes de natureza normativa, administrativa e orçamentária, deve o sistema penitenciário nacional ser caraterizado como 'estado de coisas inconstitucional'", razão pela qual "[e]stão obrigados juízes e tribunais, observados os arts. 9(3) do Pacto dos Direitos Civis e Políticos e 7(5) da Convenção Interamericana de Direitos Humanos, a realizarem, em até noventa dias, audiências de custódia, viabilizando o comparecimento do preso perante a autoridade judiciária no prazo máximo de 24 horas, contado do momento da prisão".[63]

Ainda que o mérito da ação não tenha sido julgado até o presente momento (outubro de 2020) e, portanto, o Ministério Público não tenha se manifestado sobre o pedido, certo é que deverá, a título de *custos juris*, apresentar parecer no sentido de que a instituição da audiência de custódia – conteúdo da Resolução nº 215/2015 do CNJ – regulamenta direito do segregado em vigor desde 1992 no Brasil, quando a Convenção Americana passou a integrar a nossa ordem jurídica, sendo, portanto, inútil qualquer discussão no Congresso Nacional em relação ao instituto em causa, pois há norma supralegal no Brasil (*v.* jurisprudência do STF estabelecida a

---

[63] STF, ADPF 347/DF, Medida Cautelar, rel. Min. Marco Aurélio, j. 09.09.2015, *DJ* 19.02.2016.

partir do RE 466.343/SP, de 03.12.2008) que prevê a medida e deve ser observada.[64]

Em suma, aferir a convencionalidade das leis e dos atos dos poderes do Estado, quando provocado a se manifestar a título de *custos juris*, é missão do Ministério Público que se traduz em importante instrumento para a defesa da ordem jurídica, do regime democrático e dos interesses individuais indisponíveis.

2.4 AFERIÇÃO *SPONTE SUA* NA EXPEDIÇÃO DE NOTIFICAÇÃO RECOMENDATÓRIA

A evolução do perfil contemporâneo do Ministério Público, iniciada com a promulgação da Constituição Federal de 1988, está marcada na sua vocação para a transformação da realidade social e na garantia de efetividade dos direitos fundamentais e humanos. Nesse sentido, o perfil resolutivo do Ministério Público (*v.* Capítulo 1, item 1.2.1, *supra*) vem se desenvolvendo no sentido de que o órgão pode, *per se*, lidar com questões de relevância social, sem interação com o Poder Judiciário, agindo, *v.g.*, como intermediador e pacificador, com proatividade e eficiência.[65] Para tanto, o Ministério Público conta com vários instrumentos postos à sua disposição, dentre eles a notificação recomendatória.

A Lei Complementar nº 75/93 – que dispõe sobre a organização, as atribuições e o estatuto do Ministério Público da União – previu, no seu art. 6º, XX, que compete ao Ministério Público da União "expedir recomendações, visando à melhoria dos serviços públicos e de relevância pública, bem como ao respeito, aos interesses, direitos e bens cuja defesa lhe cabe promover, fixando prazo razoável, para a adoção das providências cabíveis". Não obstante a regra ter sido estabelecida para o Mistério Público da União, certo é que também se aplica aos Ministérios Públicos estaduais, na medida em que o art. 80 da Lei nº 8.625/93 – que institui a Lei Orgânica Nacional do Ministério Público e dispõe sobre normas gerais para a organização do Ministério Público dos Estados – prevê que "aplicam-se aos Ministérios Públicos dos Estados, subsidiariamente, as normas da Lei Orgânica do Ministério Público da União". Além disso, a mesma Lei nº 8.625/93 estabelece que, no exercício de suas funções, o Ministério Público poderá "sugerir ao Poder competente

---

[64] A audiência de custódia está sendo discutida nas Casas do Congresso Nacional no Projeto de Lei nº 8.045/2010, que trata das alterações do Código de Processo Penal.

[65] Cf. CAMBI, Eduardo & PORTO, Letícia de Andrade. *Ministério Público resolutivo e proteção dos direitos humanos*, cit., p. 12-13.

a edição de normas e a alteração da legislação em vigor, bem como a adoção de medidas propostas, destinadas à prevenção e controle da criminalidade" (art. 26, VII).

Considerando esse conjunto normativo, resta nítido que o Ministério Público, diante de uma ameaça ou violação a direitos humanos previstos em tratados internacionais, deve agir de forma escalonada durante o procedimento investigatório, expedindo notificação recomendatória para que o órgão ou instituição em causa se adeque ao previsto no documento internalizado. Da mesma forma, ao verificar a incompatibilidade de ato normativo com um tratado de direitos humanos em vigor, poderá sugerir, por meio de notificação recomendatória, que o poder competente, órgão ou instituição em causa altere e/ou modifique o ato tido por inconvencional, nos termos do art. 26, VII, da Lei nº 8.625/93. Poderá, ainda, recomendar ações para "[a] melhoria dos serviços públicos e de relevância pública, bem como ao respeito, aos interesses, direitos e bens cuja defesa lhe cabe promover, fixando prazo razoável para a adoção das providências cabíveis" (Lei Complementar nº 75/93, art. 6º, XX).

Ademais, ao constatar ações que firam direitos humanos durante o procedimento de investigação, compete ao Ministério Público, atuando preventivamente, na fase extraprocessual, informar o órgão ou agente violador da ação inconvencional e sugerir que adeque o seu comportamento para observar a normativa (quando mais benéfica) de tratado internacional de direitos humanos em vigor no Brasil. Nessa oportunidade, o agente, órgão ou instituição será informado de que sua ação ou omissão deve ser evitada ou ajustada para cessar o perigo ao direito protegido ou a violação perpetrada, certo de que o não acolhimento à advertência ministerial configura *dolo* do agente em transgredir a ordem prevista no tratado internalizado.

O Ministério Público do Trabalho da 9ª Região, *v.g.*, expediu notificação recomendatória a empresas concessionárias de coleta de lixo de município do Estado do Paraná, investigadas em procedimento preparatório, para que apresentassem, em trinta dias, plano de gerenciamento de resíduos sólidos à Secretaria Municipal do Meio Ambiente e ao Departamento Municipal do Meio Ambiente, em que deveria contemplar ações de caráter social, tais como "implantação de Programa Permanente de Separação Seletiva dos Resíduos Sólidos Recicláveis, através da realização de cursos, palestras, encontros, etc., com o objetivo de capacitar e formar todos os seus empregados para a correta segregação dos resíduos sólidos produzidos nas dependências da empresa ora notificada", inclusive com "formação dos empregados para a separação seletiva dos resíduos sólidos recicláveis", com formalização de "termo de convênio/parceria com as organizações de catadores de materiais recicláveis, formalmente constituídas, como o objetivo de fornecimento de todo o lixo reciclável produzido em todas as suas unidades e departamentos, estabelecendo o necessário 'protocolo' que deverá contemplar o volume e tipo de resíduo reciclável produzido diariamente".[66] O expediente teve por fundamento a Declaração Universal dos Direitos Humanos (1948), a Declaração das Nações Unidas sobre os Direitos da Criança (1959) e Agenda 21 Global (1992), que têm por objetivo, *inter alia*, combater a pobreza com meios de subsistência sustentável, proteger grupos vulneráveis, reduzir os riscos para a saúde decorrentes da poluição e dos perigos ambientais, promovendo o desenvolvimento sustentável dos assentamentos humanos, a habitação adequada e o planejamento e manejo sustentável do uso da terra. O considerando nº 9 da notificação lembrou, além do mais, o disposto no art. 3º da Convenção 182 da OIT, ratificada pelo Brasil (2 de fevereiro de 2000) com a finalidade de erradicar as piores formas de trabalho de crianças e adolescentes, entre as quais, seguramente, está a coleta de material reciclável em lixões, aterros, vias urbanas ou logradouros públicos. Como se nota, o MPT do Estado do Paraná identificou ações violadoras a direitos humanos – com fundamento em declarações e tratados internacionais – e compatibilizou os atos internos às normas internacionais de direitos humanos em vigor no Brasil, sem necessidade de judicialização e agindo de forma preventiva e pedagógica.

A seu turno, o MPT no Estado do Tocantins aferiu a convencionalidade de lei do Município de Aragominas e sugeriu aos Vereadores "que seja priorizada a formulação e a execução de políticas sociais públicas (programas, projetos, atividades), bem como para que haja destinação de recursos públicos, nas áreas relacionadas com a proteção da infância e da juventude", bem assim que envidem esforços "com a finalidade de sejam retomadas as atividades do Programa de Erradicação do Trabalho Infantil, bem como para que sejam implementados programas de profissionalização de jovens e geração de renda e trabalho para as famílias", e também "para que sejam desenvolvidos programas de geração de renda e trabalho para as famílias onde foram constatadas crianças e adolescentes em situação de trabalho".[67] Referida notificação baseou-se, *inter alia*, no art. 19, §§ 1º e 2º, da Convenção da ONU sobre os Direitos da Criança (1989), que determina que "[o]s Estados Partes adotarão todas as

---

[66] MPT, Procuradoria Regional do Trabalho da 9ª Região, Notificação Recomendatória Circular, Procuradora do Trabalho Margaret Matos de Carvalho. Curitiba, 15 de julho de 2010.

[67] MPT, Ministério Público do Trabalho, Procuradoria do Trabalho em Araguaína-TO, Notificação Recomendatória Circular, Procuradores do Trabalho Alexandre Marin Ragagnin, Thalma Rosa de Almeida e Regina Duarte da Silva. Aragominas, 31 de outubro de 2012.

medidas legislativas, administrativas, sociais e educacionais apropriadas para proteger a criança contra todas as formas de violência física ou mental, abuso ou tratamento negligente, maus tratos ou exploração, inclusive abuso sexual, enquanto a criança estiver sob a custódia dos pais, do representante legal ou de qualquer outra pessoa responsável por ela", complementando que "[e]ssas medidas de proteção deveriam incluir, conforme apropriado, procedimentos eficazes para a elaboração de programas sociais capazes de proporcionar uma assistência adequada à criança e às pessoas encarregadas de seu cuidado, bem como para outras formas de prevenção, para a identificação, notificação, transferência a uma instituição, investigação, tratamento e acompanhamento posterior dos casos acima mencionados de maus tratos à criança e, conforme o caso, para a intervenção judiciária". A mesma notificação se pautou no art. 19 da Convenção Americana sobre Direitos Humanos, que declara que "[t]oda criança tem direito às medidas de proteção que a sua condição de menor requer por parte da sua família, da sociedade e do Estado", bem assim na Convenção 138 da OIT, que impõe aos Estados-membros abolição do trabalho infantil (art. 1º), e na Convenção 182 da OIT, que determina a eliminação dos piores trabalhos infantis (art. 1º) e prevê programas e ações para eliminar com prioridade o trabalho infantil (art. 6º).

Em suma, o que se pode verificar das notificações recomendatórias citadas é que o Ministério Público tem logrado aferir, *sponte sua*, a convencionalidade das leis em casos concretos de alta relevância social, agindo como órgão pacificador e de transformação social. O *Parquet*, nesse sentido, sempre há de buscar formas prospectivas de evitar a violação de direitos e a continuidade de comportamentos contrários à ordem jurídica, priorizando soluções pacíficas e não judicializadas de resolução de conflitos.[68]

2.5 SÍNTESE DA AFERIÇÃO DE CONVENCIONALIDADE PELO MINISTÉRIO PÚBLICO

Ao longo deste Capítulo foi possível perceber – a partir da compreensão da importância da aferição de convencionalidade pelo Ministério Público – que a compatibilização das normas internas com os comandos mais benéficos previstos em tratados internacionais de direitos humanos de que o Brasil é parte é medida impositiva em todas as oportunidades que o *Parquet* atuar, seja por provocação ou *sponte sua*.

---

[68] A propósito, cf. FARIA, Marcelle Rodrigues da Costa e. *Acordo de não persecução penal como instrumento de política criminal de reafirmação do sistema acusatório*. Dissertação (Mestrado em Direito). Cuiabá: Universidade Federal de Mato Grosso, 2020. 181p.

Nos casos em que o Ministério Público *aferir* a convencionalidade das leis, o *controle* dessa convencionalidade ficará a cargo do Poder Judiciário, com a fiscalização *ultima ratio* da compatibilidade normativa entre a norma interna e o tratado internacional paradigma. No entanto, o exercício prévio de *aferição* da convencionalidade pelo Ministério Público é um passo importante para o reconhecimento, pelo órgão julgador, do direito invocado no processo. Tal auxilia, ademais, no aperfeiçoamento das instituições vinculadas à administração da Justiça ao fomentar o hábito de pautar as condutas do Estado em valores maiores (internacionalmente reconhecidos) que impactam positivamente na nossa ordem jurídica interna, aperfeiçoando, consequentemente, a prestação jurisdicional.

Seja provocado ou quando, por ato próprio, participa de processo judicial, a aferição da convencionalidade das leis pelo Ministério Público abre um caminho mais seguro ao deslinde da questão concreta processual, em julgamento pelo Poder Judiciário, pois, a um só tempo, chama a atenção para uma garantia internacional de direitos humanos vinculante ao Brasil – que, em caso de atuação por provocação, poderia sequer ter sido suscitada pelo autor da ação – e prima pela conformidade do processo com as normas internacionais de proteção, à luz do que se entende por *devido processo convencional*.[69] Ademais, esse conjunto de fatores somados canaliza e direciona os atos dos poderes do Estado à salvaguarda dos direitos das pessoas (nacionais ou não) que assentam à jurisdição do Estado, refinando a aplicação do direito na era atual.

A intervenção do Ministério Público no processo – por provocação ou *sponte sua* – deve, porém, vincular-se às suas funções institucionais, cabendo-lhe, na defesa da ordem jurídica e do regime democrático, adotar a hermenêutica que extrai das normas e dos tratados de direitos humanos internalizados uma *maior amplitude* de proteção, direcionando o julgador à forma humanista – segundo o *standard* internacional de proteção, tanto do sistema onusiano quanto do sistema da OEA – de aplicar a justiça para a consecução dos objetivos da República, tais os elencados pelo art. 3º da Constituição Federal.

Esse exercício prévio de exame de convencionalidade pelo Ministério Público é extremamente salutar à sanidade do processo e ao direito das partes, pois faz com que uma norma internacional (mais benéfica) seja parâmetro de verificação da validade das normas internas e, além do mais, exige do Poder Judiciário a devida aplicação da norma internacional no Brasil, provocando, ainda, a análise das cortes superiores (STF, STJ, TST etc.) sobre o objeto de fundo debatido no processo.

---

[69] V. MAZZUOLI, Valerio de Oliveira. *Curso de direitos humanos*, cit., p. 216-220 (item 5 – *Devido Processo Convencional*).

Capítulo 3

Controle de Convencionalidade pelo Ministério Público

3.1 ENTENDIMENTO

Já se verificou que o Ministério Público exerce importante papel na *aferição* de convencionalidade das leis no âmbito de processos judiciais no Brasil, certo de que, em tais casos, será o Poder Judiciário o detentor da última palavra sobre o exercício da compatibilidade normativa entre a lei interna e o tratado internacional em um dado caso concreto. Ademais, nos casos em que se limita a aferir a convencionalidade das leis, o Ministério Público firma o seu posicionamento institucional sobre a matéria, com o propósito de influenciar a decisão do Poder Judiciário quanto à questão *sub judice*, sem proceder à deflagração de medidas institucionais próprias, fundamentadas no juízo de retirada de eficácia operado sobre a norma interna quanto ao caso concretamente analisado. Especialmente por essas razões é que se entende que o Ministério Público, naquelas hipóteses, apenas *afere* (e não *controla*) a convencionalidade das leis, quer por provocação ou *sponte sua*.

Hipóteses há, no entanto, em que o Ministério Público propriamente *controlará* a convencionalidade das leis, quando a decisão sobre a deflagração de uma atividade funcional típica – baseada em tratados de direitos humanos em vigor – tiver por pressuposto e justificativa a *própria realização* desse controle. Diferentemente dos casos de aferição de convencionalidade, que, como regra, implicam tomada de posicionamento da instituição sobre questões decorrentes (geralmente judicializadas) ou dependentes (na hipótese de notificação recomendatória) de atividades de terceiros, aqui se estará, em geral, diante de casos em que, a partir da análise dos efeitos da interpenetração do direito interno com o direito convencional, ocorre a efetiva adoção de uma atividade institucional própria e autônoma do Ministério Público, capaz de interferir na situação jurídica de terceiros. Em outras palavras, no cenário de controle de convencionalidade o Ministério Público – após a análise da situação concretamente apresentada, encarnando a parcela de soberania estatal que lhe compete – irradia uma atividade funcional própria, mas em nome do Estado, baseada no seu entendimento privativo e independente de invalidade da norma tida por inconvencional.

As hipóteses de controle de convencionalidade ligadas à atuação ministerial se afiguram especialmente retratadas nos (*i*) procedimentos de tutela de direitos e interesses metaindividuais, no que se afiguram abrangidas a promoção da ação civil pública e a celebração de compromissos de ajustamento de conduta, bem como (*ii*) nos procedimentos de persecução penal, aí compreendidos a promoção da ação penal pública, a regularidade do *iter* processual penal, o cumprimento das obrigações positivas do Estado e o arquivamento de inquéritos policiais e de procedimentos de investigação criminal.

Conforme já estudado, a jurisprudência da Corte IDH firmada a partir dos casos *Cabrera García e Montiel Flores vs. México* (2010) e *Gelman vs. Uruguai* (2011) ampliou a competência de controle de convencionalidade aos demais órgãos vinculados à administração da Justiça em todos os níveis, como é, indubitavelmente, o caso do Ministério Público. Também à luz dessa jurisprudência, tais órgãos do Estado devem exercer *ex officio* o controle de convencionalidade entre as normas internas e os tratados de direitos humanos, no âmbito de suas respectivas competências e das regras processuais correspondentes, levando em conta, para tanto, não somente a Convenção Americana sobre Direitos Humanos, senão também a interpretação que da mesma faz a Corte IDH, sua intérprete última.[1]

Deve-se reconhecer, portanto, que o Poder Judiciário e os órgãos indispensáveis à administração da Justiça (como, *v.g.*, o Ministério Público) realizam o controle de convencionalidade quando desempenham as suas funções institucionais, assumindo como verdadeiro *pressuposto de atuação* a análise e a ponderação da ordem jurídica interna à luz dos tratados internacionais de direitos humanos e da jurisprudência da Corte IDH. Justifica-se o posicionamento apresentado porque, conforme demonstrado, o controle de convencionalidade deve se desenvolver no âmbito das atribuições correspondentes de cada um dos órgãos da administração da Justiça, bem assim no plano processual que lhes corresponda.

Por entrepassar pelos limites de atribuição (de todos os níveis) dos órgãos da administração da Justiça, o controle de convencionalidade não é providência que se aperfeiçoa a partir ou ao cabo de determinado marco

---

[1] Corte IDH, *Caso Cabrera García e Montiel Flores vs. México*, sentença de 26 de novembro de 2010, Série C, nº 220, § 225; e Corte IDH, *Caso Gelman vs. Uruguai*, Mérito e Reparações, sentença de 24 de fevereiro de 2011, Série C, nº 221, § 193.

processual ou mediante referendo de um órgão *controlador* em específico. Da forma como exigido pela Corte IDH, o controle de convencionalidade se realiza pelo sistemático atendimento das normas de direitos humanos na deliberação de deflagração (ou não) das funções institucionais definidas pela Constituição Federal, pelas leis ou, ainda, pelos próprios tratados e pela jurisprudência da Corte IDH, relativamente a cada uma das instituições vinculadas ao sistema nacional de justiça.

É justamente quando o Ministério Público se depara com a necessidade de análise de um caso concreto, à vista do qual precisa deliberar quanto ao exercício (ou não) das suas funções institucionais por meio dos instrumentos que as normas de processo lhe concedem, que ressurge o dever da instituição de exercitar o *controle* (agora, não mais *aferição*...) de convencionalidade das normas relativas à resolução da causa, para garantir, concretamente, a proteção e a prevalência dos direitos humanos no tema em questão. Denota-se, portanto, que o controle de convencionalidade realizado pelo Ministério Público reflete diretamente no seu posicionamento jurídico-institucional com relação ao caso concreto sobre o qual a sua análise recai.

A propósito, a Corte IDH – no julgamento do caso *Liakat Ali Alibux vs. Suriname*, de 2014 – deixou assente que a Convenção Americana não estabelece qualquer "modelo" a ser seguido pelos Estados para a realização do controle de convencionalidade.[2] Portanto, o controle de convencionalidade não depende, para a sua realização, de forma ou de procedimento próprios, demandando, apenas, adequação vertical material no âmbito de toda e qualquer atribuição institucional dos órgãos do Estado, em todos os seus níveis e a qualquer tempo.

Ademais, o controle de convencionalidade exigido pela jurisprudência da Corte IDH a todos os órgãos do Estado vinculados ao sistema de justiça, segundo as suas respectivas competências e em todos os seus níveis, não é apenas aquele que reflete a *supressão definitiva* da norma tida por inconvencional, senão também o que *pauta a atividade funcional* de cada instituição segundo as normativas convencionais sobre a legislação interna. Pode-se dizer, portanto, que o Ministério Público – como instituição permanente

---

2   Disse a Corte IDH, no caso, que "a Convenção Americana não impõe um modelo específico para realizar o controle de constitucionalidade e de convencionalidade", e relembrou "que a obrigação de exercer o controle de convencionalidade entre as normas internas e a Convenção Americana compete a todos os órgãos do Estado, incluídos os juízes e demais órgãos vinculados à administração da Justiça em todos os níveis" (Corte IDH, *Caso Liakat Ali Alibux vs. Suriname*, Exceções Preliminares, Mérito, Reparações e Custas, sentença de 30 de janeiro de 2014, Série C, nº 276, § 124).

do Estado – efetivamente *realiza* o controle de convencionalidade das leis (trata-se, portanto, de *controle próprio*) quando a sua própria atividade institucional se afigura literalmente *controlada* pelas normas internacionais de proteção dos direitos humanos.

Compreenda-se a definição de atividade institucional "controlada" pelos tratados internacionais de direitos humanos não como sinônimo negativo de uma atuação que deve resultar mitigada ou acorrentada por força de limitações normativas, senão como a conduta do órgão público positivamente inspirada e dirigida pelos propósitos convencionais. Esse apontamento se justifica pelo fato de o cumprimento da missão do Ministério Público – na realização dos direitos humanos e na defesa da ordem jurídica – ligar-se preponderantemente à tomada de providências de ordem combativa, seja no âmbito processual ou extraprocessual, ao oposto do perfilhamento de posicionamentos estáticos.

Observado que o controle de convencionalidade não é atribuição exclusiva de nenhum órgão do Estado, mas, ao contrário, conota a obrigação irrenunciável de todos eles em seu conjunto, pode-se afirmar que deve o seu exercício realizar-se na órbita de *cada uma* das instituições do sistema de justiça no *controle* de suas correspondentes funções, por oportunidade do tratamento de cada uma das causas concretamente submetidas à sua apreciação.

Conforme veremos no item a seguir, denominamos *núcleos de controle de convencionalidade* as devidas *estações institucionais* encarregadas de exercer a análise de compatibilidade vertical material das normas internas com as normas convencionais de direitos humanos em vigor e, sendo o caso, promover as correspondentes medidas institucionais no âmbito da competência respectiva.

3.2 NÚCLEOS DE CONTROLE DE CONVENCIONALIDADE

Inicialmente, reafirme-se que a jurisprudência da Corte IDH não impõe qualquer molde formal ou procedimental específico para a realização válida do controle de convencionalidade pelos Estados-partes da Convenção Americana, cingindo-se a determinar que todos os órgãos integrantes dos respectivos sistemas de justiça – como, *v.g.*, o Ministério Público e o Poder Judiciário – devem exercer o referido controle nas suas correspondentes esferas de competência, em todos os níveis, bem como no plano processual que lhes caiba.[3]

---

[3] Corte IDH, *Caso Liakat Ali Alibux vs. Suriname*, Exceções Preliminares, Mérito, Reparações e Custas, sentença de 30 de janeiro de 2014, Série C, nº 276, § 124.

Naturalmente que a jurisprudência da Corte IDH não utiliza o vocábulo "competência" no sentido jurídico-processual de *medida da jurisdição*, mas na acepção ampla de campo legítimo de exercício de determinado poder conferido às autoridades ou instituições públicas pelo ordenamento interno de cada Estado. Deve-se compreender, portanto, que a jurisprudência interamericana se refere, nesse ponto, ao âmbito de atribuições institucionais de *cada qual* dos órgãos componentes do sistema de justiça, "incluídos" os juízes – para usar a dicção da Corte IDH.[4]

Assim, distribuída a obrigação de controle de convencionalidade aos órgãos do Estado integrantes do sistema de justiça, os limites de aplicação do dever de controle convencional se afiguram demarcados de acordo com a amplitude das funções que a ordem jurídica interna atribui a cada qual no funcionamento do sistema. É dizer, uma vez estabelecida a competência de controle, cada órgão por ele responsável – *v.g.*, o Ministério Público e o Poder Judiciário – fica adstrito à amplitude prevista pelas normas jurídicas internas que lhes pertine, no âmbito de sua própria esfera de competência. Percebe-se, assim, que todos os órgãos integrantes do sistema de justiça *devem* realizar o controle de convencionalidade, mas apenas *podem* realizar o referido controle se se encontrarem no exercício de suas correspondentes atribuições institucionais.

Dessa maneira, alcançada a distribuição e mensurado o espaço em que cada órgão deve realizar o controle de convencionalidade, a organização do seu efetivo exercício se realiza, finalmente, segundo as diretrizes traçadas pelas normas adjetivas que regulam a forma e as ferramentas da atividade processual ou extraprocessual de cada qual. Trata-se, aqui, do *meio* e do *momento* que precisam ser observados pelos órgãos integrantes do sistema de justiça para completarem a obrigação de controle de convencionalidade.

Os critérios acima apresentados, ao contrário do que *a priori* se possa imaginar, não restringem o controle de convencionalidade ao âmbito do sistema de justiça, mas, ao contrário, representam elementos determinantes e de organização para o cumprimento desse controle, tendo em vista que impõem a *todos* os órgão vinculados à administração da Justiça o mister de realizar o controle de convencionalidade das leis, por oportunidade do tratamento de *qualquer* assunto situado no âmbito de suas atribuições institucionais, valendo-se da integralidade dos instrumentos processuais e extraprocessuais que lhes competem. Nesse sentido, é possível perceber que

---

[4] Corte IDH, *Caso Cabrera García e Montiel Flores vs. México*, sentença de 26 de novembro de 2010, Série C, nº 220, § 225; e Corte IDH, *Caso Gelman vs. Uruguai*, Mérito e Reparações, sentença de 24 de fevereiro de 2011, Série C, nº 221, § 193.

as diretrizes traçadas pela jurisprudência da Corte IDH indicam que cada qual desses órgãos – de cada um dos níveis – representa verdadeiro *núcleo autônomo* de controle de convencionalidade, atuante por meio dos respectivos instrumentos processuais ou extraprocessuais de atividade.

O Ministério Público se insere nesse contexto como um dos núcleos de controle de convencionalidade do sistema de justiça brasileiro. No entanto, no tratamento desse tema, o cerne da instituição ministerial o diferencia em essência dos demais órgãos integrantes do sistema de justiça, por ser o *Parquet* o único núcleo de controle de convencionalidade cuja função institucional consiste, destacadamente, no *próprio controle* convencional, como dever embutido na sua missão constitucional de "defesa da ordem jurídica" (CF, art. 127).

Verifica-se, portanto, que, ao passo em que os demais órgãos vinculados à administração da Justiça devem realizar o controle de convencionalidade nos limites dos assuntos sobre os quais recaiam as suas atribuições institucionais, o Ministério Público tem o compromisso de fazer recair o controle de convencionalidade (defesa da ordem jurídica) sobre quaisquer assuntos. É por essa razão que, *v.g.*, não se vislumbra na seara processual penal a possibilidade de a defesa técnica deliberadamente suscitar o controle de convencionalidade em desfavor de qualquer agente infrator, devendo se comprometer, por certo, com a aplicação dos tratados internacionais que representem norma mais benéfica que a legislação criminal interna, visando a tutela do interesse subjetivo do réu assistido. A seu turno, nessa mesma hipótese, ainda que o exame de convencionalidade não fosse realizado pela defesa técnica do acusado de um delito, o membro do Ministério Público responsável pela persecução penal deve adotar aquela providência, com o propósito de garantir a prevalência das normas convencionais de direitos humanos ao caso concreto, ainda que tal medida represente o arquivamento de uma investigação criminal ou a absolvição do acusado na ação penal deflagrada pelo próprio órgão ministerial. Denota-se, portanto, que o cumprimento da obrigação ministerial de defesa da ordem jurídica prepondera à sua própria posição jurídica ocupada na lide cível ou criminal, tornando o *Parquet* ator de destaque no exame de convencionalidade das leis no Brasil.

Evidencia-se, portanto, que o exercício de compatibilidade vertical material da legislação interna à luz dos direitos estabelecidos em tratados internacionais de direitos humanos depende diretamente da atuação efetiva dos diversos núcleos de controle de convencionalidade integrantes do sistema de justiça. Percebe-se que, pelo fato de o sistema de justiça ser integrado por diferentes instituições, algumas indispensáveis ao seu funcionamento, o controle de convencionalidade não pode ser resolvido no âmbito decisório de um *único* órgão controlador, situado em um *único* plano deliberativo de uma mesma instituição. A dinâmica democrática e dialética que move os diferentes órgãos do sistema de justiça, não raras vezes, como será adiante demonstrado, determina que o controle de convencionalidade apenas se completa após o agir concatenado de órgãos distintos de controle, situados em diversos planos deliberativos de diferentes instituições. Dessa maneira, no plano prático, ressalta-se que a concretização social dos direitos humanos pode depender da realização do controle encadeado de convencionalidade desenvolvido por diferentes núcleos de controle, que podem estar situados (*i*) no âmbito de atividade da mesma instituição ou (*ii*) no plano de atuação de instituições diversas. A primeira hipótese representa o encadeamento *intrainstitucional* dos núcleos de controle de convencionalidade (item 3.2.1), e, a segunda, o encadeamento *interinstitucional* desses mesmos núcleos (item 3.2.2). Num terceiro momento também estudaremos o que se pode nominar de consequenciamento examinatório dos núcleos ministeriais de aferição e de controle de convencionalidade (item 3.2.3).

3.2.1 Encadeamento intrainstitucional dos núcleos de controle

O exame de convencionalidade a cargo dos diferentes núcleos de controle que integram o sistema brasileiro de justiça pode se encaminhar, num primeiro momento, para um encadeamento de atuação estabelecido entre diferentes níveis de atribuições funcionais de órgãos integrantes de uma *mesma* estrutura institucional. Essa primeira hipótese se refere, portanto, ao desenvolvimento do controle de convencionalidade por meio de mecanismos manejados por diferentes núcleos de controle que se encontram situados no âmbito *da própria instituição ministerial*. Assim, quando o controle de convencionalidade é iniciado e também concluído por meio de deliberações exprimidas por órgãos da própria instituição ministerial, situados no mesmo ou em diferentes planos de atuação funcional, verifica-se a ocorrência do que se pode nominar *encadeamento intrainstitucional* dos núcleos de controle.

À vista da Lei nº 8.625/93 – que institui a Lei Orgânica Nacional do Ministério Público – e da Lei Complementar nº 75/93 – que dispõe sobre a organização, as atribuições e o estatuto do Ministério Público da União –, verifica-se que a organização do Ministério Público brasileiro prevê, em um plano geral, a existência de (*i*) *órgãos de administração*, intuitivamente encarregados das deliberações e proposituras sobre os assuntos de orientação interna da instituição, (*ii*) *órgãos de execução*, aos quais incumbe a adoção de todas as medidas finalísticas do Ministério Público, e (*iii*) *órgãos auxiliares*, que, sem possuir atribuições para o desempenho de funções institucionais, prestam apoio à consecução das funções dos órgãos ministeriais.

Adotando-se como parâmetro o disposto no art. 7º da Lei nº 8.625/93, os órgãos de execução da instituição ministerial no plano dos Estados são retratados pelo Procurador-Geral de Justiça, pelo Conselho Superior do Ministério Público, pelos Procuradores de Justiça e Promotores de Justiça. Atendidas as particularidades legais de cada ramo do Ministério Público da União, representados pelo Ministério Público Federal, Ministério Público do Trabalho, Ministério Público do Distrito Federal e Territórios e Ministério Público Militar, verifica-se a existência de diversos órgãos de execução, escalonados em diferentes níveis institucionais. Evidentemente que, por força do princípio constitucional da independência funcional (CF, art. 127, § 1º), tal escalonamento jamais poderá implicar hierarquia funcional, tratando-se, em verdade, de forma de organização e de distribuição de atribuições entre os órgãos de execução de cada Ministério Público.

Por se tratar de providência que deve ser adotada *ex officio* por todas as instituições vinculadas à administração da Justiça, compete a cada um dos órgãos de execução do Ministério Público a adoção das providências de exame de convencionalidade das leis no âmbito das suas correspondentes atribuições institucionais e normas de organização interna. Evidentemente que aqueles mesmos órgãos ministeriais, no desempenho de suas funções administrativas, também devem atentar para a imperatividade dos tratados internacionais de direitos humanos ratificados e em vigor no Brasil. No entanto, é no plano dos seus encargos *finalísticos* de execução que a instituição viabiliza socialmente a primazia dos direitos humanos.

Importa considerar que o dever de análise da convencionalidade das leis pela integralidade dos órgãos do Ministério Público, em todos os seus níveis funcionais, não é providência afetada pelo princípio da independência funcional (CF, 127, § 1º). Referido princípio retrata uma garantia constitucional inafastável que impede a influência de qualquer outro órgão, instância ou instituição sobre a atividade funcional de qualquer membro do Ministério Público, que se vincula exclusivamente aos parâmetros normativos na avaliação imparcial do quadro fático sobre o qual deve deliberar na resolução das demandas apresentadas. Portanto, por se tratar de obrigação decorrente do mais completo exercício da função institucional de defesa da ordem jurídica, a ser *ex officio* exercida, em hipótese alguma pode o membro ministerial *evitar* a realização do controle de convencionalidade sob a escusa da independência funcional. Pelo contrário, a independência funcional dos agentes ministeriais deve ser manejada em favor da sociedade, como escudo contra qualquer ingerência que busque mitigar o trabalho do Ministério Público de garantir a aplicação das normas convencionais – ainda que em detrimento da legislação doméstica – e, por conseguinte, defender o desabrochar dos direitos humanos internacionalmente reconhecidos.

Fixadas tais premissas, certo é que, quando realizam a análise e a abordagem de medidas jurídicas extrajudiciais, os núcleos de controle de convencionalidade retratados pelos órgãos de execução acima apresentados podem se encontrar em escalonamento funcional, ou seja, situados em *diferentes níveis de exercício de controle convencional* no âmbito da instituição. É possível ilustrar esse processo quando, *v.g.*, o Conselho Superior do Ministério Estadual realiza a revisão de promoções de arquivamento de inquérito civil (Lei nº 8.625/93, art. 30) ou o Procurador-Geral de Justiça procede à revisão da promoção de arquivamento de inquérito policial (CPP, art. 28, *caput*[5]) realizada por Promotor de Justiça, quando evidenciar o tratamento de assuntos afetos a convenções internacionais de direitos humanos ou à jurisprudência da Corte IDH. Nessas hipóteses, é possível notar que o controle de convencionalidade a cargo do Ministério Público passa por núcleos de controle situados em diferentes níveis da *mesma estrutura* institucional, podendo-se afirmar, portanto, que se está diante de um *encadeamento intrainstitucional* de núcleos de controle de convencionalidade. Aqui, como se nota, *não há* um encadeamento *entre* instituições diferentes (encadeamento *interinstitucional*) no que tange aos núcleos de controle, senão um encadeamento *dentro* da própria instituição ministerial com seus respectivos núcleos internos, como, *v.g.*, entre uma Promotoria de Justiça e a Procuradoria de Justiça.

Frise-se que essa hipótese de encadeamento intrainstitucional de núcleos de controle de convencionalidade ocorre nas providências de controle extrajudicial, quando a atividade que implicou o exame de convencionalidade por um órgão ministerial exige ou se submete à nova apreciação por outro núcleo de controle, dessa vez escalonado em nível *superior* da mesma instituição. Verifica-se, aqui, que mesmo nas hipóteses em que o controle de convencionalidade se esgota no âmbito da própria instituição ministerial, é possível identificar a possibilidade de encadeamento de núcleos de controle no âmbito do mesmo órgão.

Por outro lado, é oportuno considerar que, no plano processual, não se opera o encadeamento de controle de convencionalidade intrainstitucional nos diferentes níveis funcionais do Ministério Público. De fato, na órbita extraprocessual – ou extrajudicial, como acima referida – os núcleos de controle ministerial atuam *intramuros* e de forma escalonada, *v.g.*, entre o órgão superior e o membro de primeira instância. Por sua vez, no âmbito

---

[5] Segundo a redação conferida pela Lei nº 13.964/19, suspensa pelo STF (cf. ADI 6298/DF, Medida Cautelar, rel. Min. Luiz Fux, j. 22.01.2020, *DJe* 30.01.2020).

de um processo (em sede recursal) o que se verifica é o escalonamento de atividades ministeriais *extramuros*, é dizer, fora da instituição (porém *dentro* do Judiciário). Tal ocorre, *v.g.*, quando há o lançamento de parecer por órgão ministerial atuante em sede recursal (no exercício de *aferição* de convencionalidade) relativamente a recurso interposto (*controle* de convencionalidade) por órgão da mesma instituição atuante em primeira instância. É por essa razão que não há que se falar em controle de convencionalidade intrainstitucional nos distintos escalonamentos funcionais do Ministério Público no plano processual (recursal).

Esse posicionamento se justifica porque, na condição de *custos juris*, é dizer, de defensor da ordem jurídica, o órgão ministerial atuante em sede recursal não promove propriamente o controle de convencionalidade, realizando apenas a sua *aferição* em sede de medida processual já instalada no âmbito do Poder Judiciário (*v.* Capítulo 2, item 2.2.3.9, *supra*). Por outro lado, referido exemplo presta-se a demonstrar que o encadeamento do exame de convencionalidade que se opera entre os órgãos de atuação das diferentes instituições não se realiza necessariamente sob o título homogêneo de *controle* convencional (espécie do gênero *exame* de convencionalidade), tendo em vista a perfeita possibilidade de que no referido processo se encadeiem medidas de *controle* de convencionalidade seguidas por manifestações de *aferição* de convencionalidade, ou, ao contrário, a exemplo do que ocorre nas ações de controle concentrado de convencionalidade, quando se opera, em primeiro lugar, a *aferição* de convencionalidade (pelo Procurador-Geral da República) em busca de encadeamento com providência de *controle* convencional (pelo STF).

Em suma, o encadeamento intrainstitucional dos núcleos de controle de convencionalidade é importante para que o órgão ministerial fixe a tese controlativa que irá amparar *intramuros*, justificando, assim, a sua ação terminativa quando necessária à proteção de determinado direito humano previsto em tratado internacional em vigor no Brasil.

3.2.2 Encadeamento interinstitucional dos núcleos de controle

Uma diferente perspectiva de abordagem sobre o mesmo tema – exame de convencionalidade a cargo dos diferentes núcleos de controle que integram o sistema brasileiro de justiça – encaminha-se, dessa vez, para um encadeamento de atuação estabelecido *entre* os correspondentes níveis e esferas de atribuição funcional de *cada um* daqueles órgãos. Nesse processo de encadeamento, cada núcleo de controle de convencionalidade – o Ministério Público, em um lado, e o Poder Judiciário, de outro – representa um verdadeiro *elo* na formação de uma corrente de controle convencional, que, quando firmemente consolidada, resulta na garantia efetiva da prevalência dos direitos humanos no âmbito judiciário.

Dessa maneira, quando a realização prática dos direitos humanos, por meio da atividade de controle de convencionalidade a cargo do Ministério Público, implica o incontornável manejo dos instrumentos processuais de atuação dos seus núcleos de controle, tal atividade requer encadeamento com os outros núcleos de controle de convencionalidade situados no âmbito do Poder Judiciário. Verifica-se, portanto, que a deflagração do processo de judicialização resulta num encadeamento de núcleos de controle de convencionalidade situados em instituições distintas e independentes, porém convergentes, *a priori*, em termos de proteção dos direitos humanos. Em outras palavras, verifica-se um encadeamento *entre* (*inter-*) núcleos de controle de instituições dessemelhantes em prol – *a priori*, repita-se – da convergência à proteção efetiva dos direitos humanos, ainda que tal seja uma expectativa *ideal* (nem sempre *real*) da atividade de cada um desses órgãos do Estado.

Seja como for, certo é que quando o Ministério Público exerce o controle de convencionalidade e, em decorrência do seu exercício, necessita manejar a medida processual adequada à realização da proteção de determinado direito humano, provoca o encadeamento ou o acoplamento (*i*) do controle convencional que justificou a deflagração da sua atuação institucional com (*ii*) o controle convencional a ser levado a efeito pelo Poder Judiciário, também no cumprimento de sua missão institucional e nos termos dos regulamentos jurídicos (Constituição, leis etc.) que lhe correspondem.

Realizado o controle de convencionalidade pelo órgão do Ministério Público no âmbito de suas atribuições e no plano processual que lhe compete, cabe ao órgão do Poder Judiciário, também no âmbito de suas atribuições e no seu respectivo plano processual, realizar igual controle de convencionalidade, para que encerre o ciclo do encadeamento interinstitucional de controle e, portanto, seja garantido em definitivo o direito levado ao processo. Importa ressaltar que, encontrando-se todos os juízes e órgãos integrantes do sistema de justiça obrigados ao referido controle, o desatendimento de tal dever por parte de qualquer deles não exime ou anula a atuação *ex officio* dos demais órgãos (núcleos de controle) no desempenho dessa mesma obrigação-função. De fato, por se realizar, na maioria das vezes, no âmbito de um processo integrado por diferentes órgãos dotados de atribuições institucionais específicas, o controle de convencionalidade, em regra, não se exaure na prática de um ato isolado, a cargo de um único órgão ou instituição controladora. No entanto, para que atinja a concretização social almejada em prol dos direitos humanos, o controle de convencionalidade desenvolvido no plano processual há de ser providência assumida e encadeada por *todos* os órgãos integrantes do sistema brasileiro de justiça.

Se, nos planos administrativo, funcional e processual o Ministério Público e o Poder Judiciário são instituições completamente autônomas e independentes, quando o assunto é a concretização dos direitos humanos por meio do controle de convencionalidade no plano endoprocessual as suas respectivas atribuições institucionais necessitam ser autonomamente encadeadas, sem o que não se logra distribuir à sociedade a devida justiça do caso concreto, com o cumprimento das normas internacionais de direitos humanos de que o Brasil é parte. Referidas atribuições são autônomas porque levadas a efeito por órgãos independentes, cujas responsabilidades constitucionais e legais se exaurem no horizonte do cumprimento de suas próprias ações institucionais, de modo que eventual omissão ou atuação juridicamente desacertada de uma instituição não reflete necessariamente na conduta funcional da outra. No entanto, ressalte-se que, embora autônomas no plano institucional, no plano da concretização dos direitos humanos por meio da atuação processual as condutas institucionais do Ministério Público e do Poder Judiciário devem estar encadeadas, dado que o controle de convencionalidade exercido por uma instituição há de ser, também, adequadamente exercido pela outra, sob a lente única da salvaguarda do(s) direito(s) violado(s) na questão levada a juízo.

Não se pode, portanto, pensar que *não haveria* controle de convencionalidade pelo Ministério Público no caso de a demanda por ele proposta depender de apreciação do Poder Judiciário. Fosse assim, também não haveria controle de constitucionalidade por um magistrado de primeira instância ao ver reformada a sua decisão por tribunal superior. Portanto, da mesma forma que pode o magistrado de primeira instância realizar o controle de constitucionalidade (ou de convencionalidade) e um tribunal superior deixar de cumprir tal obrigação por entender de maneira contrária, afigura-se também possível que o membro do Ministério Público venha a atuar na realização de suas funções institucionais pautado pelo necessário controle de constitucionalidade (ou de convencionalidade) sem que o órgão do Poder Judiciário realize esse mesmo controle, ou o faça de modo diverso, dando ao caso concreto solução distinta da que chegou o primeiro órgão controlador. Em tais hipóteses, portanto, o que se revela são critérios distintos de controle capazes de chegar a soluções eventualmente diversas – pelo Ministério Público e pelo Poder Judiciário – no âmbito de suas competências, razão pela qual é errôneo falar em inexistência de controle de convencionalidade pelo órgão ministerial, que analisa primariamente (*antes*, portanto, do Poder Judiciário) a convencionalidade de determinada norma.

Em suma, o exame de convencionalidade conforme orientado pela jurisprudência da Corte IDH pode se desenvolver em vários *núcleos* de controle, sendo certo de que referidos núcleos podem se encontrar (*i*) *concentrados* no âmbito da própria instituição ministerial (*v.* item 3.2.1, *supra*) ou (*ii*) *distribuídos* no âmbito das instituições distintas. Essa última hipótese – cuja análise ora nos ocupa – é relativa aos mecanismos de controle de convencionalidade ministerial a serem concatenados com os atos decisórios a cargo do Poder Judiciário (encadeamento interinstitucional) e ocorre, evidentemente, quando as questões que se apresentam perante o *Parquet* necessitam ser judicializadas.

No entanto, o encadeamento interinstitucional dos núcleos de controle de convencionalidade não é medida necessária *fora* das hipóteses em que a ordem jurídica determina expressamente essa providência para o atendimento do devido processo legal e/ou convencional. De acordo com o que se irá demonstrar a seguir, há hipóteses em que o Ministério Público *deve* realizar o controle de convencionalidade interinstitucional (item 3.2.2.1) e outras em que o encadeamento interinstitucional é *subsidiário*, devendo a instituição, em atenção ao interesse da máxima resolutividade, valer-se preferencialmente dos instrumentos e meios extraprocessuais de solução de conflitos que ordenamento jurídico lhe assegura (item 3.2.2.2).

3.2.2.1 Encadeamento interinstitucional necessário ou obrigatório

Na estrutura encadeada de controle de convencionalidade há hipóteses em que o controle desenvolvido pelo Ministério Público (primeiro controle) será *obrigatoriamente concatenado* com medidas de controle levadas a cabo pelo Poder Judiciário (segundo controle). Trata-se do que se pode nominar de encadeamento interinstitucional necessário ou obrigatório, dado que sem a intervenção do Judiciário não haverá efetiva *decisão* sobre a iniciativa do Ministério Público nos casos respectivos.

Vislumbra-se o encadeamento interinstitucional necessário ou obrigatório tanto (*i*) na propositura da ação penal pública quanto (*ii*) no incidente de deslocamento de competência, previsto pelo art. 109, V-A e § 5º, da Constituição Federal.[6] Em ambos os casos, a finalização do processo de controle

---

[6] Verbis: "Art. 109. Aos juízes federais compete processar e julgar: (...) V-A – as causas relativas a direitos humanos a que se refere o § 5º deste artigo; (...) § 5º Nas hipóteses de grave violação de direitos humanos, o Procurador-Geral da República, com a finalidade de assegurar o cumprimento de obrigações decorrentes de tratados internacionais de direitos humanos dos quais o Brasil seja parte, poderá suscitar, perante o Superior Tribunal de Justiça, em qualquer fase do inquérito ou processo, incidente de deslocamento de competência para a Justiça Federal".

de convencionalidade desemboca nos limites da competência do Poder Judiciário, ensejando o fenômeno da judicialização da questão a ser solucionada.

Seria possível questionar se haveria, efetivamente, *controle* de convencionalidade – ou se seria estrita *aferição* de convencionalidade – pelo Ministério Público nas hipóteses aventadas, dado que será o Poder Judiciário que dará, em última instância, a resposta definitiva à questão concreta apresentada. Para nós, não há dúvida de que *há controle* de convencionalidade tanto na propositura da ação penal pública quanto no incidente de deslocamento de competência, pois, por esses meios, exterioriza-se o posicionamento do Estado – pelo exercício da parcela de soberania nacional que cabe ao Ministério Público manejar – em face de uma hipótese de violação a direitos humanos (*v.* item 3.4.1, *infra*).

No caso da propositura da ação penal pública, há o encadeamento interinstitucional necessário na *promoção* da ação pelo Ministério Público (controle em primeira fase) e no *julgamento* respectivo pelo Poder Judiciário (controle em segunda fase). Tanto um órgão como o outro exterioriza parcelas complementares da soberania do Estado com fundamento em regras internas (Constituição e leis) e internacionais (tratados) que compõem a coleção das normas vigentes no Estado brasileiro.

Por sua vez, no incidente de deslocamento de competência o encadeamento interinstitucional necessário se apresenta quando o Procurador-Geral da República *suscita* perante o STJ o deslocamento (controle em primeira fase) e no momento em que a corte superior *determina* a medida pleiteada, com a finalidade de assegurar o cumprimento de obrigações decorrentes de tratados internacionais de direitos humanos de que o Brasil é parte (controle em segunda fase).[7] No âmbito da segunda fase de controle, o STJ já definiu os pressupostos necessários à procedência do incidente de deslocamento de competência como sendo: *a)* a existência de grave violação a direitos humanos; *b)* o risco de responsabilização internacional decorrente do descumprimento de obrigações jurídicas assumidas em tratados internacionais; e *c)* a incapacidade das instâncias e autoridades locais em oferecer respostas efetivas às violações apresentadas.[8] A conjugação de tais apontamentos indica que a Constituição – o seu poder constituinte reformador, com a Emenda Constitucional nº 45/2004 – está atenta à efetividade do processo penal em hipóteses de crimes graves contra direitos humanos fundadas em tratados

---

[7] Sobre a importância do incidente de deslocamento de competência para a proteção dos direitos humanos, *v.* MAZZUOLI, Valerio de Oliveira. *Curso de direitos humanos*, cit., p. 198-199; e PIOVESAN, Flávia. *Direitos humanos e o direito constitucional internacional*, cit., p. 372-376.

[8] STJ, IDC 2/DF, 3ª Seção, rel. Min. Laurita Vaz, j. 27.10.2010, *DJe* 22.11.2010.

internacionais de que o Brasil é parte, por ter atribuído ao Procurador-Geral da República a competência de qualificar – à luz do controle difuso de convencionalidade – o que entende por "grave violação de direitos humanos".

Em suma, como se nota, o encadeamento interinstitucional necessário ou obrigatório é medida impositiva por meio da qual a resposta que o Estado deve entregar à sociedade no enfrentamento à criminalidade somente se edifica ante a conjugação das atribuições funcionais de diferentes instituições da administração da Justiça, que, no entanto, precisam se encontrar iluminadas pelas mesmas luzes – e vistas sob as mesmas lentes – dos tratados internacionais de direitos humanos, bem assim da jurisprudência da Corte IDH.

3.2.2.2 Encadeamento interinstitucional subsidiário

Há, por outro lado, hipóteses em que o encadeamento interinstitucional das medidas decorrentes do controle de convencionalidade realizado pelo Ministério Público não será obrigatório, senão apenas *subsidiário*. Nesses casos, deve o órgão ministerial recorrer a instrumentos jurídicos que permitam realizar, por meios extrajudiciais, as disposições contidas em todo o arcabouço normativo em vigor no Estado, com destaque para as normas internacionais de direitos humanos, capazes de alcançar, preferencialmente, a finalização do processo de controle convencional nos limites do Ministério Público.

Nos casos em que seja fática e normativamente possível a finalização intrainstitucional do processo de controle pelo Ministério Público, somente devem ser deflagradas providências que impliquem encadeamento interinstitucional quando resultem infrutíferos todos os recursos à disposição do *Parquet* na fase extraprocessual, como condição prévia à judicialização da matéria.

Evidentemente, a atribuição constitucional do Ministério Público que se destaca em benefício da realização social dos direitos humanos é, *prima facie*, a "defesa da ordem jurídica". Contudo, os membros da instituição não devem identificar como sinônimos os objetivos de *defesa* e de *judicialização* daqueles valores, especialmente quando essa última opção representa um fim em si mesmo. Assim, quando o membro ministerial realiza a defesa da ordem jurídica, incorporando e resolvendo nos limites da própria instituição a questão antijurídica detectada, está a realizar a tutela efetiva e eficiente do seu mister constitucional.

Exemplifica-se a realização da tutela qualificada dos direitos humanos – evitando-se o encadeamento interinstitucional de controle de convencionalidade e imprimindo elevada carga resolutiva à atividade ministerial – quando o membro do *Parquet* obtém êxito na resolução de questão capaz de representar lesão ou ameaça de lesão a interesses de grandeza social ou individuais indisponíveis, por meio, *v.g.*, de celebração de compromissos de ajustamento de conduta, evitando, assim, a judicialização da demanda. Perceba-se, portanto, que dispondo o Ministério Público de instrumentos constitucionais e legais voltados para o controle intrainstitucional de convencionalidade, o exercício do controle interinstitucional deve assumir posição apenas *subsidiária*.

É possível sustentar, por conseguinte, que o Ministério Público realizará a defesa da ordem jurídica de maneira tanto mais resolutiva quanto mais priorizar o manejo de instrumentos e estratégias jurídicas que viabilizem o início e o término do processo de controle de convencionalidade no seu horizonte intrainstitucional. O desvio da rota de atuação ministerial para a tomada do caminho do controle interinstitucional necessita assumir, portanto, um caráter subsidiário, reservado apenas para os casos em que tal providência se revele comprovadamente inevitável.

Realizado o estudo preliminar das formas e possibilidades de encadeamento do controle de convencionalidade a cargo do Ministério Público no âmbito de suas funções institucionais, importa analisar em que hipóteses os membros do *Parquet* não apenas podem, mas *devem* efetivamente realizar o controle de convencionalidade das normas do direito brasileiro. Necessário, assim, estudar os casos de atuação ministerial no âmbito dos procedimentos investigatórios destinados à tutela de direitos e interesses metaindividuais (item 3.3) e os ligados à persecução penal (item 3.4).

3.2.3 Consequenciamento examinatório dos núcleos ministeriais de aferição e controle de convencionalidade

É verdade constitucional que o Ministério Público desempenha papel imprescindível no funcionamento do sistema de administração da Justiça, tanto quando labora na condição de *custos juris*, desempenhando o papel de aferidor da convencionalidade, quanto quando atua na condição de controlador dessa mesma convencionalidade, ao deflagrar, em nome próprio, parcela da soberania do Estado para fazer prosperar a filtragem vertical material do direito interno em face do direito convencional relativo a direitos humanos, na esfera de resolução de cada caso concreto que se apresenta à sua avaliação.

À luz das diversas hipóteses que integram o amplíssimo leque de intervenções ministeriais destinadas à aferição de convencionalidade, por provocação ou *sponte sua* (v. Capítulo 2, item 2.2, *supra*), bem como em face das múltiplas possibilidades de atuação do Ministério Público destinadas ao efetivo controle de convencionalidade das leis (v. Capítulo 3, itens 3.3 e 3.4, *infra*), importa, desde já, retratar o que se pode nominar *consequenciamento examinatório* dos núcleos ministeriais de aferição e de controle de convencionalidade em seu desempenho institucional, sinteticamente representado pelo manejo das providências estabelecidas pela ordem jurídica interna para a concretização de direitos humanos ou para a revisão de resultados inconvencionais do encadeamento interinstitucional dos núcleos de exame de convencionalidade, tema que inaugura o presente Capítulo.

A perspectiva de encadeamento de núcleos de exame de convencionalidade em diferentes níveis institucionais e perante instituições e órgãos diversos de aferição e de controle, procedimentalmente estabelecida com o propósito de viabilizar a concretização prática dos direitos humanos, se revela suficiente para confirmar que as atividades de aferição e de controle de convencionalidade não se esgotam comumente na prática de um único ato (isolado) a cargo de determinada instituição ou órgão de exame. Ao contrário dessa perspectiva estática, a aferição e o controle de convencionalidade se desenvolvem de maneira dinâmica e proativa no âmbito de um procedimento que se movimenta rumo a um resultado definitivo, orientado pelas regras e diretrizes do devido processo legal e convencional.

À vista dessas premissas, tem-se que, quando o resultado do funcionamento do sistema de justiça não consubstancia a concretização de um desfecho efetivo de exame de convencionalidade em uma conjuntura encadeada de outras medidas de aferição ou de controle promovidos pelo Ministério Público, deve o órgão ministerial com atribuições para tanto deflagrar as medidas de *consequenciamento* do exame previamente realizado, sinteticamente destinadas a promover a prevalência do direito convencional violado ou não atendido no caso concreto. Em outras palavras, o dever ministerial de agir como guardião da ordem jurídica não se encerra com o protocolo da manifestação em que desenvolve a aferição de convencionalidade, assim como não termina com o simples ajuizamento de determinada demanda perante o sistema de justiça, ainda que exclusivamente com base no direito convencional. Esse posicionamento se justifica porque a missão constitucional dos órgãos de exame de convencionalidade do Ministério Público não se conclui adequadamente senão quando o resultado do trabalho ministerial se afigura materialmente concretizado, ou seja, coroado pela qualidade da efetividade.

Assim, quando um órgão do Ministério Público promove o ajuizamento de uma medida judicial, tanto na seara cível quanto no campo criminal, em que se deflagre um legítimo ato de controle de convencionalidade, conforme será adiante explorado, o dever ministerial de fiscalizar a prevalência do direito convencional não se esgota com o mero protocolo liminar daquela dada medida, mas se desdobra de maneira indisponível no curso de *todo* o trajeto procedimental, até o seu julgamento definitivo. Por essa razão, todo caso de infração ao direito convencional ocorrido no curso do processo pode ser objeto de *consequenciamento examinatório* pelo Ministério Público, para o fim de provocar o encadeamento interinstitucional de *novo ato* de controle em diferente nível do sistema de justiça. Em outras palavras, de cada ato judicial de desatendimento ao direito convencional submetido ao exame do Ministério Público, nasce para o órgão ministerial com atribuições para tanto o dever de velar pela sua correção, de acordo com os instrumentos (inclusive de natureza recursal) previstos na ordem jurídica para essa finalidade.

Como se percebe, a função ministerial de exame de convencionalidade das leis não se esgota na fase prévia de exame ou de controle de convencionalidade em dado caso concreto, senão avança também para o sequenciamento do processo em causa, para o fim de vindicar, até os limites dos instrumentos e recursos disponíveis, pela boa aplicação dos tratados internacionais de direitos humanos de que o Brasil é parte.

Dessa maneira, quando, *v.g.*, um órgão do Ministério Público promove o ajuizamento de uma demanda metaindividual, resultado do controle de convencionalidade de normas de direito interno conflitantes com direitos estabelecidos em tratados internacionais de direitos humanos (*v.* Capítulo 3, item 3.3.1, *infra*), porém a demanda não logra o esperado encadeamento pelo núcleo de controle do Poder Judiciário, com base em fundamento jurídico injusto, nasce para o órgão do Ministério Público o dever de adoção das providências processuais que ensejem a prevalência do controle de convencionalidade no caso concreto. O *consequenciamento examinatório*, que, na hipótese aventada, se assemelha representado pelo manejo do instrumento recursal cabível, configura *nova* medida de controle de convencionalidade a cargo do órgão ministerial, tão necessária, obrigatória e indisponível quanto a própria propositura da demanda inicial, haja vista que reflete providência indispensável à concretização prática da norma de direitos humanos aplicável ao caso sob julgamento.

Da mesma forma como se opera em face da atuação dos órgãos ministeriais enquanto exercem a função de núcleos de controle, o *consequenciamento examinatório* de convencionalidade faz com que exsurja o dever de controle também por parte dos órgãos ministeriais originariamente atuantes como núcleos de aferição na causa. O panorama acima referido pode ocorrer quando, no exercício das providências derivadas da sua posição de guardião da ordem jurídica, o órgão ministerial que desenvolve a função de núcleo de aferição, e, por conseguinte, avalia a convencionalidade dos elementos jurídicos contidos em recursos interpostos por outros sujeitos processuais, verifica que o órgão de controle judicial, divorciado do resultado da aferição ministerial previamente realizada, decide em contrariedade ao direito convencional ou à jurisprudência da Corte IDH.

Por essas razões, o exame de convencionalidade a cargo do Ministério Público em sede de intervenção recursal não se esgota necessariamente com a apresentação de parecer revelador do posicionamento não vinculante do Ministério Público sobre a matéria de natureza convencional que foi efetivamente tratada ou que deveria ter sido tratada em âmbito recursal pelos litigantes. Evidentemente, o diminuto alcance desse entendimento não se prestaria a esgotar a missão constitucional fiscalizatória dos órgãos ministeriais e não se revelaria suficiente para a vivificação prática dos direitos humanos reclamados na demanda encaminhada ao controle jurisdicional, sob o acompanhamento supervisionado do Ministério Público. Dessa maneira, quando o órgão ministerial, no efetivo desempenho das suas atividades institucionais, deparar-se com decisões judiciais ofensivas a disposições ou diretrizes encerradas em convenções internacionais de direitos humanos ou, ainda, incompatíveis com a jurisprudência da Corte IDH, deve imediatamente deflagrar o controle de convencionalidade consequencial nos termos dos regulamentos processuais pertinentes.

Tendo em vista que a efetivação prática do controle de convencionalidade deve ser promovida e realizada *ex officio* e de maneira irrenunciável pela instituição ministerial, nenhum de seus órgãos, no desempenho da função originária tanto de aferição quanto de controle, deve renunciar ao manejo do recurso cabível à correção de eventual decisão que não tenha respeitado as disposições convencionais (ou as decisões da Corte IDH) que integram a ordem jurídica nacional.

Verifica-se, portanto, que a identificação de eventual estado de inconvencionalidade na atividade jurisdicional condiciona a atuação do órgão ministerial com atribuições na causa, o qual se encontra obrigado à identificação e ao manejo da ferramenta jurídica (muitas vezes situada na seara dos recursos) necessária à correção da inconvencionalidade encontrada. Conclui-se, portanto, que o manejo da atividade recursal pelo Ministério Público em face de uma situação jurídico-processual de inconvencionalidade não é simples faculdade ou atribuição disponível da Instituição, mas sim a materialização de uma obrigação positiva do Estado em favor da concretização dos direitos humanos.

Por oportuno, convém consignar que as normas de direito processual civil (art. 179, II, CPC[9]) e de direito processual penal (arts. 45 e 257, II,

---

[9] *In verbis*: "Nos casos de intervenção como fiscal da ordem jurídica, o Ministério Público (...) poderá produzir provas, requerer as medidas processuais pertinentes e recorrer".

CPP[10-11]) conferem aos órgãos do Ministério Público que oficiam na qualidade de *custos juris* a possibilidade de recorrer, com o propósito de garantir a prevalência incondicional da ordem jurídica. Dessa maneira, a previsão do manejo de ferramentas recursais pelos órgãos ministeriais que exercem a função processual de *custos juris* (identificados como núcleos de aferição de convencionalidade se constatada a influência dos direitos humanos na resolução da demanda) presta-se a confirmar que a função fiscalizatória do Ministério Público implica o exercício *consequencial* de mecanismos efetivos de controle quando o resultado da atividade julgadora do sistema de justiça não se identificar com a realização da ordem jurídica em sua integralidade.

Assim, tem-se que, mesmo quando o órgão do Ministério Público atua na função de *custos juris*, desempenhando uma atividade de aferição de convencionalidade, aquele mesmo órgão acumula em estado latente o dever de promover medidas de controle de convencionalidade das leis, quando o resultado da demanda revelar ofensa aos compromissos convencionais do Estado ou quando se revelar hipótese de desatendimento de disposições convencionais de direitos humanos entre particulares.

É certo que, quando o Ministério Público labora realizando a aferição da convencionalidade de um caso concreto, ele, em verdade, indica ao órgão do Poder Judiciário o caminho que julga atender da melhor maneira possível o dever de concretização dos direitos humanos no caso concreto. No entanto, ao divergir do resultado da prestação jurisdicional realizada, atuando no desempenho da atividade recursal correspondente ao *consequenciamento examinatório*, o Ministério Público contesta o caminho escolhido pelo órgão julgador, por conduzir o processo, segundo a sua qualificação, a um destino de inconvencionalidade.

Assim, quando os núcleos de exame ministeriais atuam na atividade de aferição, com destaque para a sede recursal, é possível verificar a ocorrência de um fenômeno não observado no âmbito de demandas em que o órgão ministerial atua desde a sua origem na função de núcleo de controle de convencionalidade. Perceba-se que, *v.g.*, no âmbito recursal subsiste a possibilidade de que um mesmo órgão ministerial que atua originalmente na função de núcleo de *aferição* de convencionalidade, posteriormente, em face do julgamento da causa, passe a atuar como núcleo de *controle* de convencionalidade.

---

[10] *In verbis*: "A queixa, ainda quando a ação penal for privativa do ofendido, poderá ser aditada pelo Ministério Público, a quem caberá intervir em todos os termos subsequentes do processo".

[11] *In verbis*: "Ao Ministério Público cabe (...) fiscalizar a execução da lei".

Essa alteração prática de funções dos núcleos de aferição em núcleos de controle deriva do *consequenciamento examinatório* da convencionalidade nos casos trazidos à apreciação da instituição ministerial, norteada pela defesa incondicional da ordem jurídica e do dever de aplicação *ex officio* das normas de direito internacional relativas a direitos humanos.

Esse fenômeno, fruto do *consequenciamento examinatório* de convencionalidade pelos órgãos ministeriais, se diferencia do fenômeno de encadeamento dos núcleos de aferição e controle de convencionalidade (*v*. Capítulo 3, item 3.2.2, *supra*). Enquanto o encadeamento de núcleos se desenvolve mediante a participação alinhavada de diferentes núcleos de atuação ministerial, o *consequenciamento examinatório* se opera na esfera de um *mesmo núcleo* de atuação ministerial, que, simplesmente, findas as atividades de *aferição*, pode deflagrar atividades de *controle* de convencionalidade.

É ainda possível afirmar que, enquanto no encadeamento de núcleos ministeriais ocorre a *transferência* da análise de uma causa concreta para diferentes órgãos ministeriais, no *consequenciamento examinatório* ocorre a reanálise da mesma causa por um mesmo órgão ministerial, porém em momentos processuais distintos. É dizer, não há alteração de órgãos, mas sim mudança na forma de atuação de um mesmo órgão ministerial em face da condição de análise da causa.

Referida alteração na função dos órgãos ministeriais ocorre porque, de acordo com a jurisprudência da Corte IDH, devem os núcleos de exame de convencionalidade, representados pelos órgãos de administração de Justiça, realizar suas atividades segundo o âmbito de suas respectivas atribuições, pelos meios processuais adequados e no momento processual oportuno (*v*. Capítulo 3, item 3.2, *supra*). Assim, durante todo o curso do processo os órgãos do Ministério Público mantêm a sua mesma atribuição institucional de examinar a convencionalidade das normas internas, devendo adaptar os meios de concretização da sua missão de guardião da ordem jurídica segundo os momentos processuais e os instrumentos disponíveis à correta e desejada defesa da ordem jurídica.

Convém consignar, por oportuno, que o *consequenciamento examinatório* que pode deflagar medidas de controle por vias recursais manejadas pelo órgão ministerial originariamente encarregado da atividade de aferição de convencionalidade pode decorrer de elementos convencionais sequer discutidos no curso de toda a demanda. É certo, ainda, que aquelas vias recursais de controle podem ser acessadas mesmo quando, no desempenho da atividade de aferição, o órgão ministerial não vislumbrou a situação de inconvencionalidade ou, até mesmo, afastou a ocorrência de qualquer hipótese de inconvencionalidade no caso concreto, porém, após a análise da decisão judicial proferida, mudou de posicionamento e passou a reconhecer um cenário jurídico inconvencional.

Importa reforçar que a situação de *consequenciamento examinatório* de que se trata ocorre não apenas no âmbito dos órgãos ministeriais oficiantes em grau recursal, inicialmente no exercício da atividade de aferição, e, posteriormente, na atividade de controle. Em regra, todos os órgãos ministeriais atuantes em todas as instâncias que desempenham a atividade de aferição podem, por *consequenciamento*, transmutar suas funções para medidas de efetivo controle de convencionalidade das leis.

Por fim, destaca-se que nem sempre o *consequenciamento examinatório* baseado no direito convencional impõe ao Ministério Público o exercício de providência de controle de convencionalidade por meio do manejo de instrumentos recursais. Ademais, é também verdade que nem sempre a necessidade de deflagração da medida de controle ministerial nesse contexto *consequencial* é fruto de divergência entre a atividade de aferição ministerial e um ato judicial decisório. Verifica-se que há caso em que o controle de convencionalidade ministerial por *consequenciamento examinatório* exsurge do desatendimento de um ato de aferição promovido pela instituição ministerial e que não é acatado pelo responsável direto pelo seu atendimento, seja ele um particular ou o próprio Estado. Trata-se da hipótese de aferição de convencionalidade realizada no âmbito das notificações recomendatórias, quando não devidamente atendidas para a concretização de certa norma de direitos humanos (*v.* Capítulo 2, item 2.4, *supra*). Em tal hipótese, não pode o órgão ministerial se furtar da realização de uma medida de controle, a demandar encadeamento interinstitucional com os órgãos de exame de convencionalidade do Poder Judiciário. Nessa hipótese, confirma-se a premissa de que a atividade de exame de convencionalidade pelos núcleos ministeriais de aferição e de controle pode impor a realização de um encadeamento de núcleos, cuja força motriz é representada pelo *consequenciamento examinatório* de convencionalidade em cada caso concreto, mesmo em situações em que a medida de aferição se opera em sede extrajudicial.

3.3 CONTROLE DE CONVENCIONALIDADE NOS PROCEDIMENTOS DE TUTELA DE DIREITOS E INTERESSES METAINDIVIDUAIS

Já se estudou o papel que deve ser desempenhado pelo Ministério Público na *aferição* de convencionalidade por provocação tanto na ação civil pública quanto na ação popular (*v.* Capítulo 2, itens 2.2.1 e 2.2.2, *supra*). Consoante o que ali se verificou, a dimensão metaindividual dos direitos e interesses veiculados e defendidos por meio daqueles instrumentos processuais e, por conseguinte, a sua irretorquível importância social, tornam imperativa a constante presença do *Parquet* em todas as etapas de tramitação e de julgamento dessas demandas, seja na condição de interveniente ou, conforme será a partir de agora estudado, na condição de autor. Importa ressaltar que se atribui a natureza de metaindividuais àqueles direitos ou interesses que se distinguem e que se expandem para além dos círculos privados, sendo compartilhados em idêntica medida por todos os integrantes de um grupo ou coletividade. Percebe-se, portanto, que o traço essencial dos direitos ou interesses metaindividuais consiste no fato de pertencerem ao mesmo tempo e exatamente na mesma grandeza a *todos* os indivíduos.

Os elementos distintivos acima apontados se identificam notavelmente com as características de universalidade e indivisibilidade próprias dos direitos humanos, permitindo que se observe que tais direitos possuem uma dimensão que também os qualifica como metaindividuais e que os torna imprescindivelmente merecedores de proteção por meio de procedimentos integrantes do sistema de tutela de direitos e interesses coletivos *lato sensu*. Evidencia-se, dessa maneira, que os mecanismos jurídicos de investigação, proteção extrajudicial e de atuação judicial para a defesa e concretização de direitos humanos consubstanciam importantíssimo cenário não apenas para a aferição de convencionalidade pelo Ministério Público no âmbito de demandas propostas por terceiros legitimados, mas também, especialmente, para o exercício efetivo e direto do controle de convencionalidade pela instituição ministerial.

Nesse campo, cumpre realçar que entre as funções institucionais que a ordem constitucional confere ao Ministério Público, cultivam especial destaque a promoção do inquérito civil e da ação civil pública, destinados – nos termos do art. 129, III, da Constituição Federal – à "proteção do patrimônio público e social, do meio ambiente e de outros interesses difusos e coletivos".

O inquérito civil é ferramenta extraprocessual, de instauração e condução privativa do Ministério Público, que desempenha importante papel instrumental na investigação de ameaças ou lesões aos direitos e interesses metaindividuais, no que se incluem, naturalmente, os direitos humanos firmados em tratados internacionais. Embora se trate de procedimento administrativo, pré-processual e preparatório para o manejo responsável e embasado da ação civil pública, ao término do inquérito poderá o membro do Ministério Público (*i*) promover o seu arquivamento, (*ii*) expedir notificações recomendatórias (*v.* Capítulo 2, item 2.4, *supra*) ou (*iii*) celebrar compromisso de ajustamento de conduta para adequação das condutas aos preceitos convencionais.[12] No transcurso desse procedimento, à evidência, deve o membro ministerial destinar especial atenção não apenas à investigação dos fatos, mas também às normas regentes da matéria que figura como objeto de apuração.

Destaque-se que a aptidão do inquérito civil, das ferramentas que o integram e da ação civil pública para a proteção de direitos de natureza essencialmente indivisível e transindividual legitima essas ferramentas jurídicas como instrumentos primordiais à proteção objetiva dos direitos humanos, não podendo a sua promoção, por conseguinte, prescindir do processo de controle de convencionalidade. De fato, a função ministerial de defesa da ordem jurídica somente pode ser adequadamente cumprida desde que preservados os princípios estruturantes dessa ordem, com destaque para o atendimento da hierarquia das normas. Portanto, no âmbito dos procedimentos de tutela de direitos e interesses metaindividuais à disposição do Ministério Público para o cumprimento de suas funções, deve o órgão ministerial atentar não apenas para a adequação dos fatos investigados às normas internas, senão também para a aferição e adequação dessas próprias normas à Constituição Federal e aos tratados internacionais de direitos humanos em vigor no Brasil, observando, ainda, se há jurisprudência da Corte IDH sobre o tema em apreço.

Em suma, para além da *aferição* de convencionalidade do Ministério Público nos procedimentos de tutela de direitos e interesses metaindividuais, há que se estudar como deve o órgão ministerial *controlar* a convencionalidade nesses mesmos procedimentos, quando for o proponente da ação civil pública (item 3.3.1), quando celebrar compromissos de ajustamento de conduta (item 3.3.2) e quando arquivar o inquérito civil (item 3.3.3).

3.3.1 Controle de convencionalidade na promoção da ação civil pública

A ação civil pública é o instrumento jurídico que visa à prevenção, reparação ou responsabilização por danos causados ao meio ambiente, ao

---

[12] Não se desconhece a possibilidade de ajuizamento da ação civil pública, expedição de notificação recomendatória ou celebração de compromisso de ajustamento de conduta independentemente da prévia instauração de inquérito civil ou de procedimento administrativo correlato, quando o membro ministerial competente venha a alcançar o conhecimento dos fatos ensejadores da adoção de quaisquer daquelas medidas já acompanhado pelos elementos comprobatórios necessários (tornando dispensável o procedimento de investigação). Contudo, na prática essa é uma situação de ocorrência inabitual, uma vez que a instauração do procedimento de investigação cabível é, em regra, requisito necessário para embasar a realização das medidas de esclarecimento dos fatos.

consumidor, a bens e direitos de valor artístico, estético, histórico, turístico e paisagístico, por infração da ordem econômica, à ordem urbanística, à honra e à dignidade de grupos raciais, étnicos ou religiosos, ao patrimônio público e social ou a qualquer outro interesse difuso ou coletivo, nos termos da regulação básica delineada pelo art. 1º da Lei nº 7.347/85 (Lei da Ação Civil Pública).

A magnitude dos bens e direitos abrangidos pelas matérias objeto da ação civil pública coloca, como não poderia deixar de ser, o Ministério Público dentre os legitimados ativos para o seu manejo (art. 5º, I). Ademais, a completa identificação das matérias a serem tratadas nessa ação – com o propósito social e democrático de atuação do Ministério Público – foi oportunamente reconhecida pela Constituição Federal no art. 129, III, que consagrou o manejo da ação civil pública como uma das principais formas de expressão ministerial no exercício da parcela da soberania estatal que lhe compete, destinada à defesa da sociedade e da ordem jurídica.

Dessa maneira, conferindo seguimento à dinâmica proposta neste livro, cuja essência reside no estudo analítico das formas de exame de convencionalidade pelo Ministério Público, quando o órgão ministerial propõe uma ação civil pública buscando a tutela dos direitos e interesses acima referidos, deve sempre levar em conta tanto a Constituição e as leis nacionais como as disposições presentes nos tratados internacionais de direitos humanos de que o Brasil é parte, além da jurisprudência da Corte IDH, realizando, além do controle de constitucionalidade, o devido controle de convencionalidade das leis.

Restou também devidamente assentado que sempre que o Ministério Público não promover o ajuizamento da ação civil pública, deve nela figurar como órgão interveniente, nos termos do art. 5º, § 1º, da Lei da Ação Civil Pública.[13] Segundo essa disciplina legal, sempre que o Ministério Público não realizar a aferição de convencionalidade na forma já demonstrada (*v.* Capítulo 2, item 2.2.1, *supra*) deverá, então, promover diretamente o *controle* de convencionalidade por meio do ajuizamento da ação civil pública (nas hipóteses em que tal controle se revele juridicamente cabível e necessário).

Embora seja certo que o Ministério Público não é o único legitimado para o manejo da ação civil pública, há que se reconhecer que a própria Lei nº 7.347/85 destina prioridade à instituição ministerial para a promoção

---

[13] *Verbis*: "O Ministério Público, se não intervir no processo como parte, atuará obrigatoriamente como fiscal da lei". Importa, aqui, apontar uma certa impropriedade técnica da norma, tendo em vista que, em verdade, o Ministério Público *atua* no processo *como parte*, e *intervém* no processo *como fiscal* da ordem jurídica".

judicial dessa espécie de demanda. Demonstra-se o acerto desse posicionamento à vista do disposto nos arts. 6º[14] e 7º[15] da Lei da Ação Civil Pública, que expressamente preveem que qualquer particular *pode* e que quaisquer juízes e tribunais *devem* remeter *ao Ministério Público* toda peça de informação que noticie questões capazes de constituir objeto de uma ação civil pública.

Pelo fato de o Ministério Público ser legitimado para atuar como parte ativa em todas as causas em que deva intervir como *custos juris* no âmbito da ação civil pública, a instituição ministerial pode manejar todo o arcabouço jurídico-normativo que foi acima apresentado para o exercício da aferição de convencionalidade, para fins de realização de verdadeiro *controle* de convencionalidade. Acrescente-se, de igual maneira, que as mesmas matérias que habilitam o desempenho da aferição de convencionalidade na ação popular (*v.* Capítulo 2, item 2.2.2, *supra*) também podem ser utilizadas como ferramentas de realização de controle convencional na ação civil pública, mesmo porque ambas as espécies de ações se inserem num mesmo ambiente de proteção de interesses e direitos difusos e coletivos, sem prejuízo da distinção da natureza dos provimentos jurisdicionais a serem proferidos na ação popular e na ação civil pública (especialmente desconstitutiva quanto à primeira e preponderantemente condenatória quanto à segunda). De igual maneira, de um modo geral, o mérito jurídico-material das causas que determinam a intervenção processual do Ministério Público a título de *custos juris* (permitindo o exercício da aferição de convencionalidade) também se tutela por meio do manejo da ação civil pública (permitindo, agora, o exercício do *controle* de convencionalidade) se identificados no tema os elementos caracterizadores de sua dimensão transindividual.

Justifica-se o entendimento acima esposado dado que a maleabilidade da Lei da Ação Civil Pública – decorrente da notável amplitude dos seus objetos não taxativos, especialmente conferida pela cláusula de abertura do seu art. 1º, IV[16] – autoriza que a norma seja validamente articulada com uma multiplicidade de outras regras de direito material, desde que, repita-se, estejam presentes as características comprobatórias da extensão metaindividual da

---

[14] *Verbis:* "Qualquer pessoa poderá e o servidor público deverá provocar a iniciativa do Ministério Público, ministrando-lhe informações sobre fatos que constituam objeto da ação civil e indicando-lhe os elementos de convicção".

[15] *Verbis:* "Se, no exercício de suas funções, os juízes e tribunais tiverem conhecimento de fatos que possam ensejar a propositura da ação civil, remeterão peças ao Ministério Público para as providências cabíveis".

[16] *Verbis:* "Regem-se pelas disposições desta Lei, sem prejuízo da ação popular, as ações de responsabilidade por danos morais e patrimoniais causados (...) a qualquer outro interesse difuso ou coletivo".

questão, tal como conceitua o art. 81, parágrafo único, do Código de Defesa do Consumidor.[17]

Ressalte-se, por oportuno, que mesmo em hipóteses de direitos individualmente disponíveis se afigura cabível o eventual manejo da ação civil pública pelo Ministério Público, quando, evidentemente, comprovado o alcance indeterminado e indeterminável de indivíduos afetados por situação de ameaça ou violação de direito, haja vista que nessa circunstância o interesse se transfere a toda a sociedade, a legitimar o engajamento ministerial na busca de sua proteção.

Em todos esses casos, se houver adequação jurídica de incidência dos tratados internacionais de direitos humanos ou, ainda, da jurisprudência da Corte IDH para um caso específico, a deliberação ministerial que obriga o órgão a promover a ação civil pública pode consubstanciar hipótese de exercício de controle de convencionalidade. Tal ocorre quando a eficácia do direito convencional implica o reconhecimento de invalidade da norma doméstica para o caso concreto ou, ainda, a imposição de interpretação conforme o direito convencional para o caso em exame, servindo aquele reconhecimento de fundamentação para o ajuizamento da ação civil pública. O exercício propriamente de *controle* de convencionalidade se identifica em tais hipóteses porque, ao reconhecer para o caso concreto a prevalência da norma de direito internacional, capaz de invalidar ou modificar a eficácia da norma interna para a resolução de um caso concreto, o competente núcleo ministerial de controle adota, nos limites de suas atribuições, a providência institucional que lhe concerne segundo a ordem jurídica, mediante o manejo do instrumento jurídico (da ação) que o plano do processo lhe proporciona.

Nesse contexto, independentemente do posicionamento posteriormente assumido pelo Poder Judiciário, certo é que o Ministério Público desempenha o controle de convencionalidade – segundo o apontado pela jurisprudência da Corte IDH nos casos *Cabrera García e Montiel Flores vs. México* (2010) e

---

[17] *Verbis*: "A defesa dos interesses e direitos dos consumidores e das vítimas poderá ser exercida em juízo individualmente, ou a título coletivo. Parágrafo único. A defesa coletiva será exercida quando se tratar de: I – interesses ou direitos difusos, assim entendidos, para efeitos deste código, os transindividuais, de natureza indivisível, de que sejam titulares pessoas indeterminadas e ligadas por circunstâncias de fato; II – interesses ou direitos coletivos, assim entendidos, para efeitos deste código, os transindividuais, de natureza indivisível de que seja titular grupo, categoria ou classe de pessoas ligadas entre si ou com a parte contrária por uma relação jurídica base; III – interesses ou direitos individuais homogêneos, assim entendidos os decorrentes de origem comum".

Gelman vs. Uruguai (2011) – quando a sua atividade funcional, representada pelo ajuizamento da ação civil pública, é exercida com vigilância ao teor dos tratados internacionais de direitos humanos de que o Brasil é parte.

Ressalte-se, por oportuno, que o controle de convencionalidade exigido pela jurisprudência Corte IDH não se subsume, no Brasil, em todos os casos, à efetiva *retirada* da eficácia da norma objetada, tal como se dá no controle abstrato de normas (controle concentrado) perante o STF. O controle de convencionalidade que prega a Corte IDH é prioritariamente *difuso*, pois incumbe (*i*) a todos os órgãos do Estado vinculados à administração da Justiça e (*ii*) a todos os poderes e órgãos estatais em seu conjunto.[18] Destaca-se que quando se realiza o controle difuso de convencionalidade pelo Ministério Público, não há retirada da eficácia norma e a decisão da causa – agora no âmbito do Poder Judiciário – não tem como objeto propriamente a inconvencionalidade da lei, o que não significa que não tenha havido *controle* de convencionalidade ministerial na propositura da ação, pois o mister do poder controlador tem como pressuposto a resolução da equação normativa a que se adiciona o direito convencional.

Nesse contexto, o controle de convencionalidade que é exercido pelo Ministério Público por oportunidade da propositura da ação civil pública tem natureza difusa, devendo se encontrar fundamentalmente exposto na causa de pedir da demanda, e, embora não implique a retirada da validade da norma interna em desacordo com o direito internacional, determina a atuação ministerial contra um caso definido de violação a bens jurídicos de interesse de toda a sociedade. Denota-se, portanto, que é o controle de convencionalidade exercido pelo Ministério Público na fase extraprocessual que pode permitir à instituição deflagrar e definir os moldes da resposta do Estado contra o agente violador da ordem jurídica. Em encadeamento com o controle exercido pelo Ministério Público, no âmbito do Poder Judiciário o controle de convencionalidade – nos limites das ações civis públicas – é exercido de forma incidental e, por conseguinte, exposto ao plano da fundamentação dos seus julgados, também sem implicar a retirada da validade da norma interna inconvencional, mas determinando ao agente violador da norma o atendimento das providências decorrentes daquele controle (como se a norma tivesse sido efetivamente invalidada).

---

[18] Corte IDH, *Caso Cabrera García e Montiel Flores vs. México*, sentença de 26 de novembro de 2010, Série C, nº 220, § 225; Corte IDH, *Caso Gelman vs. Uruguai*, Mérito e Reparações, sentença de 24 de fevereiro de 2011, Série C, nº 221, § 193; e Corte IDH, *Caso Trabalhadores da Fazenda Brasil Verde vs. Brasil*, Exceções Preliminares, Mérito, Reparações e Custas, sentença de 20 de outubro de 2016, Série C, nº 318, § 408.

Portanto, ao ajuizar a ação civil pública o Ministério Público não se limita apenas a reclamar ao Poder Judiciário o controle de convencionalidade da lei, mas, antes, *realiza tal providência* como pressuposto de sua missão protetiva dos bens jurídicos de interesse da sociedade, provocando o sistema de justiça a – por meio do mesmo exercício de controle, agora em outro plano – garantir proteção aos bens jurídicos violados ou ameaçados de violação. É por essa razão que pode o Ministério Público, em tese, realizar perfeitamente o controle de convencionalidade das leis internas e, como consequência, ajuizar a ação civil pública, ainda que o Poder Judiciário eventualmente não venha a realizar idêntica providência em ordem de encadeamento.

Com o propósito de ilustrar esse entendimento, mencione-se que o MPF ajuizou, no ano de 2012, ação civil pública em face do IBGE, visando a obtenção de acesso aos dados de 45 crianças ou mais que, de acordo com o censo demográfico de 2010, não se encontravam regularmente registradas nos Cartórios de Registro Civil de Pessoas Naturais.[19] O IBGE alegava que não poderia informar os dados das crianças que identificou sem registro de nascimento à luz do sigilo dos dados coletados, com base no art. 2º, § 2º, do Decreto-lei nº 161/67[20] e no art. 1º, parágrafo único, da Lei nº 5.534/68.[21] Diante desse quadro, além do controle de constitucionalidade dos atos normativos internos suscitados pelo IBGE, o MPF também realizou o controle de convencionalidade daquelas normas, resultando na propositura de ação civil pública em face da fundação federal, visando a defesa de dezenas de crianças sem registro de nascimento, sob o argumento de que, naquele caso concreto, as disposições do direito interno afrontavam os direitos reconhecidos nos arts. 18 (direito ao nome), 19 (direito da criança à proteção da família, da sociedade e do Estado) e 20 (direito à nacionalidade) da Convenção Americana sobre Direitos Humanos, bem como os arts. 1º (conceito de criança), 2º (proteção integral da criança), 7º (direito ao registro) e 8º (preservação da identidade,

---

[19] MPF, Procuradoria da República de Bauru/SP, Ação civil pública de obrigação de fazer com pedido de tutela antecipatória. Ref.: Peça de Informação nº 1.34.003.000276/2012-76, distribuição em 13.08.2012, Juízo da 1ª Vara Federal de Bauru/SP.

[20] *Verbis*: "As informações necessárias à execução do Plano Nacional de Estatística serão prestadas obrigatoriamente pelas pessoas físicas e jurídicas, de direito público e privado, com uso exclusivo para fins estatísticos, não podendo tais informações servir de instrumento para qualquer procedimento fiscal ou legal contra os informantes, salvo quanto a esse último, para efeito de cumprimento da presente lei".

[21] *Verbis*: "As informações prestadas terão caráter sigiloso, serão usadas exclusivamente para fins estatísticos, e não poderão ser objeto de certidão, nem, em hipótese alguma, servirão de prova em processo administrativo, fiscal ou judicial, excetuado, apenas, no que resultar de infração a dispositivos desta lei".

nacionalidade, nome e relações familiares) da Convenção da ONU sobre os Direitos da Criança de 1989.

Apesar de deferida a medida liminar requerida pelo MPF, o juízo federal de primeira instância não realizou o devido controle de convencionalidade no caso, sob o entendimento de que o afastamento do sigilo de dados dos recenseamentos prejudicaria a finalidade dos estudos do IBGE. No entanto, o Tribunal Regional Federal da 3ª Região, ao receber o recurso de apelação do MPF, se alinhou ao controle de convencionalidade desenvolvido pelo *Parquet* e reconheceu a obrigatoriedade de cumprimento liminar da medida reclamada, com o fundamento declarado no voto do relator de que "a Convenção sobre os Direitos da Criança também prescreve em seu texto o direito ao nome, ao registro de nascimento e a todos os elementos que configuram a identidade".[22] No entanto, a liminar concedida pelo TRF-3 foi suspensa pela Presidência do STF, sob o entendimento de que "o afastamento do sigilo estatístico imposto pela decisão contrastada dispõe de potencialidade lesiva à ordem pública, por abalar a confiança daqueles que prestam as informações aos entrevistadores do IBGE, comprometendo a fidelidade e veracidade dos dados fornecidos e, por conseguinte, a própria finalidade daquele Instituto, a subsidiar a elaboração de políticas públicas em benefício da sociedade".[23] Como se nota, embora o MPF e o TRF-3 tenham realizado o correto controle de convencionalidade das normas internas, tanto o juízo de primeira instância como o STF não o fizeram adequadamente.[24]

O desenvolvimento do exemplo apresentado – em que se notam divergências quanto ao entendimento dos órgãos de diferentes níveis do mesmo sistema de justiça quanto à prevalência das disposições convencionais em face da legislação interna – não induz a pensar que *inexistiu* controle de convencionalidade pelo Ministério Público, que, no nosso entendimento, controlou devidamente a convencionalidade das normas citadas, mediante a deflagração da medida jurídica apropriada à defesa dos direitos das crianças que se encontravam sob estado de violação não admitida por tratados

---

[22] TRF-3, Apelação Cível nº 0005687-25.2012.4.03.6108/SP, 4ª Turma, voto do rel. Des. Fed. Marcelo Saraiva, j. 07.12.2016, *DJe* 20.01.2017.

[23] STF, Presidência, Medida Cautelar na Suspensão de Liminar nº 1.103-SP, j. 02.05.2017.

[24] O caso das "crianças inexistentes", como ficou conhecido, foi encerrado seis anos após o ajuizamento da ação civil pública mencionada, por meio da celebração de termo de ajustamento de conduta entre o MPF e o IBGE, visando, em termos gerais, a coleta e a troca de informações que permitam implementar políticas públicas destinadas a combater o subregistro de nascimentos no Brasil (*v.* MPF, Procuradoria da República no Município de Bauru/SP, *Termo de Ajustamento de Conduta – Autocomposição*, de 30.11.2018).

internacionais de que o Brasil é parte. De fato, a aprofundar a certeza de que o controle de convencionalidade realizado no âmbito do sistema de justiça não é privativo de quaisquer das instituições que integram as suas engrenagens, mas encadeado entre os órgãos que participam do seu funcionamento, deve-se observar o fato de que, em razão da obrigação de inércia dos órgãos jurisdicionais, o controle de convencionalidade a ser exercido *ex officio* pelo Poder Judiciário depende, em última análise, da propositura de uma demanda cuja promoção pressupõe o exercício desse mesmo controle por parte de seus legitimados, como é o caso do Ministério Público.

Visualiza-se, aqui, com clareza, o cumprimento da determinação extraída da jurisprudência da Corte IDH de que o controle de convencionalidade deve ser realizado por todos os níveis dos órgãos e poderes do Estado, segundo a competência e o plano processual de cada qual, haja vista que, ao passo que cabe ao Poder Judiciário julgar as demandas processuais, compete ao Ministério Público exercer a ampla valoração do arcabouço normativo que integra a ordem jurídica para deflagrar (ou não) em juízo as medidas de proteção de interesses metaindividuais cabíveis, competindo a ambas as instituições o exercício independente do controle de convencionalidade em cada qual daqueles momentos procedimentais.

3.3.2 Compromissos de ajustamento de conduta para adequação às exigências convencionais

Outra hipótese – em sede de procedimentos de tutela de interesses metaindividuais – em que pode ocorrer o controle de convencionalidade pelo Ministério Público dá-se quando o órgão ministerial celebra compromissos de ajustamento de conduta[25] para adequação às exigências convencionais.

Cumpre ressaltar que, além de peça preliminar e preparatória para o ajuizamento da ação civil pública, visando a aferição e o consequente acionamento do Poder Judiciário para a proteção dos bens e interesses acima mencionados, o inquérito civil também permite que o Ministério Público tome compromissos de ajustamento de conduta de quaisquer interessados, com o propósito de adequar a sua atuação às "exigências legais", nos termos do art. 5º, § 6º, da Lei da Ação Civil Pública.[26] Cumpre ressaltar que a ordem

---

[25] Reserva-se a nomenclatura *termo* de ajustamento de ajustamento de conduta para o instrumento escrito por meio do qual se formaliza a tomada do *compromisso* de ajustamento de conduta pelo órgão ministerial.

[26] *Verbis*: "Os órgãos públicos legitimados poderão tomar dos interessados compromisso de ajustamento de sua conduta às exigências legais, mediante cominações, que terá eficácia de título executivo extrajudicial".

jurídica não determina que o compromisso de ajustamento de conduta seja necessariamente firmado no âmbito do inquérito civil ou de outro procedimento administrativo correlato. No entanto, a práxis ministerial aponta para a usual instauração de procedimentos prévios de investigação e coleta documentada de elementos destinados a nortear a pertinência jurídica da celebração do compromisso de ajustamento de conduta, para, em caso positivo, conduzir e demonstrar a racionalização dos fundamentos da providência de autocomposição adotada pelo Ministério Público.[27]

O Conselho Nacional do Ministério Público – CNMP, por sua vez, editou a Resolução nº 179/2017, pela qual entende ser o compromisso de ajustamento de conduta "instrumento de garantia dos direitos e interesses difusos e coletivos, individuais homogêneos e outros direitos de cuja defesa está incumbido o Ministério Público, com natureza de negócio jurídico que tem por finalidade a adequação da conduta às exigências legais e constitucionais, com eficácia de título execusstivo extrajudicial a partir da celebração" (art. 1º, *caput*). Perceba-se que a redação do dispositivo é sobremaneira *mais ampla* que a do art. 5º, § 6º, da Lei da Ação Civil Pública, pois, além da referência às "exigências legais", amplia tal controle às "exigências constitucionais". Certo de que resoluções do CNMP não têm o condão de reformar e/ou ampliar norma legal, deve-se, contudo, interpretar as expressões "exigências legais" e "exigências constitucionais" como *toda a coleção de normas* em vigor no Estado, dentre as quais se incluem todas as convenções internacionais (sejam ou não de direitos humanos) ratificadas pelo Estado brasileiro e aqui em vigor. Assim, é premente compreender que todos os membros ministeriais devem também realizar o controle das normas domésticas conforme as "exigências convencionais" em vigor no País, haja vista que a ordem jurídica que compete ao Ministério Público defender também é integrada por todos os instrumentos internacionais ratificados pelo Estado brasileiro.

Dessa maneira, quando o inquérito civil se encerra, não com a propositura de uma ação civil pública perante o sistema de justiça, mas com a tomada extrajudicial de compromisso de ajustamento de conduta, pode e deve o agente ministerial não apenas aferir, senão efetivamente *controlar* a

---

[27] O disposto no art. 8º, § 1º, da Lei nº 7.347/85 é esclarecedor quanto à importância do inquérito civil para a elucidação responsável da verdade dos fatos sobre que se baseiem informações que possam levar ao ajuizamento da ação civil pública: "O Ministério Público poderá instaurar, sob sua presidência, inquérito civil, ou requisitar, de qualquer organismo público ou particular, certidões, informações, exames ou perícias, no prazo que assinalar, o qual não poderá ser inferior a 10 (dez) dias úteis".

convencionalidade da legislação aplicável à matéria em um caso concreto, verdadeiro pressuposto da atividade funcional do membro do *Parquet*.

A amplíssima importância social do inquérito civil e do compromisso de ajustamento de conduta pode ser ilustrada pela possibilidade de que esse compromisso seja tomado não apenas por particulares, na resolução de um específico caso concreto, mas também, *v.g.*, pelo próprio Estado, para o fim de que, no âmbito de sua atuação coletiva ou difusa, respeite, a despeito de disposições legais diversas, procedimentos consentâneos com as normas internacionais de direitos humanos em vigor no Estado ou com a jurisprudência da Corte IDH. Nesse sentido, pode o órgão ministerial exigir o cumprimento de obrigações dispostas no plano internacional que não estejam sendo efetivamente observadas ou, ao contrário, exigir que se suspenda a realização de ações que, embora amparadas pela legislação interna, não encontrem adequação no plano dos tratados internacionais sobre direitos humanos.

O Ministério Público do Estado do Ceará, *v.g.*, celebrou compromisso de ajustamento de conduta com a Cia. Energética do Ceará (ENEL) à luz do art. 11 do Pacto Internacional sobre Direitos Econômicos, Sociais e Culturais – PIDESC, internalizado no Brasil pelo Decreto n.º 591/1992, para o fim de definir o conceito de "direito à moradia", e naquela oportunidade entendeu que a moradia constitui direito humano além do direito a um teto, abrangendo também o direito à moradia adequada e digna, por compreender os seus aspectos essenciais como o acesso à água e à energia elétrica.[28] Ao promover a autocomposição jurídica, o Ministério Público do Ceará controlou a convencionalidade para compatibilizar o ordenamento jurídico à proteção do direito à moradia digna, abrangida pelo PIDESC, que previu um espectro maior de proteção ao direto universal, fixando como obrigação da concessionário do serviço público solucionar a demanda de 128 mil consumidores afetados pelo recebimento de fatura de consumo de energia referente a meses distintos, com mesmo vencimento, ocasionada pela mudança do sistema interno da empresa, bem como resolver a demanda dos consumidores perante a Delegacia do Consumidor, nos outros termos da sinalagma.[29]

O Ministério Público Federal, a seu turno, já controlou a convencionalidade de lei à luz da Convenção sobre o Direito das Pessoas com Deficiência – que tem equivalência de emenda constitucional no Brasil, pois aprovada nos termos do art. 5º, § 3º da Constituição – ao celebrar compromisso de ajustamento de conduta com a Associação Brasileira de Editoras de Livros

---

[28] MPCE, Programa Estadual de Proteção e Defesa do Consumidor, Secretaria Executiva, *Termo de Compromisso de Ajustamento de Conduta*, Fortaleza, de 11.10.2019.
[29] Idem.

Escolares (Abrelivros), fundamentado nos arts. 2º e 21 da Convenção, que impõem a obrigação aos Estados-partes de adotarem medidas apropriadas para assegurar às pessoas com deficiência o direito de buscar, receber e compartilhar informações, em igualdade de oportunidade com as demais pessoas.[30] À luz dessas normas convencionais, que consideram discriminação qualquer forma de exclusão ou restrição baseada em deficiência, cada uma das editoras filiadas à Abrelivros assumiu, perante o MPF, a obrigação de, em suas páginas digitais na Internet, criar um ícone para solicitações dos livros em formato acessível, de forma a facilitar a solicitação de títulos que não estejam disponíveis diretamente para a venda em formato acessível. Evidencia-se, assim, a importância da iniciativa ministerial, porque a produção de livros apenas em formato impresso deixaria à margem de seu acesso aquelas pessoas que não conseguissem ler ou, ainda, manusear as suas páginas, citando-se como exemplo as pessoas cegas ou com baixa visão, bem como com dislexia, paralisadas ou com membros superiores amputados. Denota-se, portanto, que o compromisso de ajustamento de conduta mencionado, baseado em tratado internacional de direitos humanos equivalente a emenda constitucional, assegurou o atendimento de direitos das pessoas com deficiências que não se encontravam estabelecidos na legislação doméstica.

Mencione-se, por fim, que o controle de convencionalidade instrumentalizado mediante celebração de compromisso de ajustamento pode dar-se tanto na fase extrajudicial quanto no âmbito de ação civil pública em trâmite perante o Poder Judiciário. A identificação do momento em que vier a ser realizada a autocomposição destinada ao atendimento às normas convencionais tem influência no modelo de encadeamento de controle a ser desenvolvido pelos diversos núcleos de controle de convencionalidade (*v.* item 3.2, *supra*). Justifica-se a presente ressalva porque, quando celebrado o compromisso na fase extrajudicial, o respectivo termo há de ser submetido à homologação do órgão revisional do próprio Ministério Público (Lei nº 7.347/85, art. 9º, § 1º), ensejando o encadeamento intrainstitucional de núcleos de controle (*v.* item 3.2.1, *supra*). Por outro lado, quando o compromisso é celebrado após o ajuizamento da ação, o respectivo termo, para que venha a produzir os efeitos correspondentes no âmbito da demanda proposta, necessita submeter-se à homologação do juízo competente (CPC, art. 487, III, *b*), ensejando o encadeamento interinstitucional necessário ou obrigatório de núcleos de controle (*v.* subitem 3.2.2.1, *supra*).

---

[30] MPF, Procuradoria Federal dos Direitos do Cidadão, *Termo de Compromisso de Ajustamento de Condutas*, de 26.06.2018.

3.3.3 Controle de convencionalidade no arquivamento do inquérito civil

O Ministério Público detém, no âmbito do inquérito civil, ampla independência para a realização do controle de convencionalidade quando procede o seu arquivamento, ao decidir pela inexistência de fundamento para a propositura de ação civil pública, não sendo o caso de tomada de compromisso de ajustamento de conduta, hipótese em que a eficácia do ato realizado nessa seara apenas se submete ao requisito de homologação pelo órgão revisional da própria instituição ministerial. Aqui, assim como nos casos anteriores, haverá efetivo *controle* de convencionalidade levado a cabo pelo órgão ministerial, sendo certo que, repita-se, sua decisão controlatória não escapa ao âmbito da própria instituição. Diferentemente são os casos de pura *aferição* de convencionalidade, que, como já vimos, escapam ao âmbito do órgão ministerial, dado que caberá a outro órgão (ao Poder Judiciário) o pronunciamento de controle no exame da respectiva convencionalidade (*v.* Capítulo 2, item 2.1, *supra*).

Seja como for, certo é que – fora das hipóteses de ajuizamento de ação civil pública ou de celebração de compromisso de ajustamento de conduta – ao promover o arquivamento de inquérito civil ou de procedimento de investigação correlato, instaurado com o propósito inicial de promover a tutela de direitos e de interesses metaindividuais, poderá o órgão ministerial reconhecer que determinada conduta objeto de apuração, apesar de evidenciar contrariedade com as normas de direito interno, se afigura plenamente alinhada com previsões contidas em tratados internacionais de direitos humanos ou com jurisprudência da Corte IDH. Em casos tais, o Ministério Público, ao promover o arquivamento do inquérito civil ou de procedimentos investigativos, estará controlando a convencionalidade das leis ao entender que as normas internas – que justificariam a continuidade do inquérito – são incompatíveis com garantias internacionais previstas em tratados de direitos humanos ou com jurisprudência da Corte IDH.

Confirma-se, portanto, que em sede de inquérito civil o controle de convencionalidade não se dá propriamente pela judicialização da matéria objeto de investigação, podendo ser objeto de resolução na esfera extraprocessual, quer por meio (*i*) da celebração de compromisso de ajustamento de conduta ou (*ii*) do arquivamento do inquérito sem essa providência. Aprofunda-se, dessa forma, a certeza de que o manejo da ação civil pública não representa caminho indispensável de busca pelo controle de convencionalidade no seio do Poder Judiciário, senão apenas *um dos desfechos possíveis* para o exercício do controle de convencionalidade ministerial (*v.* subitem 3.2.2.2, *supra*). Tal controle, conforme apontado, se opera por múltiplas vias, inclusive, quando do arquivamento do inquérito civil ou de procedimento investigativo congênere.

3.4 CONTROLE DE CONVENCIONALIDADE E PERSECUÇÃO PENAL

Entende-se por persecução penal todo o conjunto de medidas que compõem a investigação criminal, destinado ao esclarecimento isento da verdade dos fatos e ao manejo da correspondente ação penal, ao que se somam as decorrentes providências de ordem processual necessárias à responsabilização dos agentes violadores dos direitos das vítimas da criminalidade.

A impreterível participação do Ministério Público em todas as fases e procedimentos que compõem o desenvolvimento das atividades de persecução penal representa papel que se identifica com a história e com a própria existência da instituição ministerial (modelo que se repete, em regra, no âmbito dos Estados que adotam o sistema acusatório). Nesse contexto, o Ministério Público brasileiro se posiciona constitucionalmente como instituição que, além de investigar, é destinatária dos elementos probatórios coletados na fase administrativa das investigações criminais a cargo dos órgãos policiais, assentando-se, ainda, no posto de instituição responsável por pronunciar a última palavra quanto à deflagração ou não das medidas de persecução penal a serem estabelecidas em juízo.

Segundo o modelo constitucional brasileiro de justiça criminal, a posição do Ministério Público é a de legítimo guardião dos direitos humanos e fundamentais, tendo em vista que, ao concentrar a legitimidade para a propositura da ação penal pública e ao ser destinatário dos procedimentos de investigação policial, assume a responsabilidade de (*i*) impedir que qualquer indivíduo venha a ser processado criminalmente em situações indevidas, sob a imputação de agente violador de direitos humanos ou fundamentais e de (*ii*) velar pela adoção de providências de investigação e de deflagração da tutela penal em juízo, guiada pelo interesse público de proteção objetiva dos direitos humanos e fundamentais e de defesa da dignidade humana das vítimas da criminalidade.

A compatibilização desses dois propósitos aparentemente conflitantes, de (*i*) patrocinar o respeito pelos direitos humanos de réus e investigados ao mesmo tempo em que deve (*ii*) promover a séria proteção dos direitos humanos por meio da tutela penal, somente se revela possível porque a atividade do Ministério Público ao longo de todo o itinerário percorrido ou acompanhado pelos seus órgãos no curso da persecução penal se submete ao dever de defesa da ordem jurídica, que, por sua vez, apenas se afigura completamente alcançável quando aparelhado pelo exercício do controle de compatibilidade das normas jurídicas internas (materiais ou processuais) com o direito convencional em vigor no Estado.

É importante notar que a prevalência das normas convencionais na orientação dos procedimentos de persecução penal no Brasil é anunciada já pelo dispositivo inaugural (art. 1º, I) do Código de Processo Penal, para o qual a regência do processo penal brasileiro dar-se-á pelas normas do CPP "ressalvados os tratados, convenções e regras de direito internacional". Perceba-se, portanto, que quando o legislador pátrio decidiu esclarecer que se encontravam *ressalvadas* de sua autoridade as matérias versadas pelas normas de direito internacional público, o fez realçando que a normatividade de todos os institutos do processo penal se condiciona ao seu necessário alinhamento com as regras convencionais de que o Brasil é parte.

Denota-se, portanto, que desde a sua redação originária (de 1941) o CPP reconhece a primazia do direito internacional sobre as regras que orientam a persecução penal no Brasil. Aprofunda-se esse entendimento em face da constatação de que a ressalva imposta pela lei processual penal considera claramente o critério hierárquico de sobreposição das normas, tendo em vista que, para garantir a incidência do direito convencional sobre as suas próprias disposições, não se refere à forma de tratamento da matéria pelas normas internas e internacionais (critério da especialidade) ou, ainda, ao tempo de criação das normas em eventual antinomia (critério cronológico), mas à qualidade do dispositivo normativo em que inserida a norma (tratados ou convenções) ou à sua natureza (regras de direito internacional).

O notável contraste entre a atualidade da matéria aqui desenvolvida – ainda não devidamente explorada pela doutrina e jurisprudência pátrias – quando comparada com o longo decurso de tempo transcorrido desde a previsão normativa que condiciona a eficácia das normas processuais penais internas ao conteúdo do direito convencional, demonstra a superlativa importância do estudo do tema ora investigado, com o propósito de assegurar a máxima incidência da ordem jurídica e a supremacia dos direitos humanos em todos os ramos de atividade do poder público.

Dessa maneira, o membro do Ministério Público que, *v.g.*, não determina o arquivamento de inquérito policial e vem a promover a ação penal pública em desacordo com os tratados de direitos humanos, embora amplamente fundamentado pela legislação interna, não realiza o adequado controle de convencionalidade a que se encontra obrigado, oportunidade em que o Poder Judiciário deve rejeitar a denúncia oferecida e realizar o devido controle de convencionalidade que o membro do *Parquet* não realizou no momento processual oportuno. Por outro lado, o membro ministerial que contraria o direito interno e sustenta a realização de medidas de persecução penal amparadas em normas convencionais ou na jurisprudência da Corte IDH, ensejando o efetivo cumprimento das obrigações positivas do Estado, atua em autêntica defesa da ordem jurídica, providência que se espera seja acompanhada pelo Judiciário no processo de encadeamento interinstitucional do controle de convencionalidade.

Evidencia-se, portanto, que o controle de convencionalidade a ser exercido pelo membro do Ministério Público deve permear e se fazer presente em todo o processo de persecução penal, desde (*i*) o controle dos atos de instauração de investigações criminais, (*ii*) a fiscalização dos correspondentes procedimentos de investigação, (*iii*) o seu eventual arquivamento, (*iv*) a promoção da ação penal pública e (*v*) a sua correspondente tramitação.

Em atenção às premissas até aqui consideradas, deve-se ter em conta que todos os membros do Ministério Público, para que realizem com eficiência o exercício do controle de convencionalidade, devem compreender que a integralidade dos tratados internacionais de que o Brasil é parte, assim como todo o acervo jurisprudencial da Corte IDH, integram a ordem jurídica brasileira e possuem força normativa *superior* à legislação interna sobre a matéria de persecução penal. Afigura-se indispensável, portanto, que, como pressuposto para o correto exercício do controle de convencionalidade, todos os agentes ministeriais tenham conhecimento do conteúdo daquelas fontes normativas em vigor no Brasil, sob pena de exercerem limitada e incompleta defesa da ordem jurídica, em descompasso com a missão que lhes foi confiada pela Carta da República.

A exata compreensão do controle de convencionalidade na persecução penal envolve o estudo de como o Ministério Público deve exercitar esse mecanismo de controle na promoção da ação penal pública (item 3.4.1) e no arquivamento do inquérito policial e de procedimento de investigação criminal (item 3.4.2).

3.4.1 Promoção da ação penal pública e controle de convencionalidade

Conforme foi possível inferir das diferentes e complementares perspectivas de realização do controle de convencionalidade no âmbito da persecução penal, os tratados internacionais em matéria de direitos humanos desempenham uma relação nitidamente dúplice com o direito penal e com o direito processual penal internos. No campo criminal, na mesma medida em que os direitos humanos sedimentam a obrigação de atendimento à legalidade e às garantias processuais de investigados e de acusados pelo cometimento de toda a sorte de ilícitos, também demonstram uma inegável característica punitiva, a determinar que os Estados criminalizem, sob a adequada medida da proporcionalidade, condutas violadoras a direitos humanos, assegurando, ainda, a efetividade dos procedimentos judiciais e das consequências criminais sancionadoras legalmente previstas em face dos agentes responsáveis pelas correspondentes violações.

Esse modelo de justiça criminal, que exsurge diretamente dos textos das convenções internacionais sobre direitos humanos e da jurisprudência da Corte IDH, aponta para a certeza de que as práticas criminosas graves muitas vezes não se limitam a representar apenas hipóteses de ofensa a normas internas de direito penal, senão também forma de lesão imediata a direitos humanos e fundamentais dos indivíduos ofendidos pela prática do ilícito. Diante dessa perspectiva, torna-se possível apreciar que o direito encerrado nos tratados internacionais de direitos humanos deve ser matéria vigorosamente presente na avaliação do Ministério Público quanto à dimensão e à natureza do interesse a ser tutelado na seara criminal, bem como servir de vetor para o manejo adequado do seu instrumento constitucional de proteção, representado pela ação penal pública.

A importância da propositura da ação penal pública para a proteção dos direitos humanos e fundamentais pode ser aquilatada à vista do disposto no art. 5º, LIX, da Constituição, que ampara o direito fundamental das vítimas de crimes (CPP, art. 30[31]), seus sucessores (CPP, art. 31[32]) e, até mesmo, de outros legitimados (Lei nº 8.078/90, art. 80[33]) para o exercício da tutela penal em casos de eventual omissão do Ministério Público no exercício de sua função institucional correlata (CF, art. 129, I). Dessa maneira, pode-se verificar que, em alinhamento com o modelo de justiça criminal de proteção dos direitos humanos, a tutela penal representa uma garantia fundamental cravejada em cláusula pétrea em benefício da dignidade humana das vítimas da criminalidade, bem como do interesse difuso da sociedade, consubstanciado pela proteção objetiva dos direitos humanos e fundamentais. À luz da

---

[31] *Verbis*: "Ao ofendido ou a quem tenha qualidade para representá-lo caberá intentar a ação privada".

[32] *Verbis*: "No caso de morte do ofendido ou quando declarado ausente por decisão judicial, o direito de oferecer queixa ou prosseguir na ação passará ao cônjuge, ascendente, descendente ou irmão".

[33] *Verbis*: "No processo penal atinente aos crimes previstos neste código, bem como a outros crimes e contravenções que envolvam relações de consumo, poderão intervir, como assistentes do Ministério Público, os legitimados indicados no art. 82, inciso III e IV, aos quais também é facultado propor ação penal subsidiária, se a denúncia não for oferecida no prazo legal".

nobre significância dos valores que justificam e que, sendo o caso, tornam impositiva a realização da tutela penal, afigura-se possível afirmar que a garantia da proteção dos direitos humanos por meio do sistema de justiça criminal merece ser alçada, por si só, à condição de verdadeiro *bem jurídico*.

Sublinha-se aqui, portanto, um mecanismo constitucional de precaução contra eventuais lapsos na atuação funcional dos órgãos ministeriais na tutela penal que muitas vezes se revela indispensável à proteção difusa dos direitos humanos, franqueando a terceiros legitimados o manejo da *ação penal de iniciativa privada* nos crimes de ação pública, desde que o Ministério Público não realize a sua propositura no prazo legal.[34] A dimensão de garantia difusa que ora se atribui à ação penal pública se justifica porque o esclarecimento da verdade dos fatos por meio de um procedimento de investigação adequado e eficiente, bem assim a deflagração da respectiva ação penal, têm o efeito de reafirmar a necessidade de respeito aos direitos humanos e fundamentais, em favorecimento da sua proteção objetiva.[35]

Constatada a amplitude da tutela penal para o alcance da adequada proteção dos direitos humanos, cumpre verificar que quando o Ministério Público – no exercício da parcela da soberania estatal que lhe compete – delibera pela deflagração da persecução penal em juízo, culmina por exteriorizar o posicionamento do próprio Estado em face de um caso concreto de violação à ordem jurídica (em diversas hipóteses capaz de ofender direitos humanos e fundamentais), e assim o faz no interesse da coletividade e das vítimas de ilícitos. O mesmo se dá, como já se viu, quando o Procurador-Geral da República suscita perante o STJ o incidente de deslocamento de competência, baseado em tratado de direitos humanos ratificado e em vigor no Brasil (*v.* item 3.4.1.4, *infra*). Evidentemente, ao adotar tal posicionamento institucional, o Ministério Público não se limita a realizar a aferição da convencionalidade do arcabouço jurídico envolvido na análise do caso criminal, mas, sendo a hipótese, a atividade ministerial se amplifica para o fim de desencadear o

---

[34] Destaque-se, no entanto, que a medida prevista pelo constituinte não versa a ação privada personalíssima, mas a ação de iniciativa privada *subsidiária* da ação pública, tendo em vista que somente pode ser manejada por particulares quando o Ministério Público não venha a promover no prazo legal a ação penal pública correspondente. Justifica-se tal entendimento porque a deflagração pelo particular da persecução penal em juízo de crimes de ação pública, não altera, *per se*, a natureza da medida criminal em causa, mas, antes, a reafirma.

[35] Sobre o tema, cf. OLIVEIRA, Kledson Dionysio de. *Proteção objetiva dos direitos humanos e fundamentais e dignidade das vítimas da criminalidade*: fundamentos das obrigações processuais penais positivas do Estado. Dissertação (Mestrado em Direito). Cuiabá: Universidade Federal de Mato Grosso, 2020. 302p.

pronunciamento soberano do Estado contra um quadro concreto de violação a direitos humanos e fundamentais. Nesse momento, pode e deve o membro ministerial realizar o controle de convencionalidade da legislação nacional, com a conseguinte deflagração da medida institucional que a conclusão desse controle impuser para o caso concreto.

Embora a caracterização do sistema acusatório imponha a construção de um processo de persecução penal estabelecido de acordo com o modelo *actum trium personarum*, não se pode reconhecer no Ministério Público a qualidade de parte no sentido material, tendo em vista que no manejo da ação penal pública a instituição atua em nome do Estado brasileiro, completamente desprovido de qualquer interesse próprio. No cumprimento destas atribuições de verdadeira *parte imparcial* na persecução penal, os únicos propósitos que devem animar a atuação do Ministério Público precisam estar compreendidos pelo esclarecimento da verdade dos fatos e pela promoção da justiça segundo o estabelecido na ordem jurídica.

Destaque-se que o Ministério Público não é instituição cuja finalidade consiste puramente na formulação de acusações públicas, mas sim instituição detentora da *legitimidade* para tal providência. O exercício prático dessa legitimidade, porém, depende diretamente da presença de condições fático--normativas que, sob o crivo dos núcleos de controle de convencionalidade da instituição, determinam para o caso concreto o modo de agir dos órgãos de execução de cada um dos ramos do Ministério Público com atribuições criminais, ante a incidência da normativa de direito internacional.

Em observância às premissas acima estabelecidas, o controle de convencionalidade a ser exercido pelo Ministério Público por oportunidade da promoção da ação penal pública pode ser aplicado para impor o respeito de normas de direitos humanos que configurem garantias de réus e de investigados em face de práticas consideradas internacionalmente ofensivas à sua dignidade e condição humana. Por outro lado, não é menos certo que o controle de convencionalidade nesse mesmo momento jurídico-processual pode se assentar no afastamento de normas de direito interno que prejudiquem indevidamente a realização da persecução penal em juízo, em prejuízo dos interesses difusos da sociedade e da dignidade humana das vítimas da criminalidade.

Importa acrescentar, por oportuno, que o controle de convencionalidade também poderá incidir para garantir a regularidade do desenvolvimento de todas as fases da persecução penal, que, conforme já apontado, não se esgota e não se limita ao oferecimento formal da denúncia. Evidentemente, no curso das demais fases do desenvolvimento da persecução penal em juízo, o devido processo convencional deve igualmente imperar para salvaguardar todos os direitos que assistam aos réus e investigados, bem como o efetivo cumprimento da tutela penal, mediante a responsabilização dos agentes criminosamente violadores de direitos de terceiros. Em todas essas hipóteses, tem papel determinante a atividade do Ministério Público, em busca do cumprimento da sua missão constitucional de guardião da ordem jurídica.

Adiante se irá verificar como o Ministério Público deve controlar a convencionalidade no cumprimento efetivo das obrigações positivas do Estado em matéria penal (subitem 3.4.1.1), na reparação de danos às vítimas de tortura (subitem 3.4.1.2), além dos casos de condenações internacionais impostas ao Brasil pela Corte IDH em razão do cometimento de inconvencionalidades na persecução penal (subitem 3.4.1.3). Serão também estudados o incidente de deslocamento de competência como instrumento de garantia de cumprimento das obrigações positivas do Estado em casos de graves violações a direitos humanos (subitem 3.4.1.4) e, por fim, o papel do controle convencional no desenvolvimento do *iter* processual penal (subitem 3.4.1.5).

3.4.1.1 *Controle de convencionalidade e cumprimento das obrigações positivas do Estado em matéria penal*

Os deveres de proteção que na esfera constitucional são impostos aos Estados pelos seus respectivos catálogos de direitos fundamentais alcançam perfeita correspondência no plano dos direitos humanos segundo o regime normativo que conforma o feixe das obrigações positivas, para utilizar a terminologia empregada pela própria Corte IDH,[36] com o propósito de salientar que os Estados são igualmente obrigados perante a sociedade internacional a garantir a proteção dos direitos previstos nas correspondentes convenções internacionais.

A incorporação dos tratados de direitos humanos na ordem interna dos Estados assume, ao lado das normas constitucionais sobre direitos fundamentais, a execução de papel central na construção das diretrizes práticas, normativas e hermenêuticas que devem iluminar o funcionamento e os propósitos a serem perseguidos por todos os órgãos que compõem o sistema de justiça criminal do país.

As referidas obrigações positivas impactam diretamente na dimensão normativa dos Estados, tanto no plano substantivo como no processual. Nesse contexto, os Estados se encontram vinculados a implementar uma legislação suficientemente hábil à prevenção da prática de ilícitos atentatórios aos direitos

---

[36] Corte IDH, *Caso Kawas Fernández vs. Honduras*, Mérito, Reparações e Custas, sentença de 3 de abril de 2009, Série C, n° 196, § 144.

humanos, além de instrumentos processuais dotados de efetividade para o cumprimento das disposições de direito material, mediante procedimentos e recursos eficientes – à luz do devido processo convencional – para a investigação completa dos fatos criminosos e, sendo o caso, a responsabilização dos agentes comprovadamente violadores dos direitos de terceiros.

O art. 1º(1) da Convenção Americana sobre Direitos Humanos, mais do que determinar que os Estados-partes respeitem os direitos e liberdades nela reconhecidos, também impõe a garantia do livre e pleno exercício daqueles mesmos direitos a todas as pessoas sujeitas à jurisdição do Estado.[37] Como se verifica com clareza, a Convenção Americana estabelece em face dos Estados-partes a configuração de duas ordens de obrigações, consubstanciadas tanto (*i*) por aquelas de cunho negativo – se abster de ações capazes de ofender os direitos nela previstos – quanto (*ii*) pelas de natureza positiva – garantir que os direitos nela consignados possam ser livremente exercidos por todos os membros da comunidade.

Por força da obrigação de respeitar os direitos contidos na Convenção, aprofunda-se a proibição de que os Estados-partes invoquem a própria normativa interna – em que se incluem as normas de estatura constitucional – para obstar o exercício de direitos convencionalmente reconhecidos. Tal efeito impõe a obrigação de que os Estados adaptem as suas normas internas quer para o fim de eliminar restrições eventualmente incompatíveis com o conteúdo de tratados internacionais de direitos humanos ou com o propósito de estabelecer disposições normativas necessárias ao adequado exercício dos direitos que se encontram estabelecidos pela própria Convenção.

Sob o prisma das obrigações positivas, os Estados devem concretizar os deveres de adotar efetivas medidas de prevenção de ofensas a direitos humanos de modo a evitar a ocorrência em desfavor de seus jurisdicionados de tal ordem de lesão. É certo, ademais, que nas hipóteses em que as lesões a direitos humanos se consumem, devem os Estados adotar providências efetivas de plena investigação e punição dos agentes criminosos responsáveis pela sua prática, além, quando possível, de reparação dos danos decorrentes dessas violações.

Acrescente-se que as obrigações positivas dos Estados relativas à garantia dos direitos humanos incidem em face de violações provindas não apenas de

---

[37] *Verbis*: "Os Estados-Partes nesta Convenção comprometem-se a respeitar os direitos e liberdades nela reconhecidos e a garantir seu livre e pleno exercício a toda pessoa que esteja sujeita à sua jurisdição, sem discriminação alguma por motivo de raça, cor, sexo, idioma, religião, opiniões políticas ou de qualquer natureza, origem nacional ou social, posição econômica, nascimento ou qualquer outra condição social".

ações de agentes do poder público, senão igualmente de atos lesivos perpetrados por particulares. Nesse sentido, denota-se que o objetivo da prescrição convencional de garantia dos direitos humanos não se limita à proteção dos direitos de investigados ou acusados em face das atividades de investigação, persecução penal e de punição do Estado, mas, antes, determina a própria ordem de investigação e, sendo o caso, de punição do agente (público ou particular) que desrespeitar direitos humanos de outrem. Assim, afigura-se inconvencional qualquer norma, ação ou omissão que, para além de desrespeitar os direitos previstos por tratados de direitos humanos, deixe de garantir – ou garanta de forma insuficiente ou deficitária – o livre exercício de qualquer direito por tais instrumentos estabelecidos.

Por vincularem todos os ramos de atuação do Estado, as obrigações positivas de proteção tocam, simultaneamente, ao Poder Legislativo – que deve proceder com a elaboração de normas adequadas ao conteúdo dos tratados internacionais de direitos humanos e consentâneas com o seu objetivo de efetividade –, ao Poder Executivo – especialmente com base nas ações de política pública – e aos órgãos integrantes do sistema brasileiro de justiça, com destaque para o Ministério Público. O órgão ministerial, nos processos de interpretação e aplicação da ordem normativa, deve zelar pela efetividade de todos os direitos humanos consagrados no plano internacional, em favor de todas as pessoas envolvidas em qualquer demanda sob sua resolução, observado, ainda, que mesmo em suas atividades de organização e aparelhamento o sistema de justiça deve se pautar pelos meios e procedimentos alinhados à sua missão de respeito e garantia dos direitos humanos. Em última análise, as obrigações estatais positivas visam assegurar a *máxima efetividade* dos direitos humanos.

As obrigações positivas dos Estados também se revelam perante o art. 8º(1) da Convenção Americana sobre Direitos Humanos, à luz do qual "[t]oda pessoa tem direito a ser ouvida, com as devidas garantias e dentro de um prazo razoável, por um juiz ou tribunal competente, independente e imparcial, estabelecido anteriormente por lei, na apuração de qualquer acusação penal formulada contra ela, ou para que se determinem seus direitos ou obrigações de natureza civil, trabalhista, fiscal ou de qualquer outra natureza". Referenda-se, dessa forma, a garantia de amplo acesso à jurisdição, que, conforme exemplificado no julgamento da Corte IDH relativo ao caso *Cantos vs. Argentina*, não pode ser negado ou dificultado por custos ou normas internas não justificadas pelas necessidades razoáveis da própria administração da Justiça.[38] Nesse sentido, pode-se inferir que, especialmente

---

[38] Corte IDH, *Caso Cantos vs. Argentina*, Mérito, Reparações e Custas, sentença de 28 de novembro de 2002, Série C, nº 97, § 50.

no plano das garantias processuais, nenhuma obrigação positiva se assemelha devidamente cumprida enquanto divorciada de plena eficiência.

A garantia de acesso à jurisdição prevista no art. 8º(1) da Convenção Americana não se limita, por certo, à necessária e inafastável realização do amplo direito de defesa de acusados pela prática de crimes, mas também abrange a obrigação de que sejam asseguradas vias adequadas de acesso à jurisdição para as vítimas de violação a direitos humanos e seus familiares, visando à determinação de seus próprios direitos e das obrigações a serem suportadas pelo agente ofensor.

Importa mencionar que a Corte IDH, por oportunidade do julgamento do caso *Blake vs. Guatemala*, ressaltou que o art. 8º(1) da Convenção Americana também consagra o direito dos familiares de vítimas de desaparecimento às garantias judiciais previstas na Convenção, representadas no caso que foi apreciado pelo efetivo desenvolvimento das ações necessárias à investigação do desaparecimento e da morte das vítimas, seguido da instauração da pertinente ação penal em desfavor dos agentes criminosos, com a conseguinte imposição das sanções criminais cabíveis aos responsáveis pelo ilícito, além da fixação dos correspondentes deveres de reparação.[39]

Ainda visando à proteção positiva dos direitos humanos, determina o art. 25(1) da Convenção Americana que "[t]oda pessoa tem direito a um recurso simples e rápido ou a qualquer outro recurso efetivo, perante os juízes ou tribunais competentes, que a proteja contra atos que violem seus direitos fundamentais reconhecidos pela Constituição, pela lei ou pela presente Convenção, mesmo quando tal violação seja cometida por pessoas que estejam atuando no exercício de suas funções oficiais". Tais recursos não se restringem apenas à defesa dos direitos estabelecidos no plano convencional, mas devem necessariamente abranger os direitos fundamentais consagrados pela Constituição e pelas leis do Estado. Por sua vez, no que tange à origem da violação a ser defrontada, os recursos que devem ser assegurados pelos Estados para a proteção objetiva dos direitos humanos e dos direitos individuais das vítimas hão de ser adequados para coibir e punir o cometimento de atos violadores a direitos humanos quer de agentes investidos do exercício de funções oficiais do Estado ou mesmo de particulares em face de outros particulares. Nesse sentido, a propósito, já decidiu a Corte IDH, no julgamento do caso *"Panel Blanca" (Paniagua Morales e outros) vs. Guatemala* (1998), que a obrigação do Estado de garantir às pessoas sob sua jurisdição o livre e pleno exercício dos direitos humanos existe "independentemente de serem os responsáveis

---

[39] Corte IDH, *Caso Blake vs. Guatemala*, Mérito, sentença de 24 de janeiro de 1998, Série C, nº 36, § 97.

pelas violações desses direitos agentes do poder público, indivíduos ou grupos de indivíduos".[40]

Esclareça-se, ainda, que a expressão "recurso", tal como empregada pela Convenção Americana, não se limita às medidas de mera *revisão* de decisões judiciais, conotando espectro sobremaneira mais amplo, como, *v.g.*, todos os mecanismos jurídicos de acesso à justiça destinados a promover a confrontação da prática de atos lesivos a direitos humanos. Não se pode, portanto, entender que os "recursos" referidos pelo texto convencional são apenas aqueles que levam a discussão de uma causa ao segundo grau, como, *v.g.*, é o Recurso de Apelação, dado que a expressão abrange, também, *todas as medidas* que garantem a um cidadão proteger efetivamente seus direitos no plano interno.[41] Esse entendimento foi fixado pela Corte IDH quando do julgamento do caso *Cantos vs. Argentina* (2002), ao deixar assente que o art. 25 da Convenção Americana cria a obrigação positiva do Estado de disponibilizar a todas as pessoas recursos judiciais *efetivos* contra atos violadores de direitos humanos, não bastando a simples previsão formal de meios de defrontar violações a esses direitos, pois tal pode se mostrar completamente ineficaz.[42] Naquele mesmo julgamento, a Corte IDH ressaltou que a garantia de recursos efetivos contra violações de direitos humanos representa um dos pilares não apenas da Convenção Americana, mas também do próprio Estado de Direito em uma sociedade democrática, objetivo que, no Brasil, se identifica plenamente com as funções institucionais do Ministério Público, previstas no art. 127 da Constituição de 1988.

A relação direta da obrigação positiva fixada no art. 25 da Convenção Americana, estreitamente encadeada com as garantias judiciais estabelecidas no seu art. 8º(1) e com o dever de proteção fixado no art. 1º da Convenção, estabelecidas também em favor da defesa dos direitos das vítimas, pode ser extraída do que expressamente reconheceu a Corte IDH no julgamento do caso *Godínez Cruz vs. Honduras* (1987), no sentido de que os recursos que necessitam estar à disposição das vítimas devem ser amparados por um devido processo legal que garanta a realização das obrigações convencionais de proteção a cargo do Estado relativamente ao respeito dos direitos afirmados pela Convenção a toda e qualquer pessoa que se encontre sob a jurisdição do

---

[40] Corte IDH, *Caso de la "Panel Blanca" (Paniagua Morales e outros) vs. Guatemala*, Mérito, sentença de 8 de março de 1998, Série C, nº 37, § 174.

[41] V. PIOVESAN, Flávia, FACHIN, Melina Girardi & MAZZUOLI, Valerio de Oliveira. *Comentários à Convenção Americana sobre Direitos Humanos*, cit., p. 231-232.

[42] Corte IDH, *Caso Cantos vs. Argentina*, Mérito, Reparações e Custas, sentença de 28 de novembro de 2002, Série C, nº 97, § 52.

Estado.[43] Por sua vez, no caso *Tribunal Constitucional vs. Peru* (2001), a Corte IDH reafirmou que o direito a um recurso simples e rápido compreende a garantia de que as vítimas de violações a direitos humanos podem alcançar meios de proteção efetivos, de acordo com as regras do devido processo legal.[44]

Em suma, o direito das vítimas de crimes ao acesso à jurisdição não se afigura moldado apenas pelas garantias concretizadoras de um devido processo legal (e convencional) de proteção dos direitos individuais dos agentes pretensamente violadores de direitos humanos, devendo-se ter sempre em conta que a realização do direito de acesso das vítimas à jurisdição necessita lograr tratamento e tramitação também seriamente ordenados por um devido processo legal (e convencional) que lhes garanta *efetividade*. Na órbita da proteção dos direitos humanos por meio da tutela penal, o devido processo legal e/ou convencional deve assumir o papel de garantia do respeito do sistema de justiça aos direitos individuais de réus e de investigados, bem assim viabilizar a concretização efetiva dos direitos das vítimas de violações e da proteção objetiva dos direitos humanos e fundamentais.

Acrescente-se, ainda, que os dispositivos referidos não consubstanciam as *únicas* fontes de obrigações estatais positivas, haja vista que o art. 31 da Convenção Americana institui uma *cláusula de abertura* que permite a inclusão de outras garantias no seu regime de proteção, desde que reconhecidos de acordo com os processos de emenda e de proposta de protocolos adicionais previstos nos arts. 76 e 77 da Convenção.[45] Dessa maneira, a exemplo da cláusula de abertura material de direitos fundamentais estabelecida no art. 5º, § 2º, da Constituição brasileira, tem-se como certo que a previsão em referência da Convenção Americana reconhece a impossibilidade de descrição exaustiva de todas as hipóteses capazes de representar ofensa a direitos humanos, assim como de todos os meios e recursos necessários à sua proteção.

À vista do exposto, evidencia-se que o sistema interamericano de proteção de direitos humanos determina a todos os poderes dos respectivos Estados-membros o cumprimento de obrigações positivas para a efetiva proteção dos direitos estabelecidos em tratados de direitos humanos, bem como para a integral garantia dos direitos fundamentais contidos em normas

---

[43] Corte IDH, *Caso Godínez Cruz vs. Honduras*, Exceções Preliminares, sentença de 26 de junho de 1987, Série C, nº 3, § 93.

[44] Corte IDH, *Caso Tribunal Constitucional vs. Peru*, Mérito, Reparações e Custas, sentença de 31 de janeiro de 2001, Série C, nº 71, § 103.

[45] *Verbis*: "Art. 31. Poderão ser incluídos no regime de proteção desta Convenção outros direitos e liberdades que forem reconhecidos de acordo com os processos estabelecidos nos artigos 76 e 77".

constitucionais e legais dos ordenamentos jurídicos das soberanias integrantes do sistema interamericano. Ademais, conforme entendeu a Corte IDH no julgamento do caso *Gelman vs. Uruguai* (2011), as obrigações positivas de proteção sequer necessitam estar explicitamente previstas em normas formais de direito internacional público, tendo em vista integrarem o *jus cogens* internacional, a título de dever assentado no princípio da dignidade humana e na prevalência dos direitos humanos.[46]

Dessa relação dual de respeito e proteção estatais exsurge um novo paradigma para os sistemas de justiça criminal na ordem interamericana, representado pelo dever de defesa das vítimas de lesões criminosas a direitos humanos e fundamentais, bem como de punição penal efetiva e adequada dos agentes criminosos. Nesse sentido, a ONU desenvolveu o conceito global de "vítimas da criminalidade", entendendo tratar-se das "pessoas que, individual ou coletivamente tenham sofrido um prejuízo, nomeadamente um atentado à sua integridade física e um sofrimento de ordem moral, uma perda material, ou um grave atentado aos seus direitos fundamentais, como consequência de atos ou de omissões violadores das leis vigor num Estado membro, incluindo as que proíbem o abuso de poder".[47]

Nesse sentido, a jurisprudência da Corte IDH vem contribuindo a sobejo para o resgate da vítima no direito penal e no direito processual penal, notadamente quando impõe aos Estados a obrigação de prevenir, investigar e punir os atos violadores a direitos humanos, asseverando que a vítima e seus familiares devem participar dos processos penais em todas as suas etapas, seja na investigação ou no julgamento dos responsáveis. A propósito, no julgamento do caso *Velásquez Rodrigues vs. Honduras* (1988) a Corte IDH deixou assente que é dever do Estado "investigar toda situação na qual tenham sido violados os direitos humanos protegidos pela Convenção", complementando que "[s]e o aparato do Estado atua de modo que tal violação fique impune e não se restabeleça, enquanto seja possível, à vítima a plenitude de seus direitos, pode se afirmar que descumpriu o dever de garantir seu livre e pleno exercício às pessoas sujeitas à sua jurisdição". Para a Corte IDH, assim, a obrigação de investigar "[d]eve ter um sentido e ser assumida pelo Estado como um dever jurídico próprio e não como uma simples gestão de interesses particulares que dependa da iniciativa processual da vítima ou

---

[46] Corte IDH, *Caso Gelman vs. Uruguai*, Mérito e Reparações, sentença de 24 de fevereiro de 2011, Série C, n° 222, § 183.

[47] ONU, Assembleia-Geral, *Declaração dos Princípios Básicos de Justiça Relativos às Vítimas da Criminalidade e de Abuso de Poder*, Resolução n° 40/34, de 29.11.1985 (Anexo, A.1).

de seus familiares ou do aporte privado de elementos probatórios, sem que a autoridade pública procure efetivamente a verdade".[48]

A punição dos agentes violadores a direitos humanos depende de duas circunstâncias: primeiramente, da *criminalização* de condutas ofensivas aos direitos humanos, visando a sua dimensão objetiva, completamente desvinculada de quaisquer pretensões individuais; posteriormente, da necessidade de *previsão e efetividade* das normas de processo, sem as quais as regras de direito material não logram concretização.

Ressalva-se, no entanto, que os mandados de criminalização e o dever de persecução penal que os tratados internacionais de direitos humanos impõem não se identificam com o fenômeno da criminalização de *emergência* (em que a intervenção punitiva se assemelha primacialmente orientada por razões de ordem política, em sobreposição aos critérios jurídicos) ou com qualquer propósito de controle social. Assim como já reconhecido no plano do direito constitucional, a atuação do direito penal guiada pelas normas de direito internacional se pauta por critérios de proporcionalidade, de maneira que não visa a imposição de restrições indevidas a liberdades individuais, mas que, no entanto, não se compadece com a inércia ou omissão do Estado na prevenção e combate às violações a direitos humanos e fundamentais. Dessa forma, sob a iluminação dos tratados internacionais de direitos humanos, aspira-se que a atividade penal e processual penal dos Estados seja consentânea com as necessidades de preservação de uma sociedade democrática, na medida em que – ao tempo em que respeita os direitos e garantias individuais de réus e de investigados – os seus efeitos sejam eficazmente dissuasórios de condutas que representem hipóteses reais de ofensa a valores primordiais ao atendimento dos direitos humanos e fundamentais.

Os dispositivos convencionais que consubstanciam mandados de criminalização destinados à salvaguarda de direitos humanos,[49] conjugados com as

---

[48] Corte IDH, *Caso Velásquez Rodriguez vs. Honduras*, Mérito, sentença de 29 de julho de 1988, Série C, nº 04, §§ 176-177.

[49] O dever de criminalização como forma de proteção aos direitos humanos pode ser exemplificativamente ilustrado pelos arts. 1º e 5º da Convenção para a Prevenção e a Repressão do Crime de Genocídio (promulgada pelo Decreto nº 30.822, de 06.05.1952); art. 4º, *a*, da Convenção Internacional sobre a Eliminação de todas as Formas de Discriminação Racial (promulgada pelo Decreto nº 65.810, de 08.12.1969); art. 6º da Convenção Interamericana para Prevenir e Punir a Tortura (promulgada pelo Decreto nº 98.386, de 09.12.1989); art. 4º(1) da Convenção Contra a Tortura e Outros Tratamentos ou Penas Cruéis, Desumanos ou Degradantes (promulgada pelo Decreto nº 40, de 15.02.1991); art. 7º, *c*, da Convenção Interamericana para Prevenir, Punir e Erradicar a Violência contra a Mulher – "Convenção de Belém

normas convencionais que impõem o cumprimento das obrigações positivas dos Estados (*v.g.*, arts. 1º(1), 8º(1) e 25(1) da Convenção Americana), determinam que a previsão da tutela penal dos direitos humanos seja instalada nos ordenamentos internos dos seus Estados-partes e instrumentalizada por procedimentos sérios de investigação e de desenvolvimento da persecução penal em juízo. A concretização desses comandos convencionais revela o propósito de prevenção geral e especial de um sistema jurídico dotado de plena efetividade. Contudo, os efeitos dissuasórios desse modelo de persecução penal não se encontram tão somente na severidade da sanção abstratamente prescrita ao ilícito, mas se ilustra especialmente na perspectiva segura de que o cometimento do ilícito violador dos direitos humanos e fundamentais de terceiros será necessariamente objeto de uma investigação qualificada pela seriedade, eficiência e efetividade, destinada a permitir a responsabilização criminal do agente violador pelo sistema de justiça do Estado.

O desenvolvimento de uma sociedade livre para o exercício de todos os seus direitos depende de um Estado onde a criminalidade não prospere à sombra da ineficiência do seu sistema de justiça, pois a impunidade coloca em pratos e balanças a certeza de benefícios e a dúvida sobre os castigos. Nesse contexto, o controle de convencionalidade no plano do sistema de justiça criminal brasileiro deve permitir, sob a atuação ativa do Ministério Público, a remoção de entraves legais e interpretações legislativas injustamente prejudiciais tanto ao respeito quanto à proteção dos direitos humanos e fundamentais.

Com o propósito de ilustrar esse entendimento, importa mencionar exemplo em que o Ministério Público realizou a aferição e propôs perante o STF o controle concentrado de constitucionalidade e de convencionalidade de dispositivo processual penal brasileiro que prejudicava a adequada realização da persecução penal contra agentes criminosos. O resultado do processo de controle concentrado revelou a possibilidade de que aquela mesma aferição de convencionalidade que ensejou a fundamentação da ação concentrada seria fundamento às providências do controle no âmbito difuso, em proteção objetiva dos direitos humanos e da dignidade das vítimas da criminalidade.

Relembre-se que o Procurador-Geral da República propôs perante o STF a ADI 4424/DF, visando conferir interpretação conforme à Constituição aos arts. 12, I, 16 e 41 da Lei nº 11.340/2006 (Lei Maria da Penha), para o fim de que o crime de lesões corporais de natureza leve, praticados contra a

---

do Pará" (promulgada pelo Decreto nº 1.973, de 01.08.1996); e arts. 5º(1), 6º(1) e 8º(1) da Convenção das Nações Unidas contra o Crime Organizado Transnacional – "Convenção de Palermo" (promulgada pelo Decreto nº 5.015, de 12.03.2004).

mulher em ambiente doméstico, se processasse mediante ação penal pública incondicionada (*v.* Capítulo 2, item 2.3.1.2, *supra*). Naquela oportunidade, como já se viu, o chefe do Ministério Público da União, além da apresentação dos fundamentos constitucionais cabíveis à matéria, exerceu a *aferição* de convencionalidade do direito interno para demonstrar que a exigência legal de representação da vítima para a persecução penal e a responsabilização do seu agente agressor desrespeitava o disposto no art. 5º(1) da Convenção Americana sobre Direitos Humanos, que assegura a todos os indivíduos "o direito a que se respeite sua integridade física, psíquica e moral". Acrescente-se que a aferição de convencionalidade realizada pelo Ministério Público Federal na referida ADI não se desenvolveu apenas à luz da Convenção Americana, senão também da jurisprudência da Corte IDH, pois suscitou fosse aplicado o que já decidido pela Corte IDH no caso *Velásquez Rodríguez vs. Honduras*, ao sustentar que "se o aparato estatal atua de modo a que a violação reste impune e não se restabeleça à vítima a plenitude de seus direitos, 'pode-se afirmar que descumpriu o dever de garantir seu livre e pleno exercício às pessoas sujeitas à sua jurisdição'".[50] Seguindo a linha adotada pelo *Parquet* federal, o STF – após fundamentar a inconstitucionalidade e a inconvencionalidade da legislação processual penal que exigia a representação da vítima para a responsabilização penal de seu agressor – declarou que "[a] ação penal relativa a lesão corporal resultante de violência doméstica contra a mulher é pública incondicionada".[51]

A aferição de inconvencionalidade realizada pelo Procurador-Geral da República e o controle de convencionalidade concentrado exercido pelo STF no caso em referência comprovam que todos os membros do Ministério Público e do Poder Judiciário devem realizar *igual controle* de constitucionalidade e de convencionalidade, para o fim de promover a persecução penal e, sendo o caso, impor a responsabilização criminal de agentes agressores em situações de falta de representação da vítima de lesões corporais em âmbito doméstico, mesmo quando a legislação processual exigia tal providência.

A aferição de convencionalidade pelo Ministério Público – reconhecendo a invalidade da norma que exigia a representação da vítima para a persecução penal do seu agressor, com a conseguinte promoção das correspondentes ações penais públicas visando à responsabilização criminal dos agentes delituosos – e o controle de convencionalidade da mesma norma pelo Poder Judiciário – re-

---

[50] MPF, Procuradoria-Geral da República, *Petição Inicial da ADI 4424/DP*, Brasília, 31.05.2010.
[51] STF, ADI 4424/DF, Tribunal Pleno, rel. Min. Marco Aurélio, j. 09.02.2012, *DJe* 01.08.2014.

alizando o processamento das demandas criminais propostas – são obrigações dos membros de ambos os órgãos do Estado vinculados à administração da Justiça, absolutamente independentes do controle concentrado exercido pelo STF. No entanto, a incerteza prática da efetiva aplicação do controle de convencionalidade em tal hipótese pelo sistema de justiça criminal brasileiro serve apenas para demonstrar a necessidade do aprofundamento das instituições e dos seus integrantes no tratamento da matéria.

A insegurança prática acima referida decorre, sobretudo, da falta de familiaridade dos órgãos integrantes do sistema de justiça criminal com a normatividade das convenções internacionais de direitos humanos e, especialmente, com a jurisprudência da Corte IDH sobre a matéria. Por isso, é preciso reconhecer que tais fontes do direito convencional ainda não se encontram suficientemente presentes na cultura jurídica nacional e sequer devidamente integradas ao rol de instrumentos e recursos de fundamentação da maioria dos membros do Ministério Público e do Poder Judiciário no Brasil. O resultado dessa pretendida integração significaria uma notável amplificação do leque de atuações institucionais do Ministério Público e do Poder Judiciário, não apenas no plano das ações cíveis de tutela metaindividual, mas também nas fronteiras da proteção dos direitos humanos por meio da tutela penal.

Por isso, o estudo do conteúdo dos tratados internacionais de direitos humanos, bem como da jurisprudência da Corte IDH, especialmente quanto aos casos que ensejaram a responsabilização internacional do Brasil, constituem providências indispensáveis à ampliação do arsenal jurídico a ser utilizado na esfera do sistema de justiça criminal brasileiro, especialmente para a concretização social dos direitos humanos. Especificamente, é de notória importância conhecer (e compreender) a jurisprudência da Corte IDH relativa ao Brasil, podendo-se dela abstrair que as condenações internacionais do Estado decorreram de inconvencionalidades no curso da persecução penal. É o que se verificará doravante.

3.4.1.2 *Controle de convencionalidade da reparação mínima às vítimas de tortura*

Ainda no plano da doutrina das obrigações positivas do Estado em matéria penal, compete ao Ministério Público velar pelo contínuo aperfeiçoamento da legislação interna, de maneira a promover a obtenção de respostas judiciais que assegurem a mais ampla proteção possível aos direitos humanos das vítimas de violações e a seus familiares.

Podemos ilustrar a presente afirmação à vista do disposto no art. 14(1) da Convenção contra a Tortura e Outros Tratamentos ou Penas Cruéis, Desumanos ou Degradantes,[52] promulgada pelo Decreto nº 40, de 15 de fevereiro de 1991, que impõe aos seus Estados-partes a obrigação de assegurar a todas as vítimas de atos de tortura o direito à reparação e a uma indenização justa e adequada, no que se incluem todas as providências necessárias à sua completa reabilitação. A compreensão que se extrai do comando convencional apresentado é a de que os Estados, por meio dos seus sistemas de justiça respectivos, devem agir para promover uma ampla e completa restauração dos direitos e da condição pessoal das vítimas de tortura.

Contudo, no plano da legislação processual penal interna, verifica-se que o art. 387, IV, do CPP[53] determina que quando for proferida a sentença penal condenatória seja realizada a fixação de um valor declaradamente *mínimo* para a reparação dos danos experimentados pelas vítimas de qualquer ilícito. Assim, de acordo com a sistemática processual em vigor, após o trânsito em julgado da sentença penal condenatória, pode o ofendido, seus representantes legais ou sucessores realizarem perante o juízo cível a execução do valor que foi fixado pelo juízo criminal em padrões mínimos, sem prejuízo de que venham a provocar a liquidação daquela mesma sentença condenatória, para fins de determinação dos danos que foram efetivamente sofridos em razão da prática do crime (CPP, art. 63, parágrafo único[54]).

Sob a ótica do controle de convencionalidade, a fixação em sede de juízo criminal de indenização em padrão *obrigatoriamente mínimo* às vítimas de crimes de tortura, as quais, ao final do processo penal, ainda devem ser remetidas ao juízo cível para reclamarem a complementação do *quantum* indenizatório adequadamente devido, representa situação notavelmente incompatível com as normativas fixadas no plano internacional para a questão. Esse entendimento se justifica em razão de assegurar a norma convencional protetiva dos direitos das vítimas de tortura uma indenização *obrigatoriamente justa e adequada*, conjugada à garantia de proteção judicial por meio de um recurso simples e eficiente, nos termos do art. 25(1) da Convenção Americana.

---

[52] *Verbis*: "Cada Estado Parte assegurará, em seu sistema jurídico, à vítima de um ato de tortura, o direito à reparação e a uma indenização justa e adequada, incluídos os meios necessários para a mais completa reabilitação possível. Em caso de morte da vítima como resultado de um ato de tortura, seus dependentes terão direito à indenização".

[53] *Verbis*: "O juiz, ao proferir sentença condenatória (...) fixará valor mínimo para reparação dos danos causados pela infração, considerando os prejuízos sofridos pelo ofendido".

[54] *Verbis*: "Transitada em julgado a sentença condenatória, a execução poderá ser efetuada pelo valor fixado nos termos do inciso IV do *caput* do art. 387 deste Código, sem prejuízo da liquidação para a apuração do dano efetivamente sofrido".

Dessa maneira, assemelha-se indispensável que os órgãos do Ministério Público atuantes no plano criminal permanentemente exercitem o controle de convencionalidade das normas de processo penal, para o fim de provocar, em face do âmbito de competência dos órgãos do Poder Judiciário, o encadeamento necessário à concretização de um controle convencional verdadeiramente capaz de fortalecer a ampla eficácia dos direitos humanos.

3.4.1.3 Condenações contra o Brasil na Corte IDH por inconvencionalidade na persecução penal

Em mais de uma ocasião, a Corte IDH responsabilizou internacionalmente o Brasil por inconvencionalidades ocorridas na persecução penal.[55] Tais condenações refletem casos em que os órgãos da administração da Justiça brasileira deveriam ter pautado as suas condutas institucionais em conformidade com obrigações que exsurgem diretamente da Convenção Americana sobre Direitos Humanos, mas que, em virtude de falhas no cumprimento interno daqueles deveres, abriu-se ensejo para a realização do controle de convencionalidade suplementar exercido pela Corte IDH.

No horizonte do sistema interamericano de direitos humanos, afigura-se indispensável o estudo acurado da jurisprudência da Corte IDH, que, para além de buscar resolver os casos e controvérsias que lhe são apresentados, destina-se, sobretudo, a dizer aos Estados-partes da Convenção Americana o conteúdo e a forma de realização dos direitos humanos. Nesse sentido, será possível verificar que a Corte IDH referenda o atendimento das normas de direitos humanos não apenas por meio da relevantíssima garantia das liberdades individuais, mas também pelo funcionamento eficiente dos mecanismos de tutela penal da dimensão objetiva dos direitos humanos.

As decisões da Corte IDH não podem, portanto, ser compreendidas de modo reducionista, como resultado da mera análise e responsabilização dos Estados por questões pontuais de violação a direitos humanos em seus respectivos territórios. Indiscutivelmente, referidos julgados devem ser entendidos em uma perspectiva muito mais ampla de proteção, na qualidade de elementos jurídicos verdadeiramente estruturantes para os sistemas de justiça de todos os Estados integrantes do sistema interamericano de proteção dos direitos humanos e, especialmente, para o sistema de justiça criminal do Estado internacionalmente condenado. Portanto, para o alcance do propósito de concretização social das normas internacionais de que se está tratando,

---

[55] Por tudo, cf. MAZZUOLI, Valerio de Oliveira. *Direitos humanos na jurisprudência internacional...*, cit., *passim*.

é necessário que se interpretem as condenações impostas pela Corte IDH sob a dupla perspectiva de (*i*) diagnósticos de imperfeições medulares no cumprimento das normas de direitos humanos pelas instituições do Estado condenado, bem como das (*ii*) ferramentas de correção e de aperfeiçoamento das instituições de todos os Estados do sistema interamericano.

A importância e a influência das decisões da Corte IDH se estabelecem à vista do art. 62(1) da Convenção Americana, que reconhece ter a Corte competência para a aplicação e interpretação em última instância do Pacto de San José, para o que todo Estado-parte pode reconhecer essa competência como obrigatória.[56] O caráter vinculante da jurisprudência da Corte IDH se aprofunda para todos os órgãos do sistema de justiça criminal brasileiro, nos termos do Decreto Legislativo nº 89, de 3 de dezembro de 1998, promulgado pelo Decreto nº 4.663, de 8 de novembro de 2002, por meio do qual o Brasil – voluntariamente e no livre exercício de sua soberania – reconheceu como obrigatória, de pleno direito e por prazo indeterminado, a competência da Corte IDH na aplicação ou na interpretação da Convenção Americana.[57]

Dessa maneira, por se tratar de fonte originária de interpretação da Convenção, bem como por integrar a ordem jurídica interna e vincular a atuação de todos os órgãos necessários à administração da Justiça, importa analisar a jurisprudência da Corte IDH relativamente aos casos em que se impôs a responsabilização internacional do Brasil em matéria criminal. É importante destacar que, conforme se comprovará a seguir, *todas* as condenações impostas ao Brasil pela Corte IDH sobre essa temática decorreram de *omissões* do Estado brasileiro em conferir efetivo cumprimento às suas obrigações positivas de proteção aos direitos humanos pela tutela penal. É dizer, todas as vezes que o Brasil foi internacionalmente responsabilizado pela Corte IDH se fez presente a *inação* do Estado brasileiro relativa aos procedimentos nacionais de persecução penal, não garantindo às vítimas de violações a direitos humanos a devida reparação do Estado. Não se tratou,

---

[56] *Verbis*: "Todo Estado-parte pode, no momento do depósito do seu instrumento de ratificação desta Convenção ou de adesão a ela, ou em qualquer momento posterior, declarar que reconhece como obrigatória, de pleno direito e sem convenção especial, a competência da Corte em todos os casos relativos à interpretação ou aplicação desta Convenção".

[57] *Verbis*: "Art. 1º. É reconhecida como obrigatória, de pleno direito e por prazo indeterminado, a competência da Corte Interamericana de Direitos Humanos em todos os casos relativos à interpretação ou aplicação da Convenção Americana de Direitos Humanos (Pacto de São José), de 22 de novembro de 1969, de acordo com art. 62 da citada Convenção, sob reserva de reciprocidade e para fatos posteriores a 10 de dezembro de 1998".

portanto, de eventual excesso no manejo de tais procedimentos pelos órgãos brasileiros do sistema de justiça, senão de inefetividade do Estado brasileiro na persecução penal contra os responsáveis pelo cometimento de crimes em território brasileiro.

É por essa razão que, à luz da jurisprudência da Corte IDH, punir é também um *standard* de direitos humanos, sem o que a vítima ou os seus familiares ficam despidos da devida resposta que deve dar o Estado ao cometimento de crimes perpetrados em seu território.

A seguir, vamos estudar os casos contra o Brasil levados pela Comissão IDH à Corte Interamericana, em que o Estado brasileiro foi internacionalmente condenado, *inter alia*, por inconvencionalidades na persecução penal.

a) Caso Ximenes Lopes (2006)

O caso *Ximenes Lopes vs. Brasil* representou a primeira condenação internacional do Brasil no sistema interamericano de direitos humanos, em decorrência do não cumprimento de obrigações positivas do Estado na seara criminal.

Os fatos do caso tiveram início em 1º de outubro de 1999, quando a Sra. Albertina Viana Lopes – mãe de Damião Ximenes Lopes – realizou a internação de seu filho em uma clínica psiquiátrica ("Casa de Repouso Guararapes") no Município de Sobral, Estado do Ceará. Damião Ximenes foi admitido na unidade de saúde como paciente do Sistema Único de Saúde – SUS, sem a apresentação de qualquer sinal de agressividade ou, ainda, de lesões corporais. Três dias depois, a Sra. Albertina compareceu ao hospital com a intenção de visitar o filho internado e, naquele momento, os funcionários da unidade informaram que a vítima não estava em condições de receber visitas. Segundo a dramática declaração por ela prestada ao MPF, mesmo diante da tentativa de evitar a visita, adentrou no hospital chamando o seu filho pelo nome, repetidamente, quando então "ele veio até ela caindo e com as mãos amarradas para trás, sangrando pelo nariz, com a cabeça toda inchada e com os olhos até fechados, vindo a cair a seus pés, todo sujo, rasgado com cheiro de cocô e urina", razão pela qual, "depois de pedir que dessem um banho no filho, foi procurar um médico e, encontrando-o em um balcão, pediu-lhe que socorresse seu filho, pois de outra forma este iria morrer", ao que o médico teria respondido que "[d]eixe morrer, pois quem nasce é para morrer".[58] Após constatar pessoalmente o degradante atendimento que estava

---

[58] Cf. Comissão IDH, Relatório nº 38/02, Admissibilidade, Petição nº 12.237, de 09.10.2002. Uma análise descritiva do caso é encontrada em: BORGES, Nadine.

sendo dispensado ao filho, a Sra. Albertina retornou para casa em busca de auxílio dos demais familiares, momento em que recebeu um comunicado do hospital dando conta de que seu filho havia morrido.

A ação penal pública promovida pelo Ministério Público em razão dos fatos acima descritos apontou a prática do crime de maus-tratos com resultado morte contra a vítima Damião Lopes Ximenes, e apesar de ter se iniciado em 27 de março de 2000, ainda não havia conclusão sequer em primeira instância até a data da sentença proferida pela Corte IDH, é dizer, em 4 de julho de 2006, sendo certo, ainda, que a correspondente ação cível de reparação de danos se encontrava na mesma situação de morosidade processual.

Por isso, além de apontar a tramitação vagarosa do processo criminal promovido para o esclarecimento dos fatos e a responsabilização dos agentes violadores dos direitos humanos da vítima, a Corte IDH se aprofundou na análise e avaliação dos trabalhos de investigação desenvolvidos pelo Estado brasileiro, oportunidade em que apontou inconsistências nos exames de necropsia desenvolvidos, ressaltando que, em virtude das circunstâncias violentas em que se deu a morte de Damião Lopes Ximenes, seria absolutamente necessária uma investigação exaustiva da cena do crime, observado que as necropsias e a análise dos restos humanos deveriam realizar-se de maneira rigorosa, por profissionais competentes e mediante o uso dos procedimentos mais adequados possíveis.

O deficiente empenho que até os dias atuais o Estado brasileiro empresta ao esclarecimento de crimes dolosos contra a vida e o conseguinte descrédito que a constatação prática dessa verdade causa à sociedade, às vítimas e a seus familiares, pode ser bem dimensionado diante do relato de Irene Ximenes Lopes, irmã da vítima Damião Ximenes, informando que: "No hospital disseram para que eu não fosse dar queixa, pois não ia dar em nada. Mesmo assim, eu fui à polícia de Sobral e dei queixa, mas nada adiantou. Por lá mesmo abafaram tudo".[59]

Dessa maneira, após o reconhecimento de que uma ordem normativa apenas garante suficientemente o respeito aos direitos humanos quando a conduta estatal é eficiente e efetiva para ensejar o seu cumprimento, a Corte IDH apontou que os Estados devem proporcionar recursos judiciais efetivos às vítimas de violações a direitos humanos (art. 25), assegurando-lhes o cumprimento de todas as garantias judiciais (art. 8º(1)) em conjunto com

---

Damião Ximenes: primeira condenação do Brasil na Corte Interamericana de Direitos Humanos. Rio de Janeiro: Revan, 2009.

[59] Cf. SILVA, Marcos Vinicius de Oliveira (Org.). *A instituição sinistra*: mortes violentas em hospitais psiquiátricos no Brasil. Brasília: Conselho Federal de Psicologia, 2001.

o livre e pleno exercício de todos os direitos reconhecidos pela Convenção Americana, nos termos do art. 1º(1) da Convenção. Dessa maneira, no desenvolvimento do dever de investigar as interferências ilícitas no livre exercício dos direitos humanos de qualquer indivíduo, os correspondentes processos de investigação não devem ser considerados pelos Estados como uma mera formalidade, mas como verdadeiros mecanismos de esclarecimento da verdade. Como destacou a Corte IDH, o Estado "tem o dever de iniciar *ex officio* e sem demora uma investigação séria, imparcial e efetiva, que não se empreenda como uma mera formalidade condenada de antemão a ser infrutífera", certo de que "[e]sta investigação deve ser realizada por todos os meios legais disponíveis e orientada à determinação da verdade e à investigação, ajuizamento e punição de todos os responsáveis pelos fatos, especialmente quando estejam ou possam estar implicados agentes estatais".[60]

Por verificar que o Estado brasileiro desatendeu aos direitos das vítimas a recursos efetivos contra atos de violação, bem como às garantias judiciais e à obrigação geral de respeito e garantia de todos os direitos estabelecidos na Convenção Americana, além dos direitos substantivos nela estabelecidos que deveriam ter sido amparados e protegidos naquele caso específico, representados pelo direito à vida (art. 4º) e à integridade pessoal (art. 5º), a Corte IDH determinou que o Brasil garantisse que, em um prazo razoável, o processo interno destinado a investigar e punir os responsáveis diretos pela morte de Damião Ximenes Lopes viesse a surtir seus devidos efeitos.

Convém ressaltar, no entanto, que apesar da condenação do Brasil pela Corte IDH, em 4 de julho de 2006, apenas em 29 de junho de 2009 as seis pessoas acusadas pela morte de Damião Ximenes foram julgadas pelo sistema de justiça brasileiro e condenadas em primeira instância, como incursos na prática do crime de maus-tratos qualificado pelo resultado morte (CP, art. 136, § 2º), à pena privativa de liberdade de seis anos de reclusão em regime semiaberto. Porém, por oportunidade do julgamento dos recursos de apelação interpostos pelos acusados contra a sentença de primeiro grau, a 2ª Câmara Criminal do TJCE, em novembro de 2012, sob o entendimento da "possibilidade considerável da vítima ter falecido por enfermidade pré-existente ao internamento", desclassificou os fatos para o crime de maus-tratos simples (CP, art. 136, *caput*), apenado com sanção de dois meses a um ano de reclusão, reconhecendo, por conseguinte, a prescrição do ilícito e a extinção da

---

[60] Corte IDH, *Caso Ximenes Lopes vs. Brasil*, Mérito, Reparações e Custas, sentença de 4 de julho de 2006, Série C, nº 149, § 148.

punibilidade de todos os réus (acórdão que transitou em julgado em abril de 2013, sem a interposição de recurso pelo Ministério Público).[61]

O encadeamento dos acontecimentos acima descritos comprova que a proteção dos direitos humanos não depende apenas da abstrata previsão normativa de sancionamento, encontrando-se, também, diretamente vinculado à interpretação dos fatos e das normas pelos órgãos integrantes do sistema de justiça criminal. Nesse caso, o que ainda se verifica é que o cumprimento das obrigações positivas do Estado não se encontra a cargo apenas do Poder Judiciário, tendo em vista que, mesmo em face da decisão judicial que garantia impunidade aos agentes criminosos (mediante a extinção da punibilidade dos agentes violadores dos direitos humanos da vítima Damião Ximenes), o Ministério Público permitiu que o acórdão transitasse em julgado, sem a interposição de qualquer medida recursal que garantisse os direitos das vítimas e a proteção objetiva dos direitos humanos e fundamentais.

Não obstante a impunidade declarada no caso concreto, que, a confirmar uma dimensão comunitária e interpessoal do princípio da dignidade humana, nos coloca diante de um sentimento quase palpável de frustração e de injustiça (ilimitadamente potencializado em relação aos familiares da vítima), deve-se ter em mente que as decisões da Corte IDH não visam apenas a mera solução de casos e problemas pontuais (que, a exemplo do caso brasileiro, muitas vezes sequer é alcançada), mas guardam um propósito sobejamente maior de mostrar aos Estados e aos indivíduos o que são e quais são os propósitos dos direitos humanos, bem como apontar as eventuais falhas estruturais da atividade dos Estados que comprometem a construção de um sistema efetivamente protetivo dos direitos humanos.

O julgamento do caso *Ximenes Lopes* representa um marco normativo para todos os órgãos que integram o sistema de justiça criminal brasileiro, na medida em que determina como verdadeira garantia das vítimas a efetividade dos meios de reprovação a violações de direitos humanos. Além disso, nesse julgamento a Corte IDH esclareceu que, à luz da Convenção Americana, todas as vítimas de crimes violadores de direitos humanos, além de seus familiares, possuem o direito de exigir do Estado brasileiro a instauração de investigações criminais sérias e eficientes, capazes de ensejar a correspondente persecução penal em juízo, com a efetiva condenação dos responsáveis pelas práticas criminosas cometidas. Veja-se:

---

[61] TJCE, Apelação Criminal nº 0012736-95.2000.8.06.0167, 1ª Câmara Criminal, rel. Des. Luiz Evaldo Gonçalves Leite, j. 27.11.2012, *DJe* 30.11.2012.

Os familiares de vítimas de violações de direitos humanos têm o direito a um recurso efetivo. O conhecimento da verdade dos fatos em violações de direitos humanos como as deste caso é um direito inalienável e um meio importante de reparação para a suposta vítima e, quando cabível, para seus familiares, além de constituir uma forma de esclarecimento fundamental para que a sociedade possa desenvolver mecanismos próprios de desaprovação e prevenção de violações como essas no futuro.

Em consequência, os familiares das vítimas têm o direito, e os Estados têm a correspondente obrigação, a que o ocorrido seja efetivamente investigado pelas autoridades estatais, a que se inicie um processo contra os supostos responsáveis por esses ilícitos e, se for o caso, de que lhes sejam impostas as sanções pertinentes.[62]

O julgamento do caso *Ximenes Lopes vs. Brasil* não apenas demonstra, mas verdadeiramente determina que o excesso de prazo nas investigações e na tramitação das ações penais sobre crimes graves configura hipótese inconvencional de violação aos direitos das vítimas e ao dever de proteção objetiva dos direitos humanos. Assim, nenhum órgão do Estado integrante do sistema de justiça criminal pode enxergar com naturalidade a tramitação de inquéritos policiais, procedimentos de investigação criminal ou ações penais que se prolongam durante anos a fio sem qualquer perspectiva de definição (observado que a Corte IDH compreendeu como violadora de direitos humanos das vítimas a demora de 6 anos na tramitação da ação penal que apurava a morte de Damião Ximenes). Certamente as obrigações convencionais dos Estados não se limitam ao dever de observância de um prazo razoável para a finalização da persecução penal, sendo imperativo que os seus procedimentos investigatórios sejam também qualificados por um desenvolvimento efetivo, sério e eficiente, ou seja, hábeis a garantir a concretização social dos direitos humanos dispostos nos tratados internacionais.

Diante desses propósitos, avulta de importância a atividade do Ministério Público no controle de convencionalidade durante todo o curso da persecução penal, para o fim de fiscalizar e exigir – pelos meios processuais estabelecidos no ordenamento jurídico – o atendimento dos predicados de atuação investigativa impostos pelo sistema interamericano de direitos humanos ao sistema de justiça criminal brasileiro. O papel que se exige do Ministério Público na consecução desse objetivo pode ser consubstanciado pelo manejo oportuno de todos os recursos necessários à manutenção do encadeamento do controle de convencionalidade entre os seus respectivos

---

[62] Corte IDH, *Caso Ximenes Lopes vs. Brasil*, Mérito, Reparações e Custas, sentença de 4 de julho de 2006, Série C, n. 149, §§ 245 e 246.

núcleos de controle, até que se alcance a realização social dos direitos humanos que devem prevalecer na causa.

Portanto, necessário que se aponte a falta de controle de convencionalidade do sistema de justiça na deliberação que culminou na declaração da prescrição no caso ora estudado. Justifica-se esse entendimento porque a obrigação de investigar e de promover a responsabilização penal dos responsáveis pelo cometimento das condutas violadoras de direitos humanos determinada na sentença da Corte IDH não poderia ter sido condicionada por normas internas de direito penal ou processual penal (conforme será adiante aprofundado no estudo do caso *Escher e Outros vs. Brasil*, em que a investigação criminal determinada pela Corte IDH sequer chegou a ser instaurada em virtude desse mesmo estado de inconvencionalidade). Ademais, a obrigação de cumprimento das determinações contidas nas sentenças proferidas pela Corte IDH se afigura premente mesmo em casos em que venha a ocorrer a alteração da tipificação do crime por oportunidade do julgamento interno da causa, tendo em vista que para o sistema internacional de proteção dos direitos humanos não tem preponderância a tipicidade que os ordenamentos internos conferem aos fatos, mas sim o esclarecimento da verdade quanto aos fatos que impliquem violações a direitos humanos.

Assim, diante da retirada da qualificadora do crime de maus-tratos praticados contra a vítima Damião Ximenes, ensejadora da declaração de prescrição dos crimes descritos na ação penal e da extinção de punibilidade dos agentes acusados pela prática criminosa que gerou a responsabilização internacional do Brasil, deveria o Ministério Público impedir (e não o fez) a quebra do encadeamento do controle de convencionalidade sobre o caso, mediante o manejo dos recursos necessários a garantir a efetividade da sentença da Corte IDH. O posicionamento ora esposado não significa a imposição de qualquer óbice à eventual desclassificação do crime, visando o aperfeiçoamento do enquadramento típico dos fatos (ressalte-se: ainda que em benefício dos acusados), mas reclama a adoção de providências destinadas ao impedimento ao reconhecimento da prescrição como causa interna capaz de condicionar o cumprimento da sentença internacional, sob pena de nova incursão do Estado brasileiro em hipótese de desatendimento às suas obrigações positivas no campo penal.

Embora o Ministério Público tenha promovido a persecução penal em desfavor dos agentes responsáveis pela morte de Damião Ximenes, falhou gravemente ao deixar de controlar a convencionalidade da decisão do TJCE por meio do manejo das providências recursais cabíveis, permitindo que se operasse a quebra do encadeamento de controle de convencionalidade sobre a declaração de prescrição dos crimes cuja persecução penal foi determinada pela Corte IDH, o que ensejou a extinção da punibilidade dos acusados e, por conseguinte, a completa impunidade penal dos envolvidos em um ilícito daquela gravidade.

b) Caso Sétimo Garibaldi (2009)

Outro exemplo que ilustra as graves consequências do inconvencional descompasso entre as disposições de direitos humanos que estabelecem as obrigações positivas dos Estados e as falhas do sistema de justiça criminal brasileiro exsurge do caso *Sétimo Garibaldi vs. Brasil*, julgado pela Corte IDH em 23 de setembro de 2009. Esse caso ensejou a condenação do Estado brasileiro pelo descumprimento de obrigações positivas no campo penal, haja vista que o sistema de justiça nacional deixou de investigar adequadamente e, por conseguinte, se omitiu quanto ao dever de punir os autores do homicídio praticado contra o Sr. Sétimo Garibaldi, assassinado em 1998 durante uma ação extrajudicial de desapropriação da propriedade rural denominada "Fazenda São Francisco", localizada no Estado do Paraná.

No caso em apreço, a Corte IDH, após reconhecer os direitos das vítimas das violações apuradas e de seus familiares, determinou que o Estado brasileiro levasse a cabo as investigações necessárias ao esclarecimento da verdade e à persecução penal dos responsáveis pelo assassinato da vítima. Apesar de o inquérito policial instaurado para apurar o homicídio de Sétimo Garibaldi ter sido arquivado por ordem judicial, a pedido do Ministério Público, entendeu a Corte IDH, embasada, inclusive, na coleta de novas provas, que os elementos amealhados na investigação eram suficientes para o início de um processo judicial de persecução penal. No caso, entendeu a Corte que o Brasil deveria conduzir de maneira eficaz e dentro de um prazo razoável as investigações relacionadas ao referido homicídio, bem como adotar as medidas judiciais adequadas à identificação, julgamento e eventual condenação de todos os agentes criminosos responsáveis pelo assassinato da vítima, além de investigar e sancionar os agentes públicos que incorreram em falhas durante as investigações do caso. Ademais, a Corte IDH determinou que se respeitassem os direitos das vítimas e de seus familiares de terem acesso e de atuarem em todas as etapas e instâncias do processo penal interno, respeitadas as disposições normativas nacionais e convencionais.[63]

Aponte-se, desde já, à vista da fundamentação perfilhada pela Corte IDH na sentença do caso *Sétimo Garibaldi*, que a responsabilização internacional do Estado brasileiro foi literalmente provocada pela omissão do Ministério

---

[63] Corte IDH, *Caso Sétimo Garibaldi vs. Brasil*, Exceções Preliminares, Mérito, Reparações e Custas, sentença de 23 de setembro de 2009, Série C, nº 203, § 169.

Público em não promover a adequada persecução penal em juízo contra os autores do homicídio perpetrado contra a vítima. Aprofunda-se, aqui a demonstração do papel decisivo do Ministério Público na promoção da ação penal à luz dos comandos convencionais de direitos humanos, tendo em vista que a decisão inconvencional da instituição em proceder ao arquivamento das investigações de caso de violação do direito à vida representou a adoção de posicionamento leniente do Estado brasileiro com a proteção objetiva dos direitos humanos e à dignidade da vítima da violação criminosas e de seus familiares.

Diante da condenação internacional do Brasil, o Ministério Público do Estado do Paraná, mediante a apresentação de novos elementos de prova que não haviam sido produzidos durante a tramitação do inquérito policial, requereu o desarquivamento dos autos da investigação do assassinato da vítima, o que foi deferido pelo juízo de primeira instância em 20 de abril de 2009. Após o atendimento dessa providência, o *Parquet* requisitou a realização de diligências, especialmente representadas pela oitiva de testemunhas que não haviam sido inquiridas antes do arquivamento do inquérito policial. Diante da complementação do conjunto probatório da investigação criminal, o Ministério Público promoveu a ação penal pública correspondente contra o proprietário da "Fazenda São Francisco" pela prática de homicídio qualificado (CP, art. 121, § 2º, IV). No entanto, com o recebimento da denúncia criminal a defesa do acusado impetrou *habeas corpus* perante o TJPR, postulando o trancamento da ação penal, ante o argumento de que "o equivocado desarquivamento do caderno investigatório que deu origem à Ação Penal em epígrafe, decorreu, única e exclusivamente, da pressão exercida pelos organismos internacionais – Corte Interamericana de Direitos Humanos – que, contrariando todo nosso ordenamento jurídico, fez nascer um processo penal eivado de vício desde sua origem".[64] Por sua vez, o TJPR determinou o trancamento da ação penal, sob o argumento de que as provas produzidas nos autos do inquérito policial após o seu desarquivamento seriam apenas "formalmente novas", sem que ensejassem a alteração do panorama probatório "substancial" da investigação, à luz do disposto no art. 18 do Código de Processo Penal.[65]

---

[64] A argumentação da defesa do acusado, sugerindo que a Corte Interamericana de Direitos Humanos deveria seguir o "nosso ordenamento", e não o contrário, se encontra registrada no relatório do *Habeas Corpus* nº 825907-6, impetrado perante o TJPR, no qual figurou como relator o Des. Jesus Sarrão, com decisão em 01.12.2011.

[65] Segundo o art. 18 do CPP, "[d]epois de ordenado o arquivamento do inquérito pela autoridade judiciária, por falta de base para a denúncia, a autoridade policial poderá proceder a novas pesquisas, se de outras provas tiver notícia".

Ressalte-se, no entanto, que a decisão do *habeas corpus* em referência, embora tenha determinado o trancamento da ação penal, reconheceu que o pedido de arquivamento do inquérito policial formulado pelo *Parquet* e seu conseguinte deferimento pelo Poder Judiciário representaram verdadeiros equívocos no tratamento do caso, tendo em vista que "não se pode negar [...] que os elementos probatórios existentes nos autos de inquérito policial arquivado eram suficientes para suportar o oferecimento, com justa causa, de denúncia contra o paciente", acrescentando que "o Órgão do Ministério Público equivocou-se ao requerer o arquivamento dos autos de inquérito policial [...], equívoco que se repetiu com o Órgão Jurisdicional ao deferir o arquivamento [...]".[66] Em outra palavras, o TJPR reconheceu que o inquérito policial que apurava a morte da vítima não deveria ter sido arquivado porque continha elementos que determinavam a promoção da ação penal pública (de acordo com a sentença da Corte IDH), porém, já que o inquérito havia sido arquivado (ainda que equivocamente) ele não poderia embasar a deflagração da ação penal dado que as provas juntadas aos autos (embora desnecessárias) seriam apenas formalmente novas.

O conhecimento da matéria chegou ao STJ por meio de Recurso Especial interposto pelo Ministério Público contra o acórdão que decidiu o *habeas corpus*, esposando como principais fundamentos para justificar a continuidade da ação penal (*a*) a condenação internacional do Brasil pela Corte IDH, (*b*) as disposições convencionais dos arts. 68(1) e 28(2) da Convenção Americana sobre Direitos Humanos e (*c*) os arts. 18, 647 e 648, I, do CPP. Por maioria de votos, o STJ não conheceu do Recurso Especial interposto – sem sequer se manifestar sobre a matéria convencional ou a totalidade da matéria processual penal que o fundamentava – sob a alegação de ausência de prequestionamento e limitando-se à reafirmação de que o conjunto probatório que integrava o inquérito policial desarquivado não seria substancialmente inédito.[67] Contudo, no julgamento merece destaque o voto vencido do Min. Rogério Schietti Cruz, que, segundo o nosso entendimento, deveria ter sido seguido pelos demais componentes da Corte por oportunidade do julgamento do recurso, ao destacar que "a decisão do Tribunal de Justiça do Estado do Paraná ora examinada é uma demonstração de como estamos ainda distantes de internalizar a regra do *controle de convencionalidade, que há de caminhar pari passu com o controle de constitucionalidade de toda norma do direito positivo*

---

[66] TJPR, *HC* 825907-6, 1ª Câmara Criminal, rel. Juiz de Direito substituto em 2º grau Naor R. de Macedo Neto, designado Des. Jesus Sarrão, j. 01.12.2011.

[67] STJ, REsp. 1.351.177/PR, 6ª Turma, rel. Min. Sebastião Reis Júnior, j. 16.06.2016, *DJe* 29.06.2016.

[original em negrito], obrigação a que se sujeita todo magistrado ou órgão jurisdicional, de qualquer grau ou instância".[68] Em arremate, o voto referido tratou o desenvolvimento da persecução penal decorrente do assassinato do Sr. Sétimo Garibaldi como o necessário cumprimento da ordem da Corte IDH, tendo em vista que *"o Brasil se vincula às decisões da CIDH, devendo dar às leis que integram seu ordenamento jurídico interpretação conforme os tratados e convenções a que tenha aderido* [original em negrito e sublinhado], visto que 'uma parte não pode invocar disposições de seu direito interno como justificativa para o não cumprimento do tratado'".[69]

Para nós, tamanha é a imperatividade do cumprimento das sentenças proferidas pela Corte IDH que não há que se falar na exigência de prequestionamento para o conhecimento de questões sobre direitos humanos contidas em tratados internacionais ou na jurisprudência da Corte IDH, em razão da força das disposições materialmente constitucionais (CF, art. 5º, § 2º) ou, no mínimo, supralegais, que determinam ao Estado brasileiro o cumprimento imediato das aludidas disposições normativas. De fato, os comandos convencionais sobre direitos humanos e a sua interpretação vinculante pela Corte IDH dirigem-se, *prima facie*, diretamente aos Estados, integrando-se ao seu modo de agir quanto à matéria. Ademais, se é certo que os tratados internacionais de direitos humanos e a jurisprudência da Corte IDH se integram e condicionam a interpretação da ordem jurídica interna, determinando, por consequência, a atuação dos órgãos que compõem o sistema de justiça nacional rumo ao efetivo cumprimento das obrigações positivas do Estado em matéria penal, assemelha-se evidenciado que o atendimento dessas obrigações não pode ser obstado por formalidades extraídas das mesmas normas internas que precisam ser lidas à luz dos comandos convencionais. Portanto, a formalidade "impeditiva" de recursos aos tribunais superiores, extremamente formal e prejudicial à proteção dos direitos humanos no Brasil, há de ser imediatamente revista, sobretudo quando se pretende discutir, num tribunal superior, questões de cumprimento de decisões internacionais contra o Brasil. A aplicação da Súmula 7 do STJ – segundo a qual "[a] pretensão de simples reexame de prova não enseja recurso especial" – num caso como o ora analisado, é absolutamente incongruente e demonstra a distância abissal que estamos no Brasil da efetiva concretização (especialmente judiciária) dos direitos humanos no País.

Relembre-se, ademais, que as obrigações impostas pelos arts. 1º(1), 8º(1) e 25(1) da Convenção Americana são obrigações *positivas* aos Estados,

---

[68] STJ, REsp. 1.351.177/PR, 6ª Turma, voto-vista do Min. Rogério Schietti Cruz, j. 15.03.2016, p. 36.
[69] Idem, p. 39.

ou seja, representam determinações que *todos* os órgãos componentes dos sistemas de justiça criminal devem adotar *ex officio*, a título de obrigações inatas e inerentes à essência do próprio papel estatal em face da sociedade e dos indivíduos. Denota-se, pois, que tais obrigações positivas não se situam em um plano de direcionamento exclusivo ou dispositivo das partes envolvidas nos conflitos penais direta ou potencialmente lesivos a direitos humanos ou fundamentais. De fato, no caso em apreço, o cumprimento do dever positivo de investigar e de garantir o acesso das vítimas a ferramentas efetivas de proteção a direitos humanos e fundamentais, estabelecidas na Convenção Americana, se confundia com o *próprio resultado* do julgamento do Recurso Especial interposto. Justamente por visar o atendimento de obrigações processuais penais positivas concretamente descumpridas e ensejadoras da responsabilização internacional do Brasil pela Corte IDH, o resultado do julgamento do referido Recurso Especial representaria, por parte do Estado brasileiro, a manifestação de interesse na manutenção ou na correção da situação de lesão a direitos humanos e fundamentais internacionalmente reconhecidos.

Afigura-se, como se nota com clareza, juridicamente ilógico que a adoção efetiva da medida que representava a própria realização da obrigação positiva em relação à qual o Estado brasileiro se encontrava em débito, concretamente representada pela promoção da ação penal pública que concernia ao Ministério Público manejar, não tenha sido admitida pelo sistema de justiça a que competia o seu processamento, mormente sob a alegação da ausência de indicação formal dos dispositivos de direito interno cuja própria ação penal requeria cumprimento. O presente ponto bem ilustra a mudança de paradigma que se está a propor, tendo em vista que os órgãos vinculados à administração da Justiça não devem procurar nas normas *internas* de processo – como fez o STJ no caso em comento – fundamentos ou condições para justificar o cumprimento de obrigações encerradas em tratados internacionais, senão o contrário: o arcabouço jurídico-processual interno é que deve se ajustar e ser interpretado de maneira a que se garanta a máxima efetividade dos direitos previstos nas normas convencionais.

A importância de que sejam superados posicionamentos judiciais em desacerto com a ampla eficácia dos direitos humanos e fundamentais ganha especial relevo no âmbito da jurisprudência dos tribunais superiores brasileiros, por possuírem o perfil de cortes de precedentes e, por conseguinte, se prestarem a orientar a atuação e o posicionamento decisório de todo o sistema de justiça. No caso ora analisado, como se nota, o STJ repetiu na decisão o mesmo desacerto cometido pelo TJPR, que, depois de reconhecer que o inquérito policial destinado a apurar o assassinato do Sr. Sétimo Garibaldi foi indevidamente arquivado, pois continha elementos probatórios capazes de embasar com justa causa o oferecimento de denúncia, impediu a continuidade da ação penal sob o argumento de que os elementos acrescentados pelo *Parquet* não alteravam substancialmente o quadro probatório anterior à (reconhecidamente ilegal) realização do arquivamento.

Em suma, o ponto de identificação dos erros cometidos pelos referidos tribunais, além da sua clara insciência quanto à interpenetração desenvolvida entre o direito interno e o direito internacional, reside no arraigado apego às formalidades burocráticas do processo brasileiro, as quais – além muitas vezes de sequer previstas na legislação, tratando-se de criação pretoriana – revelam irrestrita e exclusiva filiação à perspectiva processual do agente criminoso, mesmo em casos em que tal atitude representa clara hipótese de injustiça, com a conseguinte desconsideração da proteção objetiva dos direitos humanos e fundamentais e da dignidade humana das vítimas e de seus familiares.

c) Caso Escher e Outros (2009)

O caso *Escher e Outros vs. Brasil* versou a responsabilidade internacional do Estado brasileiro em razão da interceptação, monitoramento e divulgação ilegais de conversas telefônicas de membros de duas organizações sociais feitas pela Polícia Militar do Estado do Paraná, por suspeitas de envolvimento de integrantes do Movimento dos Trabalhadores Rurais Sem Terra – MST com práticas criminosas.[70]

Em maio de 1999, um oficial da Polícia Militar do Estado do Paraná apresentou ao juízo da vara única da comarca de Loanda um pedido de interceptação e monitoramento de linha telefônica instalada nas sedes de duas organizações sociais, sob a alegação de que tais locais estariam sendo utilizados por lideranças do MST para práticas criminosas. A juíza titular da comarca de Loanda autorizou a realização da medida mediante simples anotação à margem do requerimento, em que escreveu "R. e A. Defiro. Oficie-se". Após o deferimento da medida, não foi determinada a notificação do Ministério Público. Alguns dias após a implementação das interceptações, trechos dos diálogos interceptados foram "vazados" e reproduzidos em programa de televisão de alcance nacional. O conteúdo das conversas subsidiou,

---

[70] Corte IDH, *Caso Escher e Outros vs. Brasil*, Exceções Preliminares, Mérito, Reparações e Custas, sentença de 6 de julho de 2009, Série C, nº 199. Na doutrina, cf. FACHIN, Melina & CARVALHO, Verônica Akemi Shimoida de. Caso Escher: uma análise crítica da jurisprudência da Corte Interamericana de Direitos Humanos à luz do direito à liberdade de associação e reunião e as consequências da criminalização dos movimentos sociais. In: PIOVESAN, Flávia & SOARES, Inês Virgínia Prado. *Impacto das decisões da Corte Interamericana de Direitos Humanos na jurisprudência do STF*. 2. ed. rev. e ampl. Salvador: JusPodivm, 2020, p. 501-524.

ainda, entrevistas coletivas com a imprensa do então Secretário de Segurança Pública do Estado do Paraná, relativamente às desocupações realizadas em acampamentos do MST.

Os autos contendo os requerimentos de interceptação somente foram encaminhados ao Ministério Público mais de um ano depois da execução das medidas, oportunidade em que o representante do *Parquet* requereu a declaração de nulidade das provas coletas e a sua inutilização, sob os seguintes fundamentos: *a)* o policial militar que requereu a providência não tinha vínculos com a comarca e não presidia nenhuma investigação, razão pela qual não tinha legitimidade para o pleito; *b)* o pedido versava medida isolada, sem relação com qualquer ação penal ou investigação em curso; *c)* a interceptação não continha a necessária explicação sobre o seu cabimento; *d)* os autos da medida não foram anexados a nenhuma ação penal em curso; *e)* as decisões da juíza não foram fundamentadas; e *f)* o Ministério Público não foi notificado da medida.

A magistrada rejeitou o parecer ministerial sob o argumento de que não teria sido provada a ilegalidade das interceptações telefônicas, mas "para evitar mais celeumas e procrastinações" determinou a incineração das fitas de gravação correspondentes. Diante desse cenário, o órgão ministerial enviou *notitia criminis* ao TJPR contra a magistrada, os oficiais da Polícia Militar e o ex-Secretário de Segurança Pública do Estado do Paraná. A representação criminal foi arquivada relativamente à magistrada e aos policiais militares, tendo sido encaminhada ao juízo de primeira instância, porém, a medida criminal relativa ao ex-Secretário de Segurança Pública. O Ministério Público ofereceu denúncia contra o ex-Secretário, que foi condenado em primeira instância, porém foi absolvido pelo TJPR.

Como se verifica, nesse caso o Ministério Público adotou as providências compatíveis com as suas atribuições constitucionais de defensor da ordem jurídica, tanto para o fim de que fosse reconhecida a nulidade de um procedimento de investigação de natureza criminal indevidamente instaurado e instruído com interceptações telefônicas violadoras de direitos humanos dos indivíduos investigados, quanto visando a responsabilização criminal dos agentes responsáveis por promover tais violações. No entanto, percebe-se que a atuação ministerial não contou com o esperado encadeamento interinstitucional necessário de controle do Poder Judiciário, pois houve no órgão julgador a sedimentação da situação violadora, não tendo conferido adequado atendimento às obrigações positivas do Estado na seara da persecução penal.

O imobilismo do Estado brasileiro em conferir efetivo cumprimento às suas obrigações convencionais ensejou denúncia do caso à Comissão IDH, que a enviou (após os devidos trâmites internos) para a Corte IDH para a realização do controle suplementar da atividade do sistema de justiça criminal brasileiro. A Corte IDH entendeu, no caso, que "[q]uanto à interceptação telefônica, considerando que pode representar uma séria interferência na vida privada, tal medida deve estar fundamentada em lei, que deve ser precisa e indicar regras claras e detalhadas sobre a matéria, tais como as circunstâncias nas quais essa medida pode ser adotada; as pessoas autorizadas a solicitá-la, ordená-la e executá-la; o procedimento a seguir, entre outros elementos", além do que "deve-se demonstrar indícios razoáveis de autoria e participação na infração penal da pessoa sujeita à medida, e que a prova não pode ser obtida por outros meios".[71] Reafirme-se, por oportuno, que o exercício desse controle internacional somente se mostrou necessário porque, apesar da profícua atuação do Ministério Público no âmbito de suas atribuições institucionais, não se operou o devido encadeamento interinstitucional indispensável à finalização do processo de realização social dos direitos humanos.

Dessa maneira, sob as lentes do direito internacional, o resultado da atuação do sistema de justiça criminal brasileiro mostrou-se absolutamente inconvencional, tendo em vista que as interceptações telefônicas foram provocadas por agentes militares em desfavor de civis (independentemente de procedimento de investigação instaurado por alguma instituição com legitimidade para a apuração de ilícitos perpetrados por civis). De fato, tanto nenhum civil pode ser julgado por tribunal militar – conforme veremos por oportunidade do estudo do controle de convencionalidade no *iter* processual penal (*v.* item 3.4.1.5, *infra*) – quanto ser objeto de procedimento próprio de investigação militar, cujo propósito deve ser, claramente, a apuração de crimes de natureza militar. Nesse mesmo sentido, a decisão judicial que determinou a medida de interceptação, por representar medida restritiva de direitos humanos, demandada argumentação racional, com exposição de motivos, análise de alegações e demonstração de respaldo no acervo probatório, sob pena de arbitrariedade por ofensa à garantia ao devido processo convencional estabelecido no art. 8º(1) da Convenção Americana – segundo já reconhecido pela jurisprudência da Corte IDH.[72] Ademais, interceptação, gravação e divulgação irregular das gravações que se encontravam sob a custódia e controle

---

[71] Corte IDH, *Caso Escher e Outros vs. Brasil*, Exceções Preliminares, Mérito, Reparações e Custas, sentença de 6 de julho de 2009, Série C, nº 199, §§ 131-132.

[72] Cf. Corte IDH, *Caso Yatama vs. Nicarágua*, Exceções Preliminares, Mérito, Reparações e Custas, sentença de 23 de junho de 2005, Série C, nº 127, § 152; *Caso Apitz Barbera e Outros ("Corte Primeira do Contencioso Administrativo") vs. Venezuela*, Exceção Preliminar, Mérito, Reparações e Custas, sentença de 5 de agosto de 2008, Série C, nº 182, § 78; e *Caso Tristán Donoso vs. Panamá*, Exceções Preliminares, Mérito, Reparações e Custas, sentença de 27 de janeiro de 2009, Série C, nº 193, § 153.

do Estado violou o direito à honra e à dignidade das pessoas reconhecidos no art. 11 da Convenção Americana. Não obstante o desatendimento das suas obrigações negativas, ou seja, de se abster da prática de qualquer ação ofensiva aos direitos humanos dos seus jurisdicionados, o Brasil deixou de cumprir as suas obrigações positivas de investigar de forma séria e eficaz as violações a tais direitos, inclusive nas relações entre particulares. O Estado brasileiro vulnerou, portanto, o direito às devidas garantias judiciais das vítimas, assim como a possibilidade de que tivessem acesso a um recurso rápido, efetivo e simples, conforme estabelecido pelos arts. 8º e 25 da Convenção Americana, em relação com o art. 1º(1) da mesma Convenção.

Todo esse alinhamento de irregularidades ensejou a condenação internacional do Brasil à obrigação de investigar os fatos que geraram as violações de direitos humanos reconhecidas, além de indenizar os danos materiais e imateriais sofridos pelas vítimas das violações, dentre o cumprimento de outras diversas providências.

Por oportunidade da análise dos meios para a implementação do cumprimento da obrigação convencional de investigar, o órgão do Ministério Público com atribuições para a questão destacou que não seria possível iniciar uma investigação sobre a divulgação das conversas telefônicas, nem mesmo da entrega e divulgação das fitas com as conversas gravadas a um meio de comunicação nacional, uma vez que tais fatos já estariam prescritos de acordo com o art. 10 da Lei nº 9.296/96 (Lei das Interceptações Telefônicas) e o art. 109 do Código Penal brasileiro. O primeiro dispositivo dispõe que "[c]onstitui crime realizar interceptação de comunicações telefônicas, de informática ou telemática, promover escuta ambiental ou quebrar segredo da Justiça, sem autorização judicial ou com objetivos não autorizados em lei", prevendo, para tanto, pena de reclusão, de dois a quatro anos, e multa. O art. 109 do Código Penal, por sua vez, dispõe sobre os casos de prescrição antes de transitar em julgado a sentença (prescrição da pretensão punitiva). Como resultado desse entendimento, concluiu o órgão ministerial que qualquer investigação a respeito dos fatos que compõem o caso estaria vedada à luz das normas legais brasileiras.

No entanto, as decisões sobre casos levados ao controle da Corte IDH não devem ter a sua eficácia prejudicada ou condicionada pela necessidade de atendimento a requisitos previstos na legislação interna, a exemplo de prazos prescricionais, sob pena de restar inviabilizado o controle de convencionalidade pelo órgão internacional ao qual o Brasil se vincula. O Estado brasileiro aceitou, no livre e pleno exercício de sua soberania, a competência contenciosa da Corte IDH para todos os casos relativos à interpretação ou aplicação da Convenção Americana sobre Direitos Humanos (Decreto

Legislativo nº 89/98, promulgado pelo Decreto nº 4.463/2002) e, ao assim proceder, fechou as portas internas – repita-se, soberanamente e em prol da efetividade dos direitos humanos no Brasil – para que questões formais impeçam a aplicabilidade imediata de *decisum* internacional provindo da Corte IDH. Ademais, além de a negativa de aplicabilidade e o não cumprimento de uma decisão da Corte Interamericana violar os princípios mais comezinhos do direito internacional dos direitos humanos, reflete a lógica incongruente de que a participação do Estado na ordem internacional está condicionada às medidas ou disposições *internas* sobre o engajamento estatal, o que, por si só, é uma *contradictio in terminis*. Além de incongruente, essa lente que muitos Estados – e, infelizmente, os seus próprios órgãos de controle – utilizam frequentemente não sobrevive ao exame internacional de convencionalidade e, no caso do Brasil, à própria jurisprudência do STF que tem alocado os tratados de direitos humanos em nível superior ao das leis.[73]

Ademais, relembre-se que, de acordo com o art. 27 da Convenção de Viena sobre o Direito dos Tratados de 1969, um Estado "não pode invocar as disposições de seu direito interno para justificar o inadimplemento de um tratado".[74] Assim, quando a Corte IDH realiza a interpretação da Convenção Americana e conclui que o Estado incidiu em seu descumprimento, com a conseguinte condenação do ente soberano a adotar as providências que o tratado impõe, o que está determinando é o atendimento do próprio tratado, é dizer, do comando convencional que determina o seu cumprimento. Portanto, se a própria Corte IDH, no curso da instrução e julgamento da causa, não reconhece nenhum elemento invocado pela defesa do Estado para impedir ou modificar as suas responsabilidades relativamente ao caso de violação detectado, certo é que o Estado, depois de sua condenação, não pode deixar de cumprir a decisão pelo transcurso do tempo ou por qualquer outra questão formal (ou processual) impeditiva do cumprimento do *decisum* interamericano. Tal é ainda mais grave quando o descumprimento extrapola o âmbito do Poder Executivo – que apresenta maior resistência no cumprimento de decisões internacionais – e provém do Poder Judiciário.

---

[73] STF, RE 466.343/SP, Tribunal Pleno, rel. Min. Cezar Peluso, j. 03.12.2008, *DJe* 04.06.2009.

[74] Para um estudo desse dispositivo, *v.* MAZZUOLI, Valerio de Oliveira. *Direito dos tratados*. 2. ed. rev., atual. e ampl. Rio de Janeiro: Forense, 2014, p. 219-227; e MAZZUOLI, Valerio de Oliveira. Observância e aplicação dos tratados internacionais na Convenção de Viena sobre o Direito dos Tratados de 1969. In: DEL'OLMO, Florisbal de Souza (Coord.). *Curso de direito internacional contemporâneo*: estudos em homenagem ao Prof. Dr. Luís Ivani de Amorim Araújo pelo seu 80º aniversário. Rio de Janeiro: Forense, 2003, p. 637-653.

Quando o Estado não postula perante a Corte IDH o reconhecimento da prescrição como causa impeditiva à imposição da obrigação e, depois, informa que deixa de conferir cumprimento à decisão por razões internas, está subtraindo da própria Corte IDH o conhecimento e o julgamento da matéria que apenas ao tribunal internacional competiria conhecer. Evidentemente que um sistema em que compete ao condenado analisar se, de acordo com as suas próprias regras, deve ou não cumprir o teor de uma condenação imposta, é um sistema absolutamente frágil e sujeito à inefetividade. Tal é, como se nota, exatamente o que ocorre com as condenações internacionais contra o Brasil, que não logram efetividade interna porque o próprio condenado – o Estado brasileiro – tem às mãos a chave para o cumprimento ou não cumprimento da condenação internacional. Nesses casos, não se trata de garantir a imprescritibilidade de todos os crimes que representem violações a direitos humanos, tendo em vista que, para tais situações, a própria Corte IDH desenha requisitos específicos fundamentados na gravidade da violação cometida, mas de garantir eficácia e efetividade ao próprio sistema regional de proteção no qual o Estado brasileiro está inserido por ato próprio de vontade. Por isso, após o reconhecimento de que o Estado tem a obrigação de aplicar o direito convencional no caso submetido ao seu julgamento, não pode suscitar exceções processuais internas para impedir a execução do comando da sentença internacional. Em outras palavras, não há que se buscar na legislação interna fundamentos para embasar causas de interrupção ou suspensão de prazos prescricionais a fim de avaliar a possibilidade de cumprimento de uma condenação internacional, dado que a imperatividade do atendimento da própria condenação internacional é instrumento que se sobrepõe às normas internas impeditivas dessa providência.

As decisões terminativas da Corte IDH – já se apontou – não se prestam ao julgamento de causas pontuais, mas à identificação e à correção de problemas estruturais dos sistemas de justiça dos Estados que integram o sistema interamericano de direitos humanos. Por essa razão, o cumprimento das decisões condenatórias internacionais interessa não apenas às vítimas do caso posto sob julgamento, mas também a todos os cidadãos do Estado internacionalmente condenado, para além de terceiros Estados que compõem o sistema interamericano, tendo em vista que o sancionamento internacional visa à correção estruturante daquelas falhas do sistema interno de justiça, com o fim de evitar a sua repetição em situações futuras.

Tal demonstra como a questão da adaptação dos sistemas de justiça nacionais ao direito internacional é profunda e delicada, sobretudo em ordens jurídicas como a brasileira, especialmente se contam com o aval – nesses casos, *não protetivo* – do Poder Judiciário. Tal leva à seguinte e incongruente situação: o Estado não controla devidamente a convencionalidade de uma lei e a questão é levada à decisão da Corte IDH, que a controla devidamente; depois da sentença condenatória contra o Brasil, o Estado – novamente – não respeita o controle de convencionalidade internacional realizado pelo tribunal internacional e não atribui efetividade interna ao *decisum* internacional. Em outras palavras, o Estado descumpre os comandos internacionais *antes* e também *depois* do julgamento internacional, em situação de *dupla violação* do tratado internacional e da jurisprudência da Corte IDH. O segundo descumprimento (segunda violação) da norma internacional dá-se, novamente, na criação de obstáculos à eficácia da condenação internacional, por meio da imposição de questões processuais que apenas se prestam a consolidar o estado de coisas inconvencional do direito interno.

Verifica-se, portanto, que o Estado brasileiro viola a Convenção Americana sobre Direitos Humanos porque (*i*) deixa de conferir atendimento às obrigações positivas, realizando investigações deficientes ou inexistentes, e porque (*ii*) repete sistemicamente – após a sua condenação internacional pelo ineficiente atendimento das regras convencionais – o ciclo de ineficácia e inefetividade do julgado internacional, por meio da criação de obstáculos processuais que esvaziam a jurisdição da Corte IDH, em flagrante situação de ilícito internacional, capaz de responsabilizar, mais uma vez, o Estado brasileiro na ordem internacional. Tal demonstra que o sistema de justiça brasileiro ainda deve evoluir no estudo e na compreensão do funcionamento do sistema regional de proteção dos direitos humanos em que se encontra inserido, devendo o exemplo provir de seus órgãos de controle interno, notadamente do Poder Judiciário.

Diante desse quadro de generalizada impunidade criminal não seria exagero reconhecer que o baixíssimo nível de eficiência e adequação dos procedimentos de investigação nacionais configura um verdadeiro estado de coisas inconvencional atentatório aos ditames internacionais de proteção aos direitos humanos, à dignidade das vítimas da criminalidade, ao direito à tutela penal e à segurança da sociedade. A presença dos pressupostos desse estado de inconvencionalidade se afigura facilmente verificada na realidade social e nas práticas do sistema de justiça criminal nacional, tendo em vista que os elementos apontados pelo STF na ADPF 347 – representados pela (*i*) verificação de uma situação de violação generalizada e massiva de direitos fundamentais, (*ii*) na inércia ou incapacidade reiterada e persistente das autoridades públicas em modificar a situação e (*iii*) na necessidade de atuação de uma pluralidade de órgãos estatais para a superação das violações[75] – também se fazem presentes quando se verifica o descumprimento da aplicação das normas internacionais de direitos humanos de que o Estado brasileiro é parte.

O dever de adequação e de eficiência dos procedimentos de investigação indispensáveis à persecução penal e à condenação dos agentes criminosos, como direito inegável das suas vítimas, é objeto também de reconhecimento pela Assembleia-Geral da ONU, ao realçar – na *Declaração dos Princípios Básicos de Justiça Relativos às Vítimas da Criminalidade e de Abuso de Poder*, adotada na Resolução 40/34, de 29 de novembro de 1985 – os compromissos dos Estados com o fortalecimento daquelas funções a cargo do sistema de justiça criminal. Segundo a *Declaração de Princípios*, a Assembleia-Geral da ONU "[s]olicita aos Estados membros que tomem as medidas necessárias para tornar efetivas as disposições da Declaração e que, a fim de reduzir a vitimização, a que se faz referência daqui em diante, se empenhem em: [...] [e]stabelecer e reforçar os meios necessários à investigação, à prossecução e à condenação dos culpados da prática de crimes" (art. 4, *d*).

Em suma, a ideia de adequação e de eficiência dos procedimentos de investigação criminal pode ser sintetizada pelo dever de realização de investigações suficientemente completas, que sejam capazes de compreender a coleta e a análise aprofundada de todos os elementos de prova disponíveis à comprovação ou à exclusão de fatos ou circunstâncias de interesse para o esclarecimento da verdade. Tal não ocorreu no caso *Escher e Outros vs. Brasil*, razão pela qual o Estado foi internacionalmente condenado.

d) Caso Gomes Lund e Outros (2010)

Durante o período da ditadura militar que imperou no Brasil de 1964 a 1985, setenta brasileiros integrantes do Partido Comunista do Brasil – PCB e camponeses da região do Araguaia – fronteira entre os Estados do Tocantins, Pará e Maranhão, conhecida como "Bico do Papagaio" – foram detidos arbitrariamente, torturados e desaparecidos, resultado das operações empreendidas pelo Exército brasileiros que buscava erradicar a resistência ao governo ditatorial, no episódio que ficou conhecido como "Guerrilha do Araguaia".

O trágico e vergonhoso crime contra a humanidade não foi investigado, nem seus responsáveis foram julgados ou punidos, e o Congresso Nacional, em 1979, aprovou a Lei de Anistia que concedia perdão aos crimes políticos perpetrados na época (Lei n° 6.683/79). O Ministério Público Federal, durante

---

[75] STF, ADPF 347/DF, Medida Cautelar, voto do Min. Marco Aurélio, j. 09.09.2015, *DJe* 11.09.2015.

os primeiros vinte anos de democracia após o fim da ditadura militar brasileira, garantiu duplamente a impunidade dos que cometeram tais crimes contra a humanidade, pois agiu (*i*) por omissão, ao não dar início às investigações necessárias à reprimenda penal pelos crimes, e (*ii*) por ação, ao posicionar-se a favor da extensão da anistia de 1979 aos agentes da repressão brasileiros.[76]

Em razão desses fatos, a Comissão IDH foi acionada e submeteu à Corte IDH demanda contra o Brasil para apurar a responsabilidade do Estado relativamente aos crimes de detenção arbitrária, tortura, desaparecimento forçado e execução perpetrados por agentes do Estado no contexto da "Guerrilha do Araguaia". O processamento do Estado se deu após pleito do Centro pela Justiça e o Direitos Internacional – CEJIL e da *Human Rights Watch*, em nome de pessoas desaparecidas e seus familiares, por ter o Brasil deixado de cumprir o *Relatório de Mérito nº 91/08* da Comissão IDH, que recomendava ao Estado a não compatibilidade da Lei de Anistia com os delitos de tortura e desaparecimento forçado.

O Brasil havia requerido a prorrogação do prazo do relatório da Comissão IDH por duas vezes, sem lograr êxito em efetuar uma implementação satisfatória do recomendado, o que ensejou o pleito da Comissão de responsabilidade do Estado perante a Corte IDH. No caso, constatou-se que o Brasil não realizou investigação penal satisfatória para punir os autores do desaparecimento forçado de 70 vítimas e a execução extrajudicial da Sra. Maria Lucia Petit da Silva, adotando medidas legais e administrativas que impediam os familiares das vítimas do acesso à informação, deixando de punir os responsáveis e esclarecer a verdade, subsumindo às violações previstas nos arts. 1º (dever de respeitar os direitos), 2º (dever de adotar disposições do direito interno), 3º (direito ao reconhecimento da personalidade jurídica), 4º (direito à vida), 5º (direito à integridade pessoal), 7º (direito à liberdade pessoal), 8º (garantias judicias), 13º (liberdade de pensamento e expressão) e 25º (proteção judicial), da Convenção Americana sobre Direitos Humanos.[77]

Ao decidir a demanda, a Corte IDH refutou os argumentos do Brasil de que na época dos fatos o Estado não se submetia à jurisdição do tribunal internacional e que os crimes investigados já se encontravam prescritos nos termos da legislação doméstica, e confirmou que o desaparecimento força-

---

[76] V. TORELLY, Marcelo. Gomes Lund *vs*. Brasil cinco anos depois: histórico, impacto, evolução jurisprudencial e críticas. In: PIOVESAN, Flávia & SOARES, Inês Virgínia Prado. *Impacto das decisões da Corte Interamericana de Direitos Humanos na jurisprudência do STF*. 2. ed. rev. e ampl. Salvador: JusPodivm, 2020, p. 549.

[77] Corte IDH, *Caso Gomes Lund e Outros ("Guerrilha do Araguaia") vs. Brasil*, sentença 24 de novembro de 2020, Série C, nº 219.

do é crime de natureza permanente até quando se determine o destino do indivíduo e os fatos sejam esclarecidos. Dessa forma, o Brasil foi condenado (*i*) a reparar os danos causados às vítimas e seus familiares, com a obrigação de oferecer-lhes tratamento médico e psicológico ou psiquiátrico, (*ii*) a reconhecer em ato público a sua responsabilidade internacional em relação aos fatos, (*iii*) a tipificar o delito de desaparecimento forçado de pessoas em conformidade com os parâmetros interamericanos, e (*iv*) enquanto cumpre com essa medida, adotar ações que garantam o efetivo julgamento e, se for o caso, punição em razão dos fatos constitutivos de desaparecimento forçado por meio dos mecanismos previstos no direito interno.

Quando a Corte IDH determinou que o Brasil deve "adotar todas aquelas ações que garantam o efetivo julgamento e, se for o caso, punição dos fatos constitutivos do desaparecimento", está a reconhecer que o delito de desaparecimento forçado não se subsume a qualquer conduta tipificada no Direito Penal brasileiro, mas os fatos constitutivos do desaparecimento, sim. Nesse sentido, entendeu que o Estado deve proceder à persecução penal, especialmente, em relação aos delitos de constrangimento ilegal e sequestro (art. 148 do CP), tortura (art. 1º da Lei 9.455/1997) e homicídio (art. 121 do Código Penal), devendo "conduzir eficazmente, perante a jurisdição ordinária, a investigação penal dos fatos do presente caso a fim de esclarecê-los, determinar as correspondentes responsabilidades penais e aplicar efetivamente as sanções e consequências que a lei preveja".[78] Ocorre que o Estado brasileiro tem se negado a cumprir a decisão da Corte IDH notadamente em relação à investigação dos fatos, violando o direito à verdade e à justiça, corolários da proteção judicial das vítimas, consoante entendimento da própria Corte IDH, perpetuando a agressão ao direito tutelado.[79]

O MPF, após a condenação internacional do Brasil no caso *Gomes Lund*, alterou radicalmente a sua anterior postura (então leniente e omissiva) para

---

[78] Idem, §§ 287 e 325 (item 9).

[79] *Verbis*: "O Tribunal considera, pois, que o Estado não investigou efetivamente os fatos que afetaram Maritza Urrutia e, consequentemente, não identificou a pessoa ou as pessoas responsáveis penalmente dos fatos antijurídicos, pelo que mantém a impunidade dos responsáveis. A respeito, a Corte entendeu que a impunidade é a falta, em conjunto, de investigação, persecução, captura, julgamento e condenação dos responsáveis das violações dos direitos protegidos pela Convenção Americana, e que o Estado tem a obrigação de combater tal situação por todos os meios legais disponíveis. A impunidade propicia a repetição crônica das violações de direitos humanos e a total indefensabilidade das vítimas e de seus familiares" (Corte IDH, *Caso Maritza vs. Guatemala*, Mérito, Reparações e Custas, sentença de 27 de novembro de 2003, Série C, nº 113, § 126).

criar uma força-tarefa em busca da responsabilização criminal dos agentes de Estado envolvidos em tais violações a direitos humanos. Tal culminou, primeiramente, com a denúncia de um oficial do Exército brasileiro na Ação Penal n° 0001162-79.2012.4.01.3901, proposta em Marabá-PA, que narra que o denunciado, atuando na "Guerrilha do Araguaia", em contexto de ataque generalizado e sistemático contra a população civil, promoveu, mediante sequestro, a privação – em caráter permanente – da liberdade de cinco vítimas no ano de 1974, infligindo a elas, em razão de maus-tratos e da natureza da detenção, grave sofrimento físico e moral, requerendo lhe fosse imputada a prática do crime previsto no art. 148, § 2° do Código Penal (sequestro e cárcere privado qualificado) por cinco vezes.[80]

A força-tarefa do MPF resultou no oferecimento de 40 denúncias distribuídas às Justiças Federais em Goiás, Pará, Rio de Janeiro, Santa Catarina, São Paulo e Tocantins. Nesses casos, o MPF controlou a convencionalidade para afastar a aplicabilidade do Código Penal no que tange à prescrição (arts. 107 e 109 do Código Penal) e reconhecer que os delitos de homicídio, estupro, sequestro, lesão corporal, tortura, ocultação de cadáver, falsidade ideológica, abuso de autoridade e quadrilha armada foram perpetrados sistematicamente por agentes do Estado brasileiro com vulneração a direitos humanos internacionalmente reconhecidos. De fato, os dispositivos do Código Penal brasileiro sobre prescrição são verdadeiros obstáculos para a investigação e punição das graves violações de direitos humanos. Por essa razão, nas cotas das denúncias o MPF ponderou que as condutas imputadas ao denunciados não estavam sujeitas às regras de extinção da punibilidade previstas nos incisos II (anistia) e IV (prescrição) do art. 107 do Código Penal, porque (*i*) foram comprovadamente cometidas no contexto de um ataque sistemático e generalizado contra a população civil brasileira, promovido com o objetivo de assegurar a manutenção do poder usurpado em 1964, por meio de violência, e porque (*ii*) nos termos da sentença da Corte IDH relativa caso *Gomes Lund* e de reiterada jurisprudência internacional em casos similares, sequestros, torturas, execuções sumárias, desaparecimentos forçados, ocultação de cadáveres e/ou outros atos delituosos cometidos por agentes de Estado no âmbito da repressão política constituem graves violações a direitos humanos, além do que (*iii*) em conformidade com o *jus cogens* as mesmas condutas já constituíam, na

---

[80] MPF, Procuradoria da República do Município de Marabá/PA. Denúncia de Sebastião Curió Rodrigues de Moura, Procuradores da República André Casagrande Raupp, Tiago Modesto Rabelo, Ivan Cláudio Marx, Andrey Borges e Mendonça, Sérgio Gardenghi Suiama, Ubiratan Cazetta, Felício Pontes Júnior. Marabá, 23.02.2012.

data de início dos fatos, crimes de lesa-humanidade, motivo pelo qual não estão protegidas por regras domésticas de anistia e prescrição.[81]

No entanto, a primeira ação penal deflagrada pelo MPF foi suspensa por decisão da 4ª Turma do Tribunal Regional Federal da 1ª Região, em sede de *Habeas Corpus*, fundamentada na decisão do STF referente à ADPF 153, que validou a Lei de Anistia brasileira (*v*. Capítulo 2, item 2.3.2.2). Entendeu o TRF-1 que o delito perpetrado pelo paciente era de natureza política e dizia respeito a um momento histórico próprio, de transição para a democracia, tendo sido praticado por agente do Estado contra os que lutavam contra o Estado de exceção, constituindo em "realidade histórico-social da migração da ditadura para a democracia política, da transição conciliada em 1979, que há de ser ponderada para que possamos discernir o significado da expressão crimes conexos da Lei 6.683/1979".[82] Na Ementa da decisão, lê-se, a propósito, que a "persecução penal, vista em face do julgamento do STF, carece de possibilidade jurídica e (assim não fora) de lastro de legalidade penal, dada a evidente prescrição da pretensão punitiva estatal diante do longo tempo decorrido, de então (1974) a esta parte, consubstanciando, por qualquer dos fundamentos, sobretudo pelo primeiro, evidente constrangimento ilegal ao paciente", bem assim que "[a] decisão da Corte Interamericana de Direitos Humanos, impondo ao Estado Brasileiro a realização, perante a sua jurisdição ordinária, de investigação penal dos fatos ocorridos na chamada Guerrilha do Araguaia, não interfere no direito de punir do Estado, nem na eficácia da decisão do STF sobre a matéria, na ADPF 153/DF".[83] Como se percebe com clareza, o tribunal regional fez completa tábula rasa da condenação internacional do Brasil, invertendo a lógica que deveria ser tomada para sobrepor as normas domésticas à decisão internacional condenatória, fundamentada em normas (supralegais, conforme o STF) da Convenção Americana sobre Direitos Humanos.

Dessa forma, verifica-se que o *Parquet* federal agiu acertadamente – já que o Brasil não pode alegar direito interno (prescrição, *bis in idem* etc.) para deixar de cumprir as sentenças da Corte IDH, à luz do seu aceite à competência contenciosa da Corte Interamericana (Decreto Legislativo nº 89/98, promulgado pelo Decreto nº 4.463/2002) e do que dispõe o art. 27 da Convenção de Viena sobre o Direito dos Tratados – e o Tribunal Regional Federal, de forma inconvencional, quebrou o encadeamento interinstitucional de controle de convencionalidade e inadvertidamente impediu o cumprimen-

---

[81] Idem, ibidem.
[82] TRF-1, *HC* 0068063-92.2012.4.01.0000-PA, 4ª Turma, rel. Des. Fed. Olindo Menezes, j. 18.11.2013, *e-DJF1* 06.12.2013.
[83] Idem.

to da condenação do Estado brasileiro, violando sobejamente as regras do direito internacional e fazendo configurar, mas uma vez, o estado de coisas inconvencional relativo aos crimes de lesa-humanidade perpetrados naquele período sombrio da história brasileira.

e) Caso Trabalhadores da Fazenda Brasil Verde (2016)

No caso *Trabalhadores da Fazenda Brasil Verde vs. Brasil*, apurou-se que, ao longo dos anos 80, a propriedade pecuária denominada "Fazenda Brasil Verde", situada no Estado do Pará, recebeu mais de uma centena de trabalhadores rurais, que, oriundos de diversas cidades do norte e do nordeste do País, foram atraídos por promessas de emprego e acabaram sendo submetidos a condições degradantes de trabalho, com jornadas exaustivas, além de serem impedidos de deixar a fazenda em razão de dívidas contraídas com os seus próprios empregadores.

Segundo o que restou demonstrado, tal prática era comum na fazenda, certo de que a partir de 1988 foram apresentados diversos relatos perante os órgãos de investigação competentes sobre as condições ilegais em que se encontravam os trabalhadores na propriedade. A par dessas informações, no ano de 1996 o Ministério Público do Trabalho visitou o local e constatou a existência das irregularidades noticiadas. No ano de 1997, dois trabalhadores que conseguiram escapar da fazenda prestaram declarações à Polícia Federal do Pará, confirmando a prática dos crimes. Diante desse cenário, o Ministério Público do Trabalho realizou nova fiscalização no local e apresentou denúncia criminal contra o indivíduo que havia contratado os trabalhadores, o gerente da fazenda e o proprietário das terras.

Embora apenas no ano 2000 tenham sido instauradas medidas penais referentes às violações de direitos humanos verificadas, nenhum responsável foi efetivamente punido e nenhuma das vítimas de trabalho escravo resgatadas foi indenizada. Ademais, na ação penal que buscava a responsabilização dos réus pela prática do crime previsto no art. 149 do Código Penal brasileiro (redução a condição análoga à de escravo) houve postulação, pelo MPF, da extinção da punibilidade dos agentes criminosos, por entender que, diante do lapso temporal transcorrido desde os fatos, os acusados não seriam condenados a uma pena que impedisse a incidência da prescrição em perspectiva, pedido que foi homologado pelo juízo federal competente em 26 de maio de 2008, ensejando o arquivamento da ação penal correspondente e a extinção da punibilidade dos acusados pelas práticas criminosas violadoras de direitos humanos.

A Corte IDH concluiu que a aplicação do instituto da prescrição penal naquele caso, ensejando o impedimento da responsabilização penal dos agentes criminosos, representou motivo de violação ao direito à proteção judicial, estabelecido no art. 25 da Convenção Americana, relativamente às disposições dos arts. 1º(1) e 2º da mesma Convenção, tendo em vista que se tratou de elemento decisivo para manter a impunidade dos fatos. Dessa maneira, não obstante os demais efeitos inerentes à sentença proferida, a Corte IDH determinou que o Estado brasileiro adotasse "as medidas necessárias para garantir que a prescrição não seja aplicada ao delito de Direito Internacional de escravidão e suas formas análogas".[84]

Denota-se, portanto, que a responsabilização internacional imposta ao Brasil nesse caso se deveu, especialmente, à atuação inconvencional do Ministério Público Federal na ação penal correspondente, ao postular perante o juízo competente que declarasse a extinção da punibilidade dos agentes responsáveis pelos atos de violação aos direitos humanos das vítimas do crime de submissão a condição análoga à de escravo. É importante acrescentar que o pedido de reconhecimento de prescrição antecipada é medida sequer prevista pela legislação penal interna e, portanto, a sua postulação se mostrou, inclusive, legalmente incabível no caso analisado, situação que se agrava sobremaneira diante do quadro de grave violação a direitos humanos aqui considerado.

À luz da jurisprudência da Corte IDH, a apuração criminal dos casos de violação a direitos humanos em prazo razoável – livre de delongas processuais não justificáveis, sejam decorrentes da atividade dos órgãos integrantes do sistema de justiça, sejam derivadas das vicissitudes do sistema processual interno – é medida impositiva aos Estados, dado que o reconhecimento da prescrição como elemento impeditivo ao desenvolvimento da persecução penal representa sintoma de inconvencionalidade na atuação estatal, por violação às obrigações positivas do Estado em matéria penal. Dessa maneira, ao invés de postular ao juízo a extinção antecipada da punibilidade dos acusados, deveria o órgão ministerial ter avaliado no caso concreto a adoção de medidas de controle convencional destinados à correção da demora na tramitação da ação penal.

Questão amplamente debatida pela Corte IDH no caso em estudo foi a relativa à imprescritibilidade do crime de redução à condição análoga à de escravo, previsto no art. 149 do Código Penal brasileiro, segundo o qual configura ilícito penal "[r]eduzir alguém a condição análoga à de escravo, quer submetendo-o a trabalhos forçados ou a jornada exaustiva, quer sujeitando-o

---

[84] Corte IDH, *Caso Trabalhadores da Fazenda Brasil Verde vs. Brasil*, Exceções Preliminares, Mérito, Reparações e Custas, sentença de 20 de outubro de 2016, Série C, nº 318, § 508 (item 11).

a condições degradantes de trabalho, quer restringindo, por qualquer meio, sua locomoção em razão de dívida contraída com o empregador ou preposto". A pena prevista para o ilícito é de reclusão, de dois a oito anos, e multa, além da pena correspondente à violência. Nos termos do § 1º do mesmo art. 149, nas mesmas penas incorre quem "cerceia o uso de qualquer meio de transporte por parte do trabalhador, com o fim de retê-lo no local de trabalho" (inc. I) ou "mantém vigilância ostensiva no local de trabalho ou se apodera de documentos ou objetos pessoais do trabalhador, com o fim de retê-lo no local de trabalho" (inc. II). Por fim, conforme o § 2º do mesmo dispositivo, "[a] pena é aumentada de metade, se o crime é cometido contra criança ou adolescente" (inc. I) ou "por motivo de preconceito de raça, cor, etnia, religião ou origem" (inc. II).

De acordo com a legislação penal brasileira, o prazo prescricional da pretensão punitiva, antes do trânsito em julgado da sentença final, se regula pelo máximo da pena privativa de liberdade cominada *in abstrato* ao delito (CP, art. 109, *caput*).[85] Dessa maneira, nos termos da lei penal vigente, o crime de redução a condição análoga à de escravo prescreveria em 12 ou 16 anos (CP, art. 109, II e III) a depender da incidência, ou não, de alguma das causas de aumento fixadas no tipo incriminador.

Apesar da clareza da legislação penal pátria, deve-se reconhecer a sua completa invalidade em face do sistema interamericano de direitos humanos e da jurisprudência da Corte IDH firmada no julgamento do caso *Trabalhadores da Fazenda Brasil Verde vs. Brasil*, dado o reconhecimento, pelo tribunal internacional, da imprescritibilidade (a título de *jus cogens*) do delito previsto no art. 149 do Código Penal brasileiro, nos seguintes termos:

> Além disso, a Corte constatou o caráter imprescritível do delito de escravidão e de suas formas análogas no Direito Internacional, como consequência de seu caráter de delitos de Direito Internacional, cuja proibição alcançou o status de *jus cogens* (par. 249 supra). Ademais, a Corte recorda que, de acordo com sua jurisprudência constante, os delitos que representem graves violações de direitos humanos não podem ser objeto de prescrição. Consequentemente, o Brasil não pode aplicar a prescrição a este caso e a outros similares.[86]

---

[85] Verbis: "A prescrição, antes de transitar em julgado a sentença final, salvo o disposto no § 1º do art. 110 deste Código, regula-se pelo máximo da pena privativa de liberdade cominada ao crime (...)".

[86] Corte IDH, *Caso Trabalhadores da Fazenda Brasil Verde vs. Brasil*, Exceções Preliminares, Mérito, Reparações e Custas, sentença de 20 de outubro de 2016, Série C, nº 318, § 454.

Representa, portanto, obrigação do Ministério Público a realização do controle de convencionalidade das normas internas sobre prescrição relativamente ao crime de redução a condição análoga à de escravo. Como consequência, deve a instituição ministerial exigir a efetiva investigação de tais delitos e realizar a consequente deflagração da ação penal necessária à responsabilização dos agentes criminosos incursos nesse delito, independentemente do eventual transcurso do correspondente prazo prescricional. Atuando dessa maneira, o Ministério Público efetua o controle de convencionalidade na propositura da ação penal pública com completa autonomia relativamente aos núcleos de controle de convencionalidade instalados no âmbito do Poder Judiciário.

Caso o Poder Judiciário decida absolver sumariamente o réu com fundamento na prescrição do crime de redução a condição análoga à de escravo, obedecendo às regras de direito penal e processual penal internas, está deixando de realizar o devido controle de convencionalidade no caso concreto. Perceba-se, a propósito, que mesmo após a condenação do Brasil pela Corte IDH ainda há casos em que o sistema de justiça brasileiro reconhece a prescrição do crime de redução a condição análoga à de escravo, ordenando o arquivamento da persecução penal.[87] No entanto, não se pode deixar de reconhecer que, atuando segundo a jurisprudência da Corte IDH, o membro ministerial que promoveu a ação penal pública, afastando na hipótese a incidência das regras prescricionais dispostas no art. 109 do Código Penal, efetivamente *realizou* o controle de convencionalidade e, como consequência, deflagrou, no âmbito de suas atribuições e segundo os critérios processuais correspondentes, a resposta esperada do Estado pelo sistema interamericano de proteção de direitos humanos, num caso patente de violação de direitos humanos que a jurisprudência internacional considera imprescritível. Por oportuno, importa ainda consignar que, independentemente da incidência da jurisprudência da Corte IDH, a prática do crime de redução a condição análoga à de escravo motivada por preconceito de raça, cor, etnia, religião ou origem (CP, art. 149, § 2º, II) é ilícito imprescritível por força do próprio direito nacional, tendo em vista que, configurando tais hipóteses atitudes de racismo, se afiguram compreendidas pelo art. 5º, XLII, da Constituição Federal, segundo o qual "a prática do racismo constitui crime inafiançável e imprescritível, sujeito à pena de reclusão, nos termos da lei".

---

[87] V. TRF-1, Apelação Criminal nº 0003475-97.2013.4.01.3603, 4ª Turma, rel. conv. Juiz Federal Roberto Carlos de Oliveira, j. 02.12.2019, e-*DJF1* 16.12.2019; e TRF-1, Apelação Criminal nº 0005926-53.2008.4.01.3900, 3ª Turma, rel. Juiz Federal José Alexandre Franco, j. 04.09.2018, e-*DJF1* 14.09.2018.

Com o propósito de conferir cumprimento à sentença da Corte IDH, a Procuradoria-Geral da República designou força-tarefa[88] para a reconstrução do caso por meio da instauração de procedimento investigatório criminal,[89] alcançando como resultado a promoção de ação penal pública para o esclarecimento dos fatos e a responsabilização criminal dos agentes violadores de direitos humanos dos trabalhadores da "Fazenda Brasil Verde".[90] Ressalte-se que o caráter imprescritível do crime de redução a condição análoga à de escravo foi objeto de reconhecimento pelo Tribunal Regional Federal da 1ª Região, por oportunidade do julgamento de *habeas corpus* impetrado por um dos acusados da prática criminosa descrita no art. 149 do Código Penal, que pretendia o trancamento do procedimento investigatório criminal instaurado pelo MPF para o cumprimento da sentença respectiva da Corte IDH.

Por oportunidade do julgamento do *habeas corpus*, o TRF-1, acolhendo a manifestação do MPF, realizou perfeito controle de convencionalidade das normas internas à vista do disposto na Convenção Americana, da Convenção 105 da OIT (Convenção Concernente à Abolição do Trabalho Forçado), da Convenção sobre a Escravatura (1926), da Convenção Suplementar sobre a Abolição da Escravatura (1956) e da jurisprudência da Corte IDH sobre a matéria, concluindo pela prevalência das normas de direito internacional sobre direitos humanos em face das normas internas de direito penal e, por conseguinte, deixando de reconhecer a prescrição penal para a investigação dos fatos que ensejaram a condenação internacional do Brasil. Na decisão se lê, corretamente, que "[n]os casos de escravidão, a prescrição da ação penal é inadmissível e inaplicável, pois esta não se aplica quando se trata de violações muito graves aos direitos humanos, nos termos do Direito Internacional", bem assim porque "[a] jurisprudência constante e uniforme da Corte Internacional de Justiça e da CIDH, como indicado pelo MPF, assim o estabeleceu".[91]

f) Caso Favela Nova Brasília (2017)

O caso *Favela Nova Brasília vs. Brasil*, julgado pela Corte IDH em 16 de fevereiro de 2017, concerne ao cometimento de falhas na persecução penal e à demora do Estado brasileiro em realizar a adequada investigação e a efe-

---

[88] MPF, Procuradoria-Geral da República, *Portaria nº 1.326*, de 12.12.2017.
[89] MPF, Procuradoria da República do Município de Redenção/PA, Procedimento Investigatório Criminal nº 1.23.005.000177/2017-62.
[90] JF, Subseção Judiciária de Redenção/PA, 1ª Vara Federal, Ação Penal Pública nº 0001923-54.2019.4.01.3905.
[91] TRF-1, *Habeas Corpus* nº 1023279-03.2018.4.01.0000, 4ª Turma, rel. conv. Juiz Federal Saulo Casali Bahia, j. 11.12.2018.

tiva punição dos responsáveis pela prática de execuções extrajudiciais de 26 pessoas por oportunidade de duas incursões policiais realizadas nos anos de 1994 e 1995 pela Polícia Civil do Estado do Rio de Janeiro na "Favela Nova Brasília". Referidas mortes foram justificadas pelos agentes policiais mediante a apresentação de "atas de resistência à prisão". Naquela oportunidade 3 mulheres, sendo 2 menores de idade, foram também vítimas de atos de tortura e de violência sexual, igualmente praticados pelos agentes policiais.

Alegaram os demandantes que (*i*) as investigações policiais realizadas sobre os crimes foram incompletas e direcionadas à estigmatização criminosa das vítimas executadas, e (*ii*) não propriamente comprometidas com a apuração da legitimidade do emprego da força policial. Ademais, os crimes de violência sexual noticiados pelas vítimas sequer foram objeto de investigação em face dos agentes de segurança pública. Ademais, segundo o apurado as violações criminosas ocorridas no ano de 1994 foram objeto de inquérito policial arquivado no ano de 2009 por prescrição dos crimes de abuso de autoridade, agressões e tortura, sem referência a investigações quanto aos crimes de homicídio. No ano de 2013, o Ministério Público do Rio de Janeiro, a partir do engajamento do Grupo de Atuação Especial de Repressão ao Crime Organizado – GAECO, promoveu o ajuizamento de ação penal pública em face dos agentes policiais acusados de envolvimento naquelas execuções extrajudiciais.

As violações criminosas ocorridas no ano de 1995 foram objeto de inquérito policial arquivado no ano de 2009, sem o esclarecimento dos fatos, ante a conclusão policial de que o que foi coligido aos autos "remete à ocorrência de um confronto armado que, em consequência da complexidade inerente a uma 'guerra', culminou com mortes e pessoas feridas". Por reconhecer falhas nas investigações policiais realizadas, o Ministério Público iniciou nova investigação criminal sobre os fatos no ano de 2012, oportunidade em que o Tribunal de Justiça do Rio de Janeiro determinou o arquivamento do procedimento de apuração, entendendo que os investigados estavam sofrendo "tortura psicológica" em virtude da "perpetuação investigatória" por longo período de tempo.

À vista do cenário relatado, a Corte IDH condenou o Estado brasileiro por violação do artigos 8º(1) (garantias judiciais) e art. 25(1) (dever de proteção judicial) da Convenção Americana sobre Direitos Humanos, em face do art. 1º(1) (dever de respeitar os direitos) do mesmo instrumento internacional, bem como por violação ao art. 5º(1) (direito à integridade pessoal) do Pacto de San José. Restou reconhecido, ainda, que o Brasil desrespeitou os arts. 1º, 6º e 8º da Convenção Interamericana para Prevenir e Punir a Tortura, além do art. 7º da Convenção Interamericana para Prevenir, Punir e Erradicar a

Violência contra a Mulher (Convenção de Belém do Pará). Ainda, a Corte IDH determinou que o Brasil conduzisse eficazmente a investigação sobre os fatos relacionados às mortes ocorridas, devendo o Procurador-Geral da República avaliar se os fatos violadores de direitos humanos examinados no caso deveriam ser objeto de pedido de incidente de deslocamento de competência, de modo a garantir a realização da obrigação positiva do Estado na seara penal, além do dever do Estado de iniciar investigação eficaz relativamente aos atos de violência sexual noticiados.[92]

Considerando-se, no entanto, que os crimes cometidos por agentes policiais costumam ser investigados pela própria polícia, importa destacar que a Corte IDH se deteve em avaliar a seriedade do papel do Ministério Público em garantir investigações criminais isentas em face de graves violação criminosas a direitos humanos praticadas por integrantes de forças de segurança pública. No caso, a Corte IDH fixou o prazo de 1 ano para que o Brasil estabelecesse mecanismos normativos para o fim de – nas hipóteses de mortes, tortura ou violência sexual decorrentes de intervenção policial, em que preliminarmente policiais venham a aparecer na condição de possíveis acusados – a investigação criminal ser, desde a sua *notitia criminis*, realizada por órgão independente e diferente da força pública envolvida no incidente, como, *v.g.*, uma autoridade judicial ou o Ministério Público, assistido por pessoal policial, criminalístico e administrativo alheio ao órgão de segurança a que pertença o suposto acusado.

A Corte IDH, especialmente para aqueles casos de graves violações criminosas a direitos humanos praticados por agentes integrantes de forças de segurança, planificou a adoção de um novo desenho à atribuição ministerial de controle externo da atividade policial, nos seguintes termos:

> [...] embora a Resolução nº 129 do CNMP determine as medidas a ser[em] adotadas pelo Ministério Público em casos de morte decorrente de intervenção policial, considerando que a violência policial é normalmente investigada pela própria polícia, a Corte considera necessário que o controle externo do Ministério Público em casos de violência policial se projete além da prática de supervisão à distância das investigações realizadas por delegados da própria polícia. Nesse sentido, é fundamental que em hipóteses de supostas mortes, tortura ou violência sexual decorrentes de intervenção policial em que *prima facie* policiais apareçam como possíveis acusados, o Estado tome as medidas normativas necessárias para que desde a *notitia criminis* se delegue a investigação a um órgão indepen-

---

[92] Corte IDH, *Caso Favela Nova Brasília vs. Brasil*, Exceções Preliminares, Mérito, Reparações e Custas, sentença de 16 de fevereiro de 2017, Série C, nº 333.

dente e diferente da força policial envolvida no incidente, tais como uma autoridade judicial ou o Ministério Público, assistido por pessoal policial, técnico criminalístico e administrativo alheio ao órgão de segurança a que pertençam os possíveis acusados, ou o possível acusado.[93]

Denota-se, portanto, que a decisão internacional em causa impôs ao Ministério Público brasileiro uma atuação especialmente ativa no que se refere à apuração de crimes gravemente violadores de direitos humanos, quando praticados por agentes integrantes de quaisquer das forças de segurança pública. Nesses casos, as investigações devem ser preferencialmente conduzidas por membros do Ministério Público, no âmbito de procedimentos de investigação criminal. Por outro lado, mesmo nas hipóteses em que não venha a ocorrer a instauração de procedimento investigatório próprio do Ministério Público, deve o órgão ministerial com atribuições para o caso velar para que as correspondentes investigações se desenvolvam perante órgão independente e distinto da força pública envolvida nos fatos sob investigação.

g) Caso Herzog e Outros (2018)

O jornalista Vladimir Herzog – então diretor do departamento de telejornalismo da TV Cultura e membro do Partido Comunista Brasileiro – foi detido arbitrariamente, torturado e assassinado por agentes do Estado brasileiro, em 25 de outubro de 1975, durante a Operação Radar, deflagrada pelo Centro de Informação do Exército brasileiro (CEI) em conjunto com o DOI-CODI do II Exército. A investigação procedida no inquérito policial militar (IPM 1173-75) concluiu ter sido "suicídio" a *causa mortis* do jornalista, ensejando o conseguinte arquivamento do procedimento investigatório. Todavia, a família da vítima, mediante a propositura de ação declaratória em face da União, comprovou fraude nas investigações, culminando com a prolação de sentença (transitando em julgado em 27 de novembro de 1995) que declarou que a vítima havia falecido em razão do sofrimento de tortura após a sua detenção arbitrária. Demais disso, por meio da Lei nº 6.683/79 (Lei de Anistia) concedeu-se "anistia a todos quantos, no período compreendido entre 02 de setembro de 1961 e 15 de agosto de 1979, cometeram crimes políticos ou conexo com estes, crimes eleitorais, aos que tiveram seus direitos políticos suspensos e aos servidores da Administração Direta e Indireta, de fundações vinculadas ao poder público, aos Servidores dos Poderes Legislativo e Judiciário, aos Militares e aos dirigentes e representantes sindicais, punidos com fundamento em Atos Institucionais e Complementares" (art. 1º, *caput*). Assim,

---

[93] Idem, § 319.

o Estado brasileiro tornou juridicamente impossível, no plano doméstico, a investigação dos fatos ocorridos e a punição dos responsáveis pelo crime. Essa situação de impunidade, que não permitiu descortinar, durante longo período de tempo, o que efetivamente ocorreu com o jornalista Vladimir Herzog nas dependências do DOI-CODI em São Paulo, fez levar a análise do caso ao sistema interamericano de direitos humanos, por meio de denúncia contra o Brasil na Comissão IDH (em 10 de julho de 2009). Após análise da Comissão, o caso foi submetido à Corte IDH em 22 de abril de 2016, com o requerimento de que fosse o Estado brasileiro condenado pela impunidade das violações a direitos humanos representadas pela detenção arbitrária, tortura e morte de Valdimir Herzog, especialmente motivada pela edição da Lei de Anistia. Após o devido processo perante a Corte IDH, com audiência pública, *amici curiae* e alegações da Comissão IDH e do Estado, o Brasil foi condenado pelas violações dos arts. 1º, 2º, 5º, 8º e 25 da Convenção Americana sobre Direitos Humanos e arts. 1º, 6º e 8º da Convenção Interamericana para Prevenir e Punir a Tortura de 1985 (ratificada pelo Brasil em 20.07.1989).[94]

A questão de fundo sobre a condenação do Brasil nesse caso está ligada a vários fatos anteriores – advindos de má conduta dos órgãos do Estado, como o MPF – que impediram fosse esclarecida a verdade sobre o assassinato de Vladimir Herzog. Denota-se que quando o MPF foi provocado a investigar os autores dos crimes praticados contra os opositores do regime militar – à luz do novo marco estabelecido pela Comissão Especial de Mortos e Desaparecidos Políticos, criada pela Lei nº 9.140/1995 –, reconheceu o assassinato de Vladimir Herzog como um caso de crime contra a humanidade e, por isso, pugnou pelo afastamento da aplicação da Lei de Anistia, sob o entendimento de se tratar de crime político impróprio não contemplado pelo benefício. Todavia, o mesmo órgão ministerial, com base na alegação de incidência de coisa julgada material da decisão de *habeas corpus* (que, no ano de 1993, determinou o encerramento da investigação com fundamento na Lei de Anistia), requereu o arquivamento da investigação – Inquérito Policial nº 2008.61.81.013434-2, que tramitou na Justiça Estadual de São Paulo[95] – e o reconhecimento da prescrição da pretensão punitiva aos investigados, asseve-

---

[94] Corte IDH, *Caso Herzog e Outros vs. Brasil*, Exceções Preliminares, Mérito, Reparações e Custas, sentença de 15 de março de 2018, Série C, nº 353.

[95] O arquivamento do IP 487/92 (Justiça Estadual de São Paulo) foi determinado em sede de *habeas corpus*, tendo o investigado alegado que os fatos haviam sido analisados pelo inquérito militar arquivado e que a Lei de Anistia impedia a mesma investigação, decisão confirmada pelo STJ em 18 de agosto de 1993 (Processo nº 2008.61.81.013434-2, fls. 1.232-1.242, no REsp. 33.782-7/SP, de 18.08.1993).

rando que a Convenção Americana sobre Direitos Humanos não estabelecia qualquer hipótese de imprescritibilidade penal.

O MPF, com isso, deixou de compatibilizar a legislação doméstica com as obrigações assumidas pelo Brasil na seara internacional, admitindo a prescrição para delitos de lesa-humanidade de modo contrário aos precedentes da Corte IDH. Importa ressaltar que esse tribunal, desde o julgamento do caso *Almonacid Arellano e Outros vs. Chile* (2006), já sentenciava que "[e]sta proibição de cometer crimes de lesa humanidade é uma norma de *jus cogens* e a penalização destes crimes é obrigatória conforme o Direito Internacional geral".[96] Ao julgar o caso *Almonacid Arellano*, a Corte IDH se utilizou da mesma interpretação da Corte Internacional de Justiça, no sentido de que a proibição de determinados atos, como, *v.g.*, a tortura, tem caráter de *jus cogens*, o que significa que essa proibição é aceita e reconhecida pela sociedade internacional como norma que não admite derrogação, podendo ser alterada apenas por outra norma imperativa de direito internacional geral da mesma natureza, nos termos do art. 53 da Convenção de Viena sobre o Direitos dos Tratados.[97] Ademais, entende-se que a prática de tais condutas de forma sistemática e generalizada configura crime contra a humanidade e independe de que seja tipificada no direito interno dos Estados. Portanto, de modo contrário às obrigações internacionais, o MPF deixou de utilizar a norma internacional que mais protege a vida digna para aceitar a aplicação de legislação interna que pune de modo insuficiente a violação à dignidade humana e que impõe obstáculos para a punição dos crimes de lesa humanidade.

Importante sublinhar que o Ministério Público falha na defesa da ordem jurídica, do regime democrático e dos interesses sociais e individuais indisponíveis quando deixa de tutelar os direitos humanos e fundamentais por meio da correspondente ação penal pública, uma vez que é a instituição que detém legitimidade constitucional para deflagrar tal medida na defesa dos direitos violados, certo de que sua inércia caracteriza a responsabilidade do Estado brasileiro por inobservância aos comandos dos arts. 1º e 25 da Convenção Americana sobre Direitos Humanos. Como se não bastasse, o pedido de arquivamento do *Parquet*, pautado na coisa julgada material e na prescrição

---

[96] Corte IDH, *Caso Almonacid Arellano e Outros vs. Chile*, sentença de 26 de setembro de 2006, Série C, nº 154, § 99.

[97] *Verbis*: "É nulo um tratado que, no momento de sua conclusão, conflite com uma norma imperativa de Direito Internacional geral. Para os fins da presente Convenção, uma norma imperativa de Direito Internacional geral é uma norma aceita e reconhecida pela comunidade internacional dos Estados como um todo, como norma da qual nenhuma derrogação é permitida e que só pode ser modificada por norma ulterior de Direito Internacional geral da mesma natureza".

dos delitos contra a humanidade, foi acolhido pelo Poder Judiciário, que também errou em não proceder a remessa dos autos de investigação para o órgão superior do Ministério Público, nos termos da redação então vigente (hoje alterada) do art. 28 do CPP,[98] tendo em vista a patente inconvencionalidade do pedido ministerial. Frise-se, ainda, que acrescentou o juízo *a quo* que o delito não versava situação de crime contra a humanidade, não observando os citados precedentes da Corte IDH, especialmente a condenação do Brasil no caso *Gomes Lund e Outros*, com a assertiva de que os fatos investigados não haviam sido tipificados como tais no momento em que ocorreram.

No julgamento do caso *Herzog*, a Corte IDH reconheceu "a improcedência da prescrição em casos de tortura, assassinatos cometidos num contexto de violações massivas e sistemáticas de direitos humanos e desaparecimento forçados, de forma constante e reiterada, pois essas condutas violam direitos e obrigações inderrogáveis reconhecidos pelo Direito Internacional dos Direitos Humanos".[99] Ademais, o § 231 da sentença reafirma a jurisprudência da própria Corte, que vincula a interpretação dos Estados-partes, ao entender que:

> Mesmo quando determinadas condutas consideradas crimes contra a humanidade não estejam tipificadas formalmente no ordenamento jurídico interno, ou que, inclusive sejam legais na legislação doméstica, isso não exime de responsabilidade a pessoa que cometeu o ato, de acordo com as leis internacionais. Ou seja, a inexistência de normas de direito interno que estabeleçam e punam os crimes internacionais não exime, em nenhum caso, seus autores de responsabilidade internacional e o Estado de punir esse crime.[100]

Em suma, o episódio deixa evidente que os órgãos do sistema de justiça – seja o Ministério Público ou o Poder Judiciário – que deixam de aplicar as convenções de direitos humanos e a jurisprudência da Corte IDH, quando defronte de violações a esses direitos, acabam por fazer com que se perpetuem os estados de violação em causa, uma vez que obstaculizam

---

[98] Na redação original, vigente à época dos fatos, o art. 28 do CPP dispunha: "Se o órgão do Ministério Público, ao invés de apresentar a denúncia, requerer o arquivamento do inquérito policial ou de quaisquer peças de informação, *o juiz, no caso de considerar improcedentes as razões invocadas, fará remessa do inquérito ou peças de informação ao procurador-geral*, e este oferecerá a denúncia, designará outro órgão do Ministério Público para oferecê-la, ou insistirá no pedido de arquivamento, ao qual só então estará o juiz obrigado a atender".

[99] Corte IDH, *Caso Herzog e Outros vs. Brasil*, Exceções Preliminares, Mérito, Reparações e Custas, sentença de 15 de março de 2018, Série C, nº 353, § 265.

[100] Idem, § 231.

a repreensão e a punição dos agentes agressores, tornando-se coniventes com os atentados que maculam todo o corpo social. O sistema brasileiro de justiça criminal e, no caso, o Ministério Público, há de cumprir a sua obrigação de tutela da ordem jurídica e dos interesses indisponíveis, para, com fulcro no princípio *pro homine* ou *pro persona*, garantir que as violações aos direitos humanos e fundamentais sejam investigadas, punidas, repreendidas e indenizadas.

h) Caso Fábrica de Fogos de Santo Antônio de Jesus (2020)

O caso em apreço diz respeito à explosão de uma fábrica de fogos de artifício em Santo Antônio de Jesus, Estado da Bahia, que operava irregularmente e ceifou a vida de 64 mulheres, dentre elas 20 crianças, ferindo ainda 6 trabalhadoras, todas em situação de vulnerabilidade econômica e social e na sua amplíssima maioria afrodescendentes, em 11 de dezembro de 1998. Passados mais de vinte anos, o Estado brasileiro não havia dado resposta adequada e efetiva a esses graves crimes, seja na esfera cível, trabalhista ou no âmbito criminal. Em razão dessas graves violações a direitos humanos, o Brasil foi condenado pela Corte IDH em 15 de julho de 2020, tendo a sentença respectiva sido publicada em 26 de outubro de 2020.[101]

Nessa nova condenação do Brasil, os motivos que a ensejaram quanto ao tema da persecução penal são exatamente os mesmos que se repetem desde a sua primeira condenação, no ano de 2006, por oportunidade do julgamento do *Caso Ximenes Lopes*: impunidade dos agentes violadores de direitos humanos e desemparo às vítimas.[102]

Mais uma vez, o caso da fábrica de fogos do interior baiano revela a falta de diligência do Estado brasileiro em processos criminais e a não persecução, prisão, julgamento e punição dos responsáveis pela prática criminosa que tirou a vida de dezenas de pessoas naquela localidade.

É emblemático o § 220 da sentença, no qual a Corte IDH chama o Estado brasileiro à sua responsabilidade de processar e punir os que perpetraram crimes contra aquelas vítimas, assim estabelecendo:

> A Corte já se manifestou, fazendo referência à devida diligência em processos penais, no sentido de que a investigação deve ser realizada por

---

[101] Corte IDH, *Caso Empregados da Fábrica de Fogos de Santo Antônio de Jesus e Seus Familiares vs. Brasil*, Exceções Preliminares, Mérito, Reparações e Custas, sentença de 15 de julho de 2020, Série C, nº 407.

[102] Corte IDH, *Caso Ximenes Lopes vs. Brasil*, sentença de 4 de julho de 2006, Mérito, Reparações e Custas, Série C, nº 149.

todos os meios legais disponíveis e *buscar a determinação da verdade e a persecução, captura, julgamento e eventual punição de todos os responsáveis intelectuais e materiais pelos fatos*. Igualmente, que a *impunidade deve ser erradicada* mediante a determinação das responsabilidades tanto gerais do Estado, como individuais – penais e de outra natureza – de seus agentes ou de particulares, e que, para cumprir essa obrigação, o Estado deve remover todos os obstáculos, *de facto* e *de jure*, que mantenham a impunidade (grifos nossos).[103]

Essa decisão, assim como as anteriores, guarda caráter vinculante para *todos* os órgãos do sistema de justiça nacional, tendo em vista que o Brasil, no livre e pleno exercício de sua soberania, voluntariamente, admitiu a obrigatoriedade, por prazo indeterminado, da competência do tribunal interamericano para a aplicação e interpretação da Convenção Americana.

Ademais, a natureza vinculante da jurisprudência da Corte IDH indica o efeito estruturante que se pretende seja alcançado pelos seus julgados em face do funcionamento dos órgãos jurídicos internos de cada qual dos Estados-partes. Dessa maneira, pode-se afirmar que a Corte IDH julga "mais" que os casos específicos que lhe são apresentados, tendo em vista que em cada sentença proferida a Corte acaba por avaliar o "adequado funcionamento" do sistema de justiça do Estado condenado e sua (in)aptidão para a defesa e a proteção dos direitos humanos no País.

O cenário de reincidência do Brasil em condenações internacionais pelo mesmo motivo, em síntese, representado por deficiências crônicas na realização de persecução penal efetiva e eficiente contra agentes violadores a direitos humanos de terceiros, bem revela que o nosso sistema de justiça criminal ainda não logrou incorporar e compreender o conteúdo e significado da ampla eficácia dos direitos humanos e fundamentais no Brasil, a demandar respostas estatais que – especialmente pautadas na proteção objetiva daqueles direitos e na consideração da dignidade humana dos sujeitos ofendidos pelas violações – sejam capazes de evitar esse tipo de impunidade.

Nesse sentido, a Corte IDH tem reiteradamente ressaltado que, ao lado dos direitos de defesa, também devem ser observadas as obrigações estatais de proteção dos direitos humanos violados, com o propósito de impedir casos de impunidade que se retroalimentam e potencializam o ciclo de violações e de desamparo das vítimas dessas violações.

---

[103] Corte IDH, *Caso Empregados da Fábrica de Fogos de Santo Antônio de Jesus e Seus Familiares vs. Brasil*, sentença de 15 de julho de 2020, Exceções Preliminares, Mérito, Reparações e Custas, Série C, nº 407, § 220.

Ilustrando essa verdade, a decisão da Corte IDH, nessa última condenação imposta ao Brasil, releva que, sem prejuízo dos direitos de réus e de investigados, o cumprimento das obrigações positivas do Estado em matéria penal implica a realização eficaz de todas as medidas jurídicas de investigação possíveis, em um tempo razoável, para a identificação e a punição de todos os responsáveis por atos de violações ilícitas a direitos humanos, sejam eles particulares ou agentes do próprio Estado.

Note-se, portanto, que a duração razoável do processo é providência de ordem convencional que deve ser objeto de atendimento pela totalidade dos órgãos integrantes do sistema de justiça criminal, de especial cumprimento e fiscalização por todos os núcleos ministeriais de controle de convencionalidade atuantes na persecução penal, especialmente em favor da proteção objetiva dos direitos humanos e fundamentais e do respeito à dignidade humana das vítimas e de seus familiares.

A sentença proferida pela Corte IDH no *Caso Empregados da Fábrica de Fogos de Santo Antônio de Jesus e Seus Familiares vs. Brasil* tem caráter normativo para o Estado brasileiro, vinculando o entendimento e a atuação de todos os órgãos componentes do sistema de justiça criminal brasileiro, tendo em vista que integra e atualiza a nossa ordem jurídica. Nesse sentido, sua observância é obrigatória e não pode restar na dependência de fatores ou normas processuais restritivos de seu cumprimento e de sua aplicabilidade.

Em suma, deve o mais recente julgado da Corte IDH ser recebido pela comunidade jurídica nacional como elemento de reforço ao dever de proteção objetiva dos direitos humanos e de respeito às vítimas de violações, representando, por conseguinte, não objeto de frustração quanto ao cumprimento de condenações internacionais, mas sim ferramenta legítima de estruturação do sistema de justiça e norte seguro para a compreensão do amplo espectro de eficácia dos direitos humanos e fundamentais no Brasil.

i) Caso Barbosa de Souza e Outros (2021)

O *caso Barbosa de Souza e Outros vs. Brasil*, julgado pela Corte IDH em 7 de setembro de 2021, diz respeito ao homicídio da Sra. Márcia Barbosa de Souza, praticado pelo então Deputado Estadual da Paraíba Aércio Pereira de Lima, com a participação criminosa de outras quatro pessoas, na data de 17 de junho de 1998.

Neste caso, constatadas a deficiência da persecução penal conduzida pelo Estado e a impunidade dos agentes violadores da integridade pessoal da vítima, o Brasil foi condenado pela Corte IDH por violação a direitos e garantias judiciais, à igualdade perante a lei e à proteção judicial, estabelecidos nos arts. 8º(1), 24 e 25 da Convenção Americana, bem como por desatendimento à obrigação de atuar com o devido zelo para prevenir, investigar e punir a violência contra a mulheres, segundo o previsto no art. 7º(b) da Convenção Interamericana para Prevenir, Punir e Erradicar a Violência contra a Mulher.[104]

Esclarece-se que, por envolver agente político com prerrogativa de foro, o procedimento de investigação criminal relativamente ao membro do Poder Legislativo estadual foi remetido ao Procurador-Geral de Justiça do Estado da Paraíba, sendo que a apuração sobre as participações dos demais agentes criminosos no delito permaneceram a cargo do Delegado de Polícia com atribuições no local do crime.

Dessa maneira, no mês de outubro de 1998 o Ministério Público da Paraíba, por meio do seu Procurador-Geral de Justiça, ofereceu ação penal contra o então Deputado Estadual autor do homicídio. No entanto, em virtude da imunidade parlamentar usufruída pelo denunciado, o desenvolvimento do procedimento de persecução penal em juízo estava a depender de autorização da Assembleia Legislativa, que fora denegada naquele mesmo ano. Dessa maneira, a ação penal em face do referido agente político somente se iniciou no ano de 2003, ensejando a condenação do réu a uma pena de 16 anos de prisão pelo tribunal do júri, no ano de 2007. Ressalta-se, no entanto, que a pena fixada nunca foi cumprida, tendo em vista que o réu faleceu enquanto aguardava a tramitação de um recurso.

Em relação aos demais agentes criminosos sem foro por prerrogativa de função, as diligências de investigação do caso se desenvolveram no âmbito de um inquérito policial instaurado em 1998 e conduzido sob a presidência de um Delegado de Polícia, sob a supervisão legal de membro do Ministério Público.

Nesse contexto, verifica-se que, enquanto no procedimento de persecução penal do agente político, favorecido pela imunidade parlamentar, a Corte IDH apontou a inconvencionalidade da legislação interna como entrave à proteção judicial, no caso dos agentes criminosos investigados no âmbito do inquérito policial comum a Corte IDH apontou que o descompasso de convencionalidade se encontrava na deficiente atuação funcional da autoridade policial e, especialmente, do órgão do Ministério Público.

Inicialmente, apontou a Corte IDH que o referido inquérito policial restou paralisado durante um ano (1999) em virtude de consecutivas suscitações de impedimento por motivo de foro íntimo de três Promotores de Justiça. Evidentemente, devem os membros do Ministério Público atender com rigor as hipóteses de impedimento e de suspeição em todas as causas

---

[104] *Verbis:* "Os Estados Partes condenam todas as formas de violência contra a mulher e convêm em adotar, por todos os meios apropriados e sem demora, políticas destinadas a prevenir, punir e erradicar tal violência e a empenhar-se em: (...) *b)* agir com o devido zelo para prevenir, investigar e punir a violência contra a mulher".

em que atuem. Contudo, a resolução das questões afeitas àqueles temas deve se submeter ao dever convencional de simples e rápida proteção judicial, ao invés de exsurgir como causa impeditiva da realização desses propósitos.

Cumulativamente ao arrastado acerto da questão procedimental apontada, sucedeu-se na esfera daquele inquérito policial um inaceitável cenário de falta de devida investigação sobre os fatos. Denota-se que, visando alcançar o esclarecimento da verdade dos fatos, no mês de março de 2001 o órgão ministerial requisitou ao Delegado de Polícia a realização de importantes diligências, mas tais requisições simplesmente não foram cumpridas sob reiteradas alegações de acúmulo de trabalho por parte da autoridade policial.[105]

Ao cabo de dois anos de inércia investigativa, não obstante a requisição de importantes diligências deliberadamente não cumpridas pela autoridade policial, o membro do Ministério Público terminou por se posicionar pelo arquivamento do inquérito policial, sob o entendimento de insuficiência de provas para o manejo da ação penal pública.

Verifica-se que a sucessão de circunstâncias apontadas pela Corte IDH indicou a ocorrência de uma quase transmutação na conduta funcional do órgão do Ministério Público, que passou de justa, adequada e convencional – ao requisitar diligências necessárias ao esclarecimento da verdade – para uma atuação deficiente, desprotetiva e inconvencional, ao abandonar as providências que declarara necessárias para alcançar o esclarecimento da verdade, culminando com a promoção de arquivamento da investigação criminal.

---

[105] Veja-se: "Ao examinar o acervo probatório do presente caso, a Corte constata que, apesar de existirem indícios que apontavam na direção da possível participação de outras pessoas no homicídio de Márcia Barbosa de Souza, não foram realizadas uma série de diligências investigativas relevantes por parte da Polícia Civil da Paraíba (pars. 83 a 86 *supra*). Com efeito, o Promotor responsável pelo caso, fazendo uso de suas atribuições legais, solicitou em várias oportunidades ao Delegado de Polícia encarregado das investigações, o parecer de um perito médico forense para elucidar se a informação contida no exame cadavérico levaria a pensar que Marcia não teria morrido por estrangulamento, mas por asfixia provocada por uma overdose; ou listas de entradas e saídas de veículos na data do fato de vários motéis, incluindo o Motel Trevo; a declaração dos proprietários e gerentes do Motel Trevo, bem como do porteiro e de outros empregados que trabalharam na madrugada da morte de Márcia, e a realização de exames grafotécnicos nas notas encontradas nos bolsos e pertences de Márcia, que registravam os números de telefone utilizados por Aércio Pereira de Lima e outros para esclarecer se essas notas haviam sido escritas pela senhora Barbosa de Souza ou por um terceiro. O Delegado, em reiteradas oportunidades, não cumpriu o solicitado com a justificação de 'acúmulo de trabalho'" (Corte IDH, *Caso Barbosa de Souza e Outros vs. Brasil*, Exceções Preliminares, Mérito, Reparações e Custas, sentença de 7 de setembro de 2021, Série C, nº 435, § 132).

A reprovação da Corte IDH quanto à conduta do órgão do Ministério Público com atuação no caso se afigura expressamente clara na sentença, ao ressaltar que "após uma série de pedidos de diligências complementares por parte do Promotor responsável, este acabou aceitando a omissão do Delegado de Polícia Civil da Paraíba e requereu o arquivamento da investigação por ausência de provas, o que foi acatado pelo juiz competente".[106]

Ao indicar que o Promotor de Justiça não poderia aceitar a omissão do Delegado de Polícia, a Corte IDH, ao mesmo tempo em que censura a conduta verificada, também aponta para a grandeza do papel esperado pelo órgão do Ministério Público com atuação no processo penal, como guardião, desta vez, não apenas da ordem jurídica, mas da integridade e da efetividade do funcionamento de todo o sistema regional de proteção aos direitos humanos.

O contexto que se apresenta, conforme será oportunamente apontado (v. item 3.4.2, *infra*), revela situação clara de atuação inconvencional pelo órgão do Ministério Público, tendo em vista que, em prejuízo do esclarecimento da verdade dos fatos, falhou explicitamente no exercício do dever constitucional de controle externo da atividade policial estabelecido no art. 129, VII, da Constituição de 1988.[107] O correto atendimento do dever constitucional de zelar pelo acertado desempenho das atividades policiais – podando tanto ações quanto omissões ofensivas ao respeito e à proteção dos direitos humanos – consubstancia em face do Ministério Público a obrigação positiva em matéria penal de corrigir o estado de inércia duradoura da autoridade policial relativamente ao atendimento às requisições formuladas (sem prejuízo, ainda, do estudo quanto à adoção de medidas de tutela metaindividual destinadas a corrigir o estado de ineficiência estatal dos órgãos de persecução penal em virtude de desaparelhamento de pessoal ou de material das unidades policiais responsáveis pela apurações de outros ilícitos da mesma natureza).

Além da inércia do órgão ministerial em levar a efeito as diligências indispensáveis ao esclarecimento da verdade, o julgamento em questão também deixa patente que, à luz da premissa convencional do dever de esclarecimento da verdade, ao agente do Ministério Público somente é permitido promover o arquivamento de procedimento investigativo por insuficiência de provas – cujo objeto é a violação grave a direitos humanos – quando o juízo sobre a

---

[106] Corte IDH, *Caso Barbosa de Souza e Outros vs. Brasil*, Exceções Preliminares, Mérito, Reparações e Custas, sentença de 7 de setembro de 2021, Série C, nº 435, § 132.

[107] Verbis: "São funções institucionais do Ministério Público: (...) VII – exercer o controle externo da atividade policial, na forma da lei complementar mencionada no artigo anterior".

insuficiência probatória basear-se no completo exaurimento de providências adequadas de investigação, e não na carência de sua produção investigativa.

Noutro ponto, o presente julgamento ressaltou que o advogado de defesa do ex-Deputado Estadual Aércio Pereira de Lima apresentou durante o processo penal em curso no tribunal do júri mais de 150 (cento e cinquenta) páginas de material jornalístico com o propósito de vincular a imagem da vítima a práticas de prostituição, uso de substâncias entorpecentes e suicídio, suscitando menções, inclusive, sobre a sua orientação sexual e questões de saúde.

A partir desse cenário, a Corte IDH apontou que o processo penal que deveria limitar o seu objeto à prática criminosa representada pelo homicídio de Márcia Barbosa de Souza assumiu, em verdade, um caráter discriminatório por razão de gênero, afrontando, por conseguinte, as obrigações fixadas na Convenção Americana e na Convenção Interamericana para Prevenir, Punir e Erradicar a Violência contra a Mulher.

Ressalte-se, mais uma vez, a importância da atuação do Ministério Público voltada ao respeito dos direitos humanos das vítimas de violações a direitos humanos, tendo em vista que, na condição de guardião da ordem jurídica, assemelha-se indispensável a sua atuação para fazer prevalecer o respeito à condição e à imagem das vítimas durante os julgamentos, evitando, por conseguinte, a sua indesculpável revitimização pelo próprio sistema de justiça. Assim, denota-se que o posicionamento da Corte IDH quanto à matéria demonstra que a proteção das vítimas da criminalidade pode e deve ser diretamente perseguida na ordem jurídica internacional.

Em suma, o julgamento do caso Barbosa de Souza e Outros vs. Brasil está a demonstrar a importância do tratamento da vítima no processo penal brasileiro com seus contornos jurídicos definidos sistema interamericano, velando-se sempre para que não sejam deixados de lado os seus direitos reconhecidos tanto pela legislação doméstica quanto por normas convencionais de que o Estado é parte.

No sistema de justiça criminal brasileiro, muito a destempo (com início no ano de 2021) é que essas práticas de violação a direitos humanos das vítimas começaram a ser banidas definitivamente, por meio, *v.g.*, da Lei Federal nº 14.245/2021 (Lei Mariana Ferrer), que introduziu os arts. 440-A[108] e

---

[108] *Verbis:* "Na audiência de instrução e julgamento, e, em especial, nas que apurem crimes contra a dignidade sexual, todas as partes e demais sujeitos processuais presentes no ato deverão zelar pela integridade física e psicológica da vítima, sob pena de responsabilização civil, penal e administrativa, cabendo ao juiz garantir o cumprimento do disposto neste artigo, vedadas: (...) II – a utilização de linguagem, de informações ou de material que ofendam a dignidade da vítima ou de testemunhas".

474-A[109] no CPP, com o propósito de coibir a prática de atos atentatórios à dignidade de vítimas e de testemunhas.

3.4.1.4 Incidente de deslocamento de competência e garantia de cumprimento das obrigações positivas do Estado

A preocupação constitucional com a efetividade do processo penal e o cumprimento das obrigações positivas do Estado para a tutela penal em hipóteses de graves crimes contra os direitos humanos se revela de maneira concreta à vista do disposto no art. 109, § 5º, da Constituição Federal de 1988, introduzido pela Emenda Constitucional nº 45/2004, pelo qual se autoriza o Procurador-Geral da República que suscite perante o STJ o incidente de deslocamento de competência para inquéritos policiais ou mesmo ações penais das Justiças dos Estados para o âmbito de investigação, processamento e julgamento da Justiça Federal. Nos termos do art. 109, § 5º, da Constituição:

> Nas hipóteses de grave violação de direitos humanos, o Procurador-Geral da República, com a finalidade de assegurar o cumprimento de obrigações decorrentes de tratados internacionais de direitos humanos dos quais o Brasil seja parte, poderá suscitar, perante o Superior Tribunal de Justiça, em qualquer fase do inquérito ou processo, incidente de deslocamento de competência para a Justiça Federal.

Assim, quando se verificar a inércia, a falta de vontade ou a carência de condições reais do juízo natural previamente competente para a ação penal em âmbito estadual, será plenamente possível que a competência absoluta (em razão da matéria) daquele juízo seja modificada em qualquer fase da investigação ou da persecução penal com o remessa da demanda para o âmbito da Justiça Federal, com o propósito de que a prestação jurisdicional seja efetiva e a tutela penal dos direitos humanos seja real, em observância às obrigações assumidas pelo Brasil por tratados internacionais.

Ressalta-se que o princípio da efetividade do processo penal e a obrigação de cumprimento das obrigações positivas do Estado, não têm como origem o disposto no art. 109, § 5º, da Constituição, embora tal dispositivo

---

[109] Verbis: "Durante a instrução em plenário, todas as partes e demais sujeitos processuais presentes no ato deverão respeitar a dignidade da vítima, sob pena de responsabilização civil, penal e administrativa, cabendo ao juiz presidente garantir o cumprimento do disposto neste artigo, vedadas: (...) II – a utilização de linguagem, de informações ou de material que ofendam a dignidade da vítima ou de testemunhas".

represente a explicitação dos seus efeitos, haja vista que, por decorrer de comandos convencionais e de princípios expressos de direitos fundamentais, conta com bases normativas muito anteriores às alterações implementadas pela Emenda Constitucional nº 45/2004. Pode-se afirmar, portanto, que a disposição constitucional em referência é resultado da imperatividade do cumprimento dos tratados internacionais sobre direitos humanos e da conseguinte ponderação do princípio não escrito da efetividade do processo penal relativamente aos princípios do juiz e do promotor naturais, em favor da proteção dos direitos humanos e fundamentais, bem como da dignidade das vítimas da criminalidade.

Justifica-se tal entendimento, inclusive, porque versando os princípios do juiz e do promotor naturais de direitos fundamentais processuais, não poderiam ser restringidos ou excepcionados por força isolada de Emenda Constitucional (EC nº 45/2004) que não representasse a expressão normativa de outros direitos de estatura fundamental ou inseridos em tratados internacionais sobre direitos humanos dos quais o Brasil é parte. Dessa maneira, o art. 109, § 5º, da Constituição Federal representa o resultado da ponderação realizada pelo poder constituinte reformador relativamente aos princípios expressos do juiz e do promotor naturais, dispostos no art. 5º, LIII, da Constituição Federal junto ao princípio não escrito da efetividade do processo penal, decorrente do art. 5º, XXXV, LIV e LXXVIII, da Carta da República e da primazia de cumprimento dos tratados internacionais sobre direitos humanos.

O papel do incidente de deslocamento de competência como garantia constitucional de cumprimento das obrigações positivas do Estado brasileiro foi reconhecido pela Corte IDH por oportunidade do julgamento do caso *Favela Nova Brasília vs. Brasil*.[110] Nesse caso, a Corte IDH considerou o cabimento do incidente para a realização dos direitos convencionais de proteção judicial e das garantias judiciais em casos de graves violações de direitos humanos, no que se englobam eventuais casos de violência policial. A Corte IDH ressaltou, naquela oportunidade, a existência de precedente no sistema de justiça brasileiro, no âmbito do STJ, relativamente a caso de deslocamento de competência destinado a garantir o cumprimento de obrigações positivas do Estado em face de violações a direitos humanos praticadas por policiais militares integrantes de grupo de extermínio.

À luz da jurisprudência da Corte IDH, pode-se concluir que a formulação de pedido de incidente de deslocamento de competência pelo Ministério Público não é providência facultativa da instituição, mas significa verdadeira

---

[110] Corte IDH, *Caso Favela Nova Brasília vs. Brasil*, Exceções Preliminares, Mérito, Reparações e Custas, sentença de 16 de fevereiro de 2017, Série C, nº 333, § 344.

obrigação positiva do Estado para a proteção dos direitos humanos, desde que preenchidos os requisitos indispensáveis para o seu manejo em caráter excepcional. Compete exclusivamente à instituição ministerial avaliar, portanto, se o sistema de justiça criminal tem se desenvolvido de maneira compatível ou não com os preceitos decorrentes dos tratados internacionais de direitos humanos em vigor no Brasil.

Perceba-se que a avaliação que o Ministério Público deve realizar quanto à matéria não recai isoladamente sobre um determinado ato ou plexo de atribuições de uma instituição em específico no procedimento de persecução penal. Compete à instituição ministerial, por meio do Procurador-Geral da República, perscrutar o atendimento das obrigações positivas do Estado na fase de investigação extraprocessual, quer ela se desenvolva em sede de inquérito policial, a cargo da autoridade policial, em sede de procedimento de investigação criminal ou a cargo de membro do próprio Ministério Público. No âmbito judicial, compete igualmente ao Procurador-Geral da República avaliar o atendimento das obrigações positivas do Estado em qualquer fase ou instância de tramitação da ação penal correspondente. Dessa maneira, a avaliação e o controle ministerial de convencionalidade que deve ser realizado por meio do incidente de deslocamento de competência abrange todo o *iter* de desenvolvimento dos procedimentos de investigação e de persecução penal, inclusive judicial.

Importa, portanto, reconhecer que a regularização dos procedimentos de investigação criminal de crimes gravemente violadores a direitos humanos muitas vezes sequer depende da efetiva federalização da causa e a sua assunção por outros órgãos de investigação e processamento judicial, tendo em vista que, conforme apontado pelo STJ no julgamento do IDC nº 3 GO, há situações em que "somente a deflagração do IDC determinou o impulso à investigação".[111]

3.4.1.5 *Controle de convencionalidade no* iter *processual penal*

Já se viu (item 3.1, *supra*) que o exercício do controle de convencionalidade não é providência estática, necessariamente identificada com atos processuais específicos ou órgãos de exame determinados, mas medida que deve se estender por todas as fases da persecução penal, tanto as que se desenvolvem no estágio judicial quanto as que têm cabimento na etapa extrajudicial.

Nesse contexto, importa ressaltar que o controle de convencionalidade no âmbito dos procedimentos de investigação e de persecução penal

---

[111] STJ, IDC 3/GO, 3ª Seção, rel. Min. Jorge Mussi, j. 10.12.2014, *DJe* 02.02.2015.

em juízo não se resume estritamente ao ato isolado de *propor* a ação penal pública, mas também abrange *todas as providências de atuação funcional* do Ministério Público, visando a regularidade de sua tramitação, haja vista que a ação penal deve ser proposta para atender à finalidade de efetiva proteção dos direitos das vítimas e de garantia objetiva dos direitos humanos e fundamentais, com respeito a todas as regras concernentes ao devido processo legal e convencional.

O processo penal não há de ser, doravante, compreendido – como num passado recente – a título de mero anteparo a possíveis atos de arbitrariedade estatal (que, à evidência, devem ser energicamente combatidos e punidos). O processo penal hodierno há de ser devidamente alçado a meio de organização de um julgamento justo, destinado à realização efetiva dos direitos humanos e fundamentais, em favor de réus e investigados, vítimas da criminalidade e dos interesses objetivos de proteção da sociedade. Note-se, portanto, que o controle de convencionalidade no processo penal visa não apenas a que o processo seja palco de respeito aos direitos humanos e fundamentais, senão também que sirva de meio à realização interna (e prática) desses mesmos direitos, numa perspectiva expansionista e emancipatória. Em outras palavras, deve-se entender que a proteção dos direitos humanos e fundamentais, iluminada pela incidência das normas convencionais, não se realiza apenas *no* processo penal, senão também *por meio do* processo penal.

A preocupação da jurisprudência da Corte IDH com o permanente exercício do controle de convencionalidade no curso do processo penal, em respeito dos direitos das vítimas e de seus familiares, bem como da realização dos comandos convencionais e da justiça, pode ser ilustrado pelo julgamento do caso *Myrna Mack Chang vs. Guatemala* (2003), que levou a Corte a condenar o excesso de formalismo e a condescendência dos sistemas de justiça com ações processuais que, em verdade, objetivavam o retardamento do propósito de realização da justiça.[112]

---

[112] Para a Corte IDH: "(...) os juízes, na qualidade de reitores do processo, têm o dever de dirigir e julgar o processo judicial a fim de não sacrificar a justiça e o devido processo legal em prol do formalismo e da impunidade. Dessa forma, se as autoridades permitem e toleram o uso dos recursos judiciais dessa forma, elas os transformam em um meio para que aqueles que cometem uma infração penal retardem e dificultem o processo judicial. Isso leva à violação da obrigação internacional do Estado de prevenir e proteger os direitos humanos e mina o direito da vítima e de seus familiares de saber a verdade sobre o ocorrido, de ter todos os responsáveis identificados e punidos e de obter os reparos conseqüentes" (Corte IDH, *Caso Myrna Mack Chang vs. Guatemala*, Mérito, Reparações e Custas, sentença de 25 de novembro de 2003, Série C, nº 101, § 211).

Dessa maneira, para que alcance a construção de um processo penal não só de respeito, mas também de promoção dos direitos humanos, deve todo membro do Ministério Público exercitar o controle de convencionalidade na integralidade do curso da persecução penal e em cada uma das oportunidades processuais que a ordem jurídica determina ao sistema de justiça a manifestação do Ministério Público. Nesse processo permanente de fiscalização deve se fazer sempre presente a consideração das normas convencionais e a jurisprudência da Corte IDH em face das normas da ordem jurídica interna que compõem o processo penal brasileiro.

O efetivo exercício do controle de convencionalidade pelo Ministério Público no curso do processo penal implica, quando necessário, a obrigatoriedade do manejo das medidas recursais cabíveis em cada instância de decisão, sempre com o propósito de garantir a prevalência dos direitos humanos e fundamentais, bem como o cumprimento das obrigações positivas do Estado em matéria criminal. Tendo em vista a imperatividade do controle convencional, o dever de garantir a eficácia dos tratados internacionais sobre direitos humanos novamente condiciona a atividade de todos os núcleos ministeriais de controle de convencionalidade, de tal maneira que o mérito das manifestações do Ministério Público e do manejo dos seus recursos não se enquadram na condição de opções à escolha dos membros ministeriais.

Ilustrando a hipótese de controle convencional sobre questão atinente ao *iter* processual penal, convém apresentar dois casos sobre o mesmo tema, em que o Ministério Público Militar e o Ministério Público Federal atuaram em hipóteses que exigiram aferição e controle de convencionalidade, respectivamente, de um mesmo dispositivo da legislação ordinária (Código Penal Militar) que prevê a possibilidade de processamento de civis em instâncias de julgamento militares. Nos casos que serão apresentados, os diferentes órgãos do Ministério Público apresentaram idêntico entendimento acerca da matéria, mas os resultados do encadeamento interinstitucional de controle de convencionalidade pelo Superior Tribunal Militar – STM e pela Justiça Federal se revelaram, no entanto, completamente antagônicos.

No primeiro caso, o Ministério Público Militar, realizando o controle de convencionalidade do art. 9º, III, do Código Penal Militar[113] à luz do art. 8º(1) da Convenção Americana sobre Direitos Humanos, interpôs recurso em sentido estrito perante o Superior Tribunal Militar, com o propósito de que fosse determinada a remessa à Justiça Federal de inquérito policial militar

---

[113] *Verbis*: "Consideram-se crimes militares, em tempo de paz (...) os crimes praticados por militar da reserva, ou reformado, ou por civil, contra as instituições militares (...)".

instaurado contra civil. Contudo, o STM não realizou o adequado controle de convencionalidade da questão, entendendo que os fatos "se amoldam, em tese, à caracterização de crime militar (...), notando-se a perfeita subsunção do fato à norma", motivo pelo qual a negativa da competência do foro militar representaria ofensa ao princípio do juiz natural.[114] Em contraposição aos argumentos ministeriais que fundamentavam a inconvencionalidade do processamento de civis perante instâncias militares, o STM se limitou a assegurar que tal situação não violaria a Convenção Americana. No entanto, a Corte IDH, que detém a competência (*Kompetenz-Kompetenz*) para realizar a interpretação em última instância da Convenção Americana, decidiu – no julgamento do caso *Palamara Iribarne vs. Chile* (2005) – que em nenhuma circunstância (repita-se: *nenhuma*) um civil pode ser submetido à jurisdição de um tribunal militar. Para a Corte IDH, "no caso de o Estado considerar necessária a existência de uma jurisdição penal militar, esta deve limitar-se apenas ao conhecimento de delitos funcionais cometidos por militares em serviço ativo", pelo que "o Estado deve estabelecer, por meio de sua legislação, limites à competência material e pessoal dos tribunais militares, de forma tal que em nenhuma circunstância um civil se veja submetido à jurisdição dos tribunais militares".[115]

No segundo caso, o Ministério Público Federal, por provocação do juízo, apresentou parecer em que realizou a aferição de convencionalidade daquela mesma norma do Código Penal Militar, se posicionando pela fixação de competência da Justiça Federal para o conhecimento de termo circunstanciado lavrado em razão da prática de crime de desobediência supostamente cometido por civil contra militar. Nesse segundo caso, após ampla fundamentação lastreada na Convenção Americana e na jurisprudência da Corte IDH sobre o assunto, o juiz federal competente reconheceu a "inconstitucionalidade, inconvencionalidade e não recepção dos dispositivos do Código Penal Militar [...] que tipificam crime militares por civis em tempos de paz e autorizam a competência da Justiça Militar para julgar civis em tempos de paz, por violação aos arts. 5º, *caput*, LIII e § 2º, 123 e 124 da Constituição de 1988, e ao art. 8.1 do Pacto de São José da Costa Rica, como aplicado pela Corte Interamericana de Direitos Humanos".[116]

---

[114] STM, Recurso em Sentido Estrito nº 56-75.2016.7.10.0010/CE, rel. Min. Alte. Esq. Carlos Augusto de Sousa, j. 26.10.2017.

[115] Corte IDH, *Caso Palamara Iribarne vs. Chile*, Mérito, Reparações e Custas, sentença de 22 de novembro de 2005, Série C, nº 135, § 256.

[116] 8ª Vara Federal Criminal do Rio de Janeiro, Termo Circunstanciado nº 5038654-35.2019.4.02.5101/RJ, Juiz Federal Frederico Montedonio Rego. Rio de Janeiro, 15 de outubro de 2019.

Ainda no plano do exercício do controle de convencionalidade no *iter* do processo penal, é imprescindível considerar que uma das principais influências do direito convencional sobre o direito interno dos Estados-partes nessa seara representa, ao mesmo tempo, uma das principais razões de desatendimento às obrigações positivas do Estado brasileiro e elemento recorrente de constatação nas condenações que já foram impostas ao Brasil no plano internacional. Trata-se da falta de observância pelos órgãos do sistema de justiça brasileiro à duração razoável do processo para a proteção da dimensão objetiva dos direitos humanos e fundamentais, bem como para a tutela dos interesses das vítimas de crimes e de seus familiares.

A Convenção Americana claramente assegura a todos os cidadãos o direito à razoável duração do processo, haja vista que, em seu art. 8º(1), estabelece a garantia judicial de que "[t]oda pessoa tem direito a ser ouvida, com as devidas garantias e dentro de um prazo razoável, por um juiz ou tribunal competente, independente e imparcial, estabelecido anteriormente por lei, na apuração de qualquer acusação penal formulada contra ela, ou para que se determinem seus direitos ou obrigações de natureza civil, trabalhista, fiscal ou de qualquer outra natureza". Nesse mesmo norte, o art. 25(1) da Convenção Americana assegura que "toda pessoa tem direito a um recurso simples e rápido ou a qualquer outro recurso efetivo" para a proteção dos seus direitos fundamentais (*v.* subitem 3.4.1.1, *supra*). Dessa maneira, à vista do disposto no art. 5º, §§ 1º e 2º, da Constituição Federal, pode-se afirmar que o princípio da duração razoável do processo já integrava o ordenamento jurídico brasileiro há mais de uma década, antes da própria EC nº 45/2004, que introduziu o inciso LXXVIII[117] no catálogo de direitos fundamentais do art. 5º da Constituição, tendo em vista que incorporado à ordem interna com caráter de norma materialmente constitucional desde a promulgação da Convenção Americana no Brasil.

O tema da duração razoável do processo já foi igualmente referendado pela jurisprudência da Corte IDH, sob a expressa inspiração de critérios inicialmente esposados pelos julgados da Corte Europeia de Direitos Humanos. De acordo com a interpretação da Corte IDH, a apreciação do atendimento à garantia convencional da razoável duração do processo demanda a análise (*i*) da complexidade da causa, (*ii*) da atividade processual do interessado e (*iii*) da conduta do tribunal, conforme se infere do julgamento no caso *Tibi vs. Equador*, de 2004.[118]

---

[117] *Verbis*: "A todos, no âmbito judicial e administrativo, são assegurados a razoável duração do processo e os meios que garantam a celeridade de sua tramitação".

[118] Veja-se: "A Corte Interamericana, adotando a doutrina da Corte Europeia, tem insistido nos elementos a serem considerados para estabelecer, em um caso específico,

Deve-se ter em conta, no entanto, que os estudos e os debates sobre o assunto costumam gravitar especialmente em torno de casos em que as eventuais ofensas ao princípio da duração razoável do processo figuram como fator determinante para, *v.g.*, revogar medidas cautelares de prisão, visando à reparação daquele direito fundamental e convencional desatendido, notadamente em favor de acusados em ações penais. Nesse mesmo sentido, a garantia judicial da razoável duração do processo também representa fundamento jurídico hábil a impor aos órgãos do sistema de justiça criminal a apresentação urgente de medidas de *habeas corpus* para decisão de mérito em sessão próxima de julgamento, igualmente em favor do direito de liberdade de réus e investigados.[119]

Os entendimentos colhidos da jurisprudência são plenamente válidos, haja vista que absolutamente inafastável a incidência da garantia convencional da razoável duração do processo em favor de réus e de investigados. No entanto, é posicionamento demasiadamente estreito confinar a incidência da norma em estudo apenas àquelas situações, devendo-se reconhecer que a influência da garantia convencional à duração razoável do processo necessita ser igualmente determinante para impor aos tribunais a urgente apreciação, *v.g.*, de recursos em sentido estrito interpostos pelo Ministério Público contra decisões judiciais que concedam liberdade provisória a agentes demandados por violações criminosas a direitos humanos de terceiros ou que indefiram medidas de prisão processual no curso de qualquer procedimento de persecução penal (CPP, art. 581, V[120]), no interesse da proteção objetiva dos direitos humanos e fundamentais ou, ainda, da segurança da vítima da

---

que houve demora inaceitável, isto é, que não foi observada a regra do prazo razoável: complexidade da causa, atividade processual do interessado e conduta do tribunal (ou, de quem conduz o processo, porque este ponto pode ser examinado para além do processo penal: sempre que se desenvolve um processo para resolver direitos negados, reclamados ou duvidosos" (Corte IDH, Caso *Tibi vs. Equador*, Exceções Preliminares, Mérito, Reparações e Custas, sentença de 7 de setembro de 2004, Série C, nº 114, § 54).

[119] A propósito: "Excessiva demora na realização do julgamento de mérito de HC impetrado no Superior Tribunal de Justiça. Ausência de prestação jurisdicional. Violação ao princípio constitucional da duração razoável do processo. (...) Ordem concedida para que a autoridade coatora apresente-o em mesa para julgamento até a 10ª sessão subsequente à comunicação da ordem" (STF, *Habeas Corpus* 110.506/RS, 2ª Turma, rel. Min. Gilmar Mendes. j. 08.05.2012, DJe 22.05.2012).

[120] *Verbis*: "Caberá recurso, no sentido estrito, da decisão, despacho ou sentença (...) que conceder, negar, arbitrar, cassar ou julgar inidônea a fiança, indeferir requerimento de prisão preventiva ou revogá-la, conceder liberdade provisória ou relaxar a prisão em flagrante".

violação criminosa e seus familiares. Importa avaliar, também, a influência desse direito fundamental na agilidade do julgamento de causas penais de réus em liberdade, em atenção aos legítimos interesses das vítimas que sofreram lesões a direitos humanos e fundamentais pela conduta criminosa imputada.

No âmbito do direito processual penal, a duração razoável do processo deve compreender toda a fase de tramitação do inquérito policial até o julgamento definitivo da ação penal, com o vencimento da sua derradeira etapa recursal. Como corolário dos princípios constitucionais da inafastabilidade do controle jurisdicional e do devido processo legal (CF, art. 5º, XXXV e LIV), a ação penal e, por conseguinte, o inquérito policial que se presta a embasar a sua propositura, devem gozar do predicado da eficiência, ou seja, devem ser efetivos (destinados a realizar no plano dos fatos a ordem jurídica material) e satisfatórios, no que se inclui o cumprimento dos seus inerentes desdobramentos axiológicos de celeridade, economicidade e segurança jurídica.

Dessa maneira, a garantia judicial da razoável duração do processo, genuíno direito de caráter prestacional em face de todos os órgãos vinculados à administração da Justiça, tem por escopo não apenas a tutela dos interesses individuais de acusados e investigados no processo penal, mas consubstancia, em sua dimensão convencional, um dever positivo do Estado e um elemento de eficiência indissociável do acesso à jurisdição e do devido processo convencional, cuja relevância e imprescindibilidade interferem na cobertura do objetivo fundamental de justiça do Estado e da sociedade.

Conforme apontado, deve a atuação do Ministério Público no controle de convencionalidade do *iter* do processo penal exigir que seja albergada pelo sistema de justiça criminal toda a dimensão e conteúdo daquela garantia convencional. A incidência normativa dos tratados de direitos humanos sobre o direito criminal não se coaduna com interpretações do direito interno capazes de trazer morosidade na conclusão dos procedimentos de investigação e no julgamento das ações penais em desfavor das vítimas ofendidas pelos ilícitos. Dessa forma, é unicamente por meio da incidência indistinta do direito convencional à duração razoável do processo, estendido a todas as fases da persecução penal, que a garantia de efetividade tem condições de se espraiar sobre todo o sistema de proteção dos direitos humanos.

Nesse sentido, a Corte IDH, no julgamento do caso *Ximenes Lopes vs. Brasil*, decidiu que a demora na tramitação da ação penal pública contra os agentes criminosos responsáveis pela morte da vítima, atribuível unicamente à conduta das autoridades judiciais brasileiras gestoras do processo, representou hipótese de ofensa aos direitos humanos dos familiares da vítima, pelo que ensejou violação ao disposto nos arts. 8º(1) e 25(1) da Convenção Americana.

Por isso, todos os órgãos do Estado vinculados à administração da Justiça devem compreender que a demora na tramitação dos processos que apuram violações a direitos humanos não se identifica com um estado de normalidade constitucional ou convencional (mesmo em casos em que não se verifique a vigência da prisão cautelar), mas constituem, ao invés, nova violação de direitos humanos. Segundo a Corte IDH, no caso *Ximenes Lopes*:

> A demora do processo se deveu unicamente à conduta das autoridades judiciais. Em 27 de março de 2000, o Ministério Público apresentou a denúncia penal contra os supostos responsáveis pelos fatos e, transcorridos mais de seis anos do início do processo, ainda não se proferiu sentença de primeira instância. As autoridades competentes se limitaram a diligenciar o recebimento de provas testemunhais. Está provado que a Terceira Vara da Comarca de Sobral demorou mais de dois anos para realizar as audiências destinadas a ouvir as declarações de testemunhas e informantes e, em alguns períodos, não realizou atividade alguma com vistas à conclusão do processo (par. 112.29 *supra*).[121]

A inconvencionalidade da atividade do Ministério Público quanto ao respeito à garantia judicial da duração do processo em favor dos familiares da vítima também não passou desapercebida pela Corte IDH, que fez questão de apontar "que o Ministério Público é um órgão do Estado, motivo por que suas ações e omissões podem comprometer a responsabilidade internacional desse mesmo Estado", notadamente porque "[e]sse Ministério tardou mais de três anos para aditar a denúncia...".[122]

À luz do julgado em referência, a Corte IDH impôs ao Estado brasileiro, em especial a todos os órgãos integrantes do sistema de justiça criminal, com destaque para o Ministério Público e o Poder Judiciário, a obrigação de interpretar o disposto nos arts. 8º(1) e 25(1) da Convenção Americana de maneira a que salvaguardem os direitos dos familiares e das vítimas de crimes que representem ofensa a direitos humanos, os quais são titulares da garantia judicial do encerramento do processo em prazo razoável, bem como de instrumentos efetivos de proteção judicial contra atos violadores de direitos fundamentais.[123]

Esse também foi o entendimento da Comissão IDH no caso *Diniz Bento da Silva vs. Brasil*, que, igualmente baseada nos arts. 1º(1), 8º(1) e 25(1) da

---

[121] Corte IDH, *Caso Ximenes Lopes vs. Brasil*, Mérito, Reparações e Custas, sentença de 4 de julho de 2006, Série C, n. 149, § 199.
[122] Idem, § 200.
[123] Idem, § 206.

Convenção Americana, reconheceu que a demora nos procedimentos de investigação impediam a propositura da ação penal e a punição dos responsáveis pelo homicídio do Sr. Diniz Bento da Silva, praticado em 8 de março de 1993, obstando, por consequência, que o seus familiares alcançassem o direito a uma investigação judicial destinada a esclarecer e a punir os responsáveis por mais aquele caso de violação de direitos humanos.[124]

Como se denota, no âmbito da persecução penal, a conduta do Ministério Público no controle da convencionalidade é fator primordial para impedir tanto a prática de medidas ofensivas aos interesses legítimos de réus e de investigados quanto para evitar a impunidade de agentes violadores de direitos humanos das vítimas da criminalidade, mediante a remoção de entraves legais incompatíveis com os tratados internacionais sobre direitos humanos e a jurisprudência da Corte IDH.

3.4.2 Controle de convencionalidade no arquivamento de inquérito policial e de procedimento de investigação criminal

O dever de atendimento às garantias judiciais constitucionais e convencionais de todos os indivíduos veda qualquer possibilidade de imposição de responsabilização de natureza penal de maneira autoaplicável ou por força de atos diretos de injunção, levados a efeito por quaisquer dos órgãos de segurança do Estado. Portanto, a deflagração do processo de persecução penal em juízo deve, como regra, estar intermediada por uma fase extrajudicial destinada à coleta de elementos comprometidos com o esclarecimento da verdade e, sendo o caso, à demonstração de justa causa para a deflagração da ação penal pública, a cargo do Ministério Público.[125]

A fase pré-processual da persecução penal, destinada ao recolhimento de elementos indicativos da materialidade e das circunstâncias do crime, bem como orientada ao esclarecimento da autoria do ilícito, pode se desenvolver no âmbito do inquérito policial ou do procedimento investigatório criminal (PIC). De acordo com o disposto no art. 2º, § 1º, da Lei nº 12.830/13, infere-se que o inquérito policial é instrumento de investigação criminal a cargo da denominada polícia judiciária (Polícia Civil no âmbito dos Estados ou Polícia

---

[124] Comissão Interamericana de Direitos Humanos, *Caso Diniz Bento da Silva vs. Brasil*, relatório nº 111/01, caso nº 11.517, 15 de outubro de 2001, § 25.

[125] Não se desconhece a possibilidade de ajuizamento da ação penal pública independentemente da prévia instauração de procedimento investigatório, na hipótese em que o conhecimento do crime pelo Ministério Público já exsurge acompanhado por elementos adequadamente demonstrativos da materialidade, autoria e das circunstâncias da prática ilícita, embora essa seja, na prática, uma situação inusual.

Federal no plano da Justiça Federal), que deve ser conduzido sob a presidência da autoridade policial, retratada pela figura do Delegado de Polícia ou do Delegado da Polícia Federal.[126] A investigação criminal, no entanto, também pode ser realizada no âmbito do próprio Ministério Público, que, a propósito, é a instituição vinculada à administração da Justiça destinatária de todos os inquérito policiais instaurados para a apuração de ilícitos de ação penal de iniciativa pública. Denomina-se, portanto, procedimento investigatório criminal (PIC) o instrumento investigativo diretamente instaurado e submetido à presidência de órgão do Ministério Público para o esclarecimento da verdade dos fatos sobre práticas criminosas determinadas. Embora a instauração dos procedimentos investigatórios criminais sob a autoridade direta dos órgãos do Ministério Público encontre firmes bases constitucionais e legais, contando, inclusive, com reconhecimento pela jurisprudência do STF,[127] a sua previsão está fixada no art. 1º da Resolução nº 181/17 do CNMP, que dispõe sobre a instauração e a tramitação do procedimento investigatório criminal a cargo do Ministério Público.[128]

É certo, no entanto, que o desfecho dos inquéritos policiais e dos procedimentos de investigação criminal nem sempre justificam a promoção da ação penal pública pelo *Parquet*, seja por razões práticas que inviabilizam o satisfatório esclarecimento dos fatos – especialmente representadas pela insuficiência na coleta de elementos indicativos de materialidade e de autoria delitivas, nos termos

---

[126] *Verbis*: "Ao delegado de polícia, na qualidade de autoridade policial, cabe a condução da investigação criminal por meio de inquérito policial ou outro procedimento previsto em lei, que tem como objetivo a apuração das circunstâncias, da materialidade e da autoria das infrações penais".

[127] A propósito: "O Ministério Público dispõe de competência para promover, por autoridade própria, e por prazo razoável, investigações de natureza penal, desde que respeitados os direitos e garantias que assistem a qualquer indiciado ou a qualquer pessoa sob investigação do Estado, observadas, sempre, por seus agentes, as hipóteses de reserva constitucional de jurisdição e, também, as prerrogativas profissionais de que se acham investidos, em nosso País, os Advogados (Lei 8.906/94, artigo 7º, notadamente os incisos I, II, III, XI, XIII, XIV e XIX), sem prejuízo da possibilidade – sempre presente no Estado democrático de Direito – do permanente controle jurisdicional dos atos, necessariamente documentados (Súmula Vinculante 14), praticados pelos membros dessa instituição" (STF, RE 593.727/MG, Tribunal Pleno, rel. Min. Cezar Peluso, j. 14.05.2015, *DJe* 25.05.2015).

[128] *Verbis*: "O procedimento investigatório criminal é instrumento sumário e desburocratizado de natureza administrativa e investigatória, instaurado e presidido pelo membro do Ministério Público com atribuição criminal, e terá como finalidade apurar a ocorrência de infrações penais de iniciativa pública, servindo como preparação e embasamento para o juízo de propositura, ou não, da respectiva ação penal".

do art. 41 do CPP[129] – ou por razões de ordem puramente jurídica que eliminem o caráter ilícito do fato ou prejudiquem a validade dos elementos de prova necessários à deflagração da persecução penal. Nesses casos, o arquivamento da investigação constitui medida imperativa e que deve ser prontamente levada a efeito pelo órgão ministerial, desde que previamente respeitada a necessidade de observância das obrigações positivas do Estado em matéria penal e cumpridas as suas exigências convencionais (isto é, após seriamente efetivados todos os meios e possibilidades de aprofundamento da investigação).

Observado que a ordem constitucional atribui ao Ministério Público a função institucional de "promover, privativamente, a ação penal pública, na forma da lei" (CF, 129, I), a legislação processual penal confere à instituição a atribuição de realizar a análise dos fatos e do direito aplicáveis ao caso sob apuração, para o fim de decidir com independência sobre a eventual necessidade de arquivamento das suas próprias investigações e também daquelas instauradas e desenvolvidas por autoridades policiais. Nessa fase do procedimento de investigação criminal também tem cabimento o exercício do controle de convencionalidade pelo órgão do Ministério Público, tendo em vista que, em paralelo com o exame de convencionalidade que pode tornar impositiva a deflagração da ação penal pública, a atuação ministerial também pode se mostrar estritamente condicionada ao arquivamento da investigação por imperativos de ordem convencional.

O procedimento previsto na ordem jurídica interna para o controle dos arquivamentos de investigações realizados pelo Ministério Público sofreu profundas alterações decorrentes da nova redação conferida ao art. 28 do CPP pela Lei nº 13.964/19 ("Pacote Anticrime").[130] A mudança legislativa em destaque, excluindo a participação do Poder Judiciário do procedimento de controle dos arquivamentos de investigações criminais, teve o nítido propósito de conferir alinhamento da legislação ordinária sobre processo penal com o sistema acusatório, cujas raízes se encontram estabelecidas no art. 129, I, da Constituição Federal, que confere ao Ministério Público a titularidade privativa da ação penal pública.

---

[129] *Verbis*: "A denúncia ou queixa conterá a exposição do fato criminoso, com todas as suas circunstâncias, a qualificação do acusado ou esclarecimentos pelos quais se possa identificá-lo, a classificação do crime e, quando necessário, o rol das testemunhas".

[130] *Verbis*: "Ordenado o arquivamento do inquérito policial ou de quaisquer elementos informativos da mesma natureza, o órgão do Ministério Público comunicará à vítima, ao investigado e à autoridade policial e encaminhará os autos para a instância de revisão ministerial para fins de homologação, na forma da lei".

Respeitando o sistema acusatório, a decisão de arquivamento de qualquer investigação criminal concernente a crimes de ação pública deve se resolver no âmbito do próprio Ministério Público. Segundo esse cenário, o membro ministerial é quem deve realizar o arquivamento da investigação criminal, sem a necessidade de remessa dos autos correspondentes a qualquer instância de controle do Poder Judiciário. Realizada a comunicação da decisão ministerial de arquivamento à vítima, ao investigado e à autoridade policial, os autos da investigação devem ser remetidos ao órgão de revisão competente do Ministério Público.

Em hipóteses tais, o Ministério Público pode realizar de maneira imediata o controle de convencionalidade da legislação aplicável ao caso, impedindo a continuidade de atos de investigação ou deixando de promover a correspondente ação penal nos casos em que verificar pretensão contrária a quaisquer mandamentos previstos em tratados internacionais de direitos humanos em vigor no Brasil. Acrescente-se que, nessas hipóteses, se houver eventual insatisfação da vítima com os fundamentos do arquivamento promovido pelo *Parquet*, poderá ela postular a submissão da matéria à competente instância revisora da instituição ministerial, sem que, no entanto, o assunto seja submetido à deliberação do Poder Judiciário. Portanto, nesses casos, não há dúvidas de que o órgão ministerial tem competência para *controlar* a convencionalidade das leis, especialmente porque a decisão tomada no caso concreto não escapa aos limites da própria instituição, sem encadeamento interinstitucional com o Poder Judiciário.

É possível perceber que a presente hipótese se enquadra em situação de encadeamento intrainstitucional de núcleos de exame de convencionalidade, em que dois diferentes órgãos da mesma instituição, escalonados em diferentes níveis funcionais, realizam referido exame na modalidade *controle para controle*.

No entanto, importa ressalvar que a nova redação do art. 28 do CPP (dada pela Lei nº 13.964/19) se encontra suspensa por ordem cautelar proferida pelo STF na ADI 6298 DF,[131] de modo que, pelo menos até o seu julgamento pelo plenário da Corte Suprema, deve continuar em vigência o modelo de controle de arquivamentos de investigação previsto na redação anterior da norma processual penal.[132] Dessa maneira, o modelo vigente do procedimento

---

[131] STF, ADI 6298/DF, Medida Cautelar, rel. Min. Luiz Fux, j. 22.01.2020, *DJe* 30.01.2020.

[132] A suspensão da eficácia da nova redação do art. 28 do CPP não decorreu de inconstitucionalidade quanto ao procedimento de arquivamento intrainstitucional nele previsto, que atende perfeitamente ao princípio acusatório que deve vigorar no sistema de justiça criminal brasileiro, mas de falta de tempo hábil para que os

de arquivamento de inquéritos policiais apresenta profundas diferenciações com o novo modelo aprovado, sobretudo em relação aos órgãos envolvidos em suas fases e às suas correspondentes funções no desenvolvimento do exame de convencionalidade.

Assim, as promoções de arquivamento de investigações criminais promovidas pelo Ministério Público precisam ser encaminhadas à deliberação do magistrado competente, que, na hipótese de não concordar com o posicionamento institucional do agente ministerial, deve remeter os autos da investigação à apreciação e conseguinte deliberação definitiva do Procurador-Geral de Justiça, no caso dos Ministérios Públicos dos Estados (Lei nº 8.625/93, art. 29, VII[133]), ou a uma Câmara de Coordenação e Revisão, no caso do Ministério Público Federal (Lei Complementar nº 75/93, art. 62, IV[134]), aos quais compete a palavra final sobre a providência de arquivamento, ou não, da investigação criminal.

Percebe-se, portanto, que o procedimento apresentado, por envolver a atuação funcional autônoma de duas instituições independentes do sistema de justiça (Ministério Público e Poder Judiciário), indica hipótese de encadeamento interinstitucional de órgãos de exame de convencionalidade, relativamente a casos ensejadores da incidência de normas de direito internacional. Denota-se, assim, que a alteração legislativa implementada, porém suspensa pelo STF, importa em favor do Ministério Público uma uniformização institucional dos órgãos com atribuições para a finalização do processo de exame de convencionalidade em todas as situações de arquivamento de investigações criminais. Ressalte-se, também, que a alteração desse molde de exame convencional, pela transposição do exame em encadeamento interinstitucional para um exame em encadeamento intrainstitucional de convencionalidade, não representa a única importante alteração imposta pela reformulação processual acima apontada, para fins de estudo da matéria que ora nos ocupa.

Ministérios Públicos se estruturassem à nova competência estabelecida, haja vista a necessidade de observação das cláusulas constitucionais que exigem prévia dotação orçamentária para a realização de despesas (CF, art. 169), bem como que confere autonomia financeira aos Ministérios Públicos (CF, art. 127).

[133] *Verbis*: "Além das atribuições previstas nas Constituições Federal e Estadual, na Lei Orgânica e em outras leis, compete ao Procurador-Geral de Justiça (...) determinar o arquivamento de representação, notícia de crime, peças de informação, conclusão de comissões parlamentares de inquérito ou inquérito policial, nas hipóteses de suas atribuições legais".

[134] *Verbis*: "Compete às Câmaras de Coordenação e Revisão (...) manifestar-se sobre o arquivamento de inquérito policial, inquérito parlamentar ou peças de informação, exceto nos casos de competência originária do Procurador-Geral".

Segundo o dispositivo processual legislativamente alterado – porém ainda em vigor em sua redação original –, a medida de exame convencional, na forma de *controle*, que deve ser exercida pelo membro ministerial quando promove o arquivamento do inquérito policial, há de encadear-se com uma medida convencional na forma de *aferição*, exercida pelo Poder Judiciário quando não concorda com o arquivamento promovido, ensejando, por consequência, o encaminhamento dos autos para encadeamento na forma de *controle* definitivo de convencionalidade, agora resolvido no âmbito do Ministério Público. Percebe-se, assim, que o fluxo do processo de exame de convencionalidade no sistema de justiça não é necessariamente corrente rumo a uma decisão judicial *definitiva* de controle (embora geralmente o seja), haja vista que a medida final controladora pode se projetar no âmbito do Ministério Público. Por consequência, a hipótese tratada indica também que o Poder Judiciário pode se revelar não apenas como uma instituição de controle, mas também como órgão de *aferição* de convencionalidade. Aqui se tem, como se nota, um caso interessante (enquanto vigente a decisão do STF que suspendeu a norma atual do art. 28 do CPP) de *aferição* judiciária que encadeira o posterior *controle* de convencionalidade pelo Ministério Público.

Feitos esses apontamentos, convém esclarecer que o controle de convencionalidade a ser realizado pelo Ministério Público no âmbito dos procedimentos de investigação criminal pode recair tanto sobre a *tipificação* da conduta objeto de investigação quanto sobre a *legalidade* dos procedimentos de investigação desenvolvidos pela autoridade policial ou pelo próprio órgão ministerial. Na primeira hipótese, pode o membro do *Parquet* determinar o arquivamento de investigação por entender que normas convencionais ou que a jurisprudência da Corte IDH isentam de tipicidade a conduta apurada. Nesse sentido, cite-se o correto posicionamento da 5ª Turma do STJ – atualmente revogado por decisão do STF na ADPF 496 – sobre a inconvencionalidade do art. 331 do Código Penal (crime de desacato) em face (*i*) do art. 13 da Convenção Americana sobre Direitos Humanos (liberdade de pensamento e de expressão), (*ii*) do Relatório nº 22/1994 da Comissão IDH relativo ao caso *Horacio Verbitsky vs. Argentina* e (*iii*) da sentença da Corte IDH exarada no caso *Palamara Iribarne vs. Chile*, de 22 de novembro de 2005, ao entender que "[a] criminalização do desacato está na contramão do humanismo, porque ressalta a preponderância do Estado – personificado em seus agentes – sobre o indivíduo", além do que "[a] existência de tal normativo em nosso ordenamento jurídico é anacrônica, pois traduz desigualdade entre funcionários e particulares, o que é inaceitável no Estado Democrático de Direito", razão pela qual "punir o uso de linguagem e atitudes ofensivas contra agentes estatais é medida capaz de fazer com que as pessoas se abstenham de usufruir do direito à liberdade de expressão, por temor de sanções penais, sendo esta uma das razões pelas quais a CIDH [Comissão IDH] estabeleceu a recomendação de que os países aderentes ao Pacto de São Paulo [sic] abolissem suas respectivas leis de desacato".[135] No segundo caso, relativo à legalidade dos procedimentos de investigação desenvolvidos, a determinação de arquivamento pode se operar pela constatação de que a atividade de investigação violou direitos e garantias estabelecidos no plano internacional, ensejando inconvencionalidades que, no caso concreto, estão a impedir a promoção da ação penal pública.

Tais apontamentos prestam-se, ainda, para aprofundar a importância do controle externo da atividade policial pelo Ministério Público, tal como determina a Constituição Federal no art. 129, VII,[136] com o propósito de

---

[135] STJ, REsp 1.640.084/SP, 5ª Turma, rel. Min. Ribeiro Dantas, j. 15.12.2016, *DJe* 01.02.2017. Destaque-se que, em maio de 2017, a Terceira Seção do STJ (que uniformiza a jurisprudência na matéria) derrubou a decisão tomada pela 5ª Turma do STJ, sem controlar devidamente a convencionalidade da norma, porque não reconheceu que julgado internacional relativo a outro País pudesse valer para o Brasil (desconhecendo o caráter de *res interpretata* das decisões da Corte IDH) e baseada, ainda, na falaciosa tese da soberania. Para detalhes, *v.* MAZZUOLI, Valerio de Oliveira. *Controle jurisdicional da convencionalidade das leis*, cit., p. 204-208; e FACHIN, Melina Girardi. (Des)acatando uma teoria não seletiva do controle de convencionalidade: ou ainda primeiras reflexões para uma teoria não consequencialista dos diálogos interno-internacional em matéria de direitos humanos. In: COSTA, Pablo Henrique Hubner de Lanna (Org.). *Controle de convencionalidade*: estudos em homenagem ao Professor Doutor Valerio de Oliveira Mazzuoli. Belo Horizonte: Arraes, 2019, p. 195-213. O Conselho Federal da OAB propôs no STF a ADPF 496 (rel. Min. Roberto Barroso) para o fim de pôr termo à questão, a qual, no entanto, vencidos os Ministros Edson Fachin e Rosa Weber, foi julgada improcedente em 22 de junho de 2020 (*DJe* 24.09.2020). No caso, o STF fixou a tese (inconvencional) de que "[f]oi recepcionada pela Constituição de 1988 a norma do art. 331 do Código Penal, que tipifica o crime de desacato". Como se nota, na tese fixada não houve o devido controle de convencionalidade da norma penal brasileira, dado que a sua recepção "pela Constituição de 1988" não garante compatibilidade com a Convenção Americana sobre Direitos Humanos, ainda que, no cabeçalho da Ementa, tenha havido esforço (proposital) do tribunal em afirmar sua "conformidade com a Convenção Americana sobre Direitos Humanos" (o que não se lê na *tese* firmada, ao final, pelo tribunal). Ademais, a Corte IDH já havia decidido – no caso *Palamara Iribarne vs. Chile* – sobre a inconvencionalidade do crime de desacato e, portanto, *qualificado* a questão de saber se era ou não compatível com a Convenção Americana, o que também impedia o tribunal interno (STF) de fazê-lo novamente. Esse é, em suma, mais um exemplo de falta de devido controle de convencionalidade pelo Poder Judiciário, capaz de, *per se*, responsabilizar o Brasil no plano internacional.

[136] *Verbis*: "São funções institucionais do Ministério Público: (...) exercer o controle externo da atividade policial, na forma da lei complementar...".

impor o efetivo controle de atuações policiais eventualmente capazes de comprometer a observância dos direitos humanos de investigados ou de vítimas de ilícitos, em prejuízo do desenvolvimento de um processo de persecução penal regular e eficiente.

3.4.2.1 Limitação convencional ao bis in idem por pena cumprida no estrangeiro

A vedação de múltipla persecução penal, identificada pelo brocardo *ne bis in idem*, está sedimentada na ordem jurídica interna como verdadeiro princípio geral de direito, retratado pela proibição de que se promova a persecução penal em juízo e o conseguinte julgamento de um mesmo fato tipificado como crime por mais de uma vez, em desfavor de uma mesma pessoa.

Apesar da importância e do pacífico reconhecimento do sistema de justiça brasileiro quanto à fundamental observância do princípio *ne bis in idem*, deve-se reconhecer a ausência de sua previsão explícita tanto no âmbito da Constituição Federal de 1988 como de qualquer norma infraconstitucional.

Seja como for, certo é que o princípio *ne bis in idem* assume aplicação geral no direito penal e processual penal brasileiro baseado na ideia de estabilidade e segurança das relações jurídicas, bem como pelo primado de confiança que há de se estabelecer entre os órgãos do Estado e os indivíduos, cujo suporte radica no princípio fundamental da intangibilidade da coisa julgada (CF, art. 5º, XXXVI). No plano infraconstitucional, o princípio também se revela implicitamente considerado nas normas de direito processual penal que estabelecem as exceções de litispendência e de coisa julgada (CPP, art. 95, III e V), bem como na Lei de Migração, que veda a possibilidade de extradição quando "o extraditando estiver respondendo a processo ou já houver sido condenado ou absolvido no Brasil pelo mesmo fato em que se fundar o pedido" (Lei nº 13.445/17, art. 82, V).

Merece aprofundamento, no entanto, o estudo da proibição da dupla persecução penal no âmbito internacional, ante a instauração e o julgamento de distintas ações penais nos limites de jurisdições de diferentes países, relativamente a idênticos fatos praticados por um mesmo indivíduo. Essa investigação, à evidência, leva em consideração que a proibição do *bis in idem* se revela presente em instrumentos internacionais de direitos humanos como a Convenção Americana sobre Direitos Humanos e o Pacto Internacional sobre Direitos Civis e Políticos, bem assim na jurisprudência da Corte IDH.

Apesar das fontes de direito interno que estabelecem – ainda que implicitamente – a vedação da múltipla persecução penal, o Código Penal adotou a alternativa de limitar a aplicação dessa vedação tão somente aos casos de persecução penal e julgamento realizados no âmbito da Justiça brasileira, admitindo, por conseguinte, a dupla persecução penal nas hipóteses de extraterritorialidade (condicionada ou incondicionada) da lei penal brasileira. Nesses casos, segundo a regra legal brasileira, poderia haver processo e condenação por tais crimes, "embora cometidos no estrangeiro" (na dicção do art. 7º, *caput*, do Código Penal). Em tais hipóteses, diz o Código Penal que "o agente é punido segundo a lei brasileira, ainda que absolvido ou condenado no estrangeiro" (CP, art. 7º, § 1º). Portanto, o Código Penal brasileiro relativizou a regra do *ne bis in idem*, admitindo o duplo processamento, a dupla condenação ou a dupla execução nas hipóteses de extraterritorialidade da lei penal brasileira.[137]

Assim, por força do art. 8º, do Código Penal, "[a] pena cumprida no estrangeiro atenua a pena imposta no Brasil pelo mesmo crime, quando diversas, ou nela é computada, quando idênticas". Previu-se, como se nota, a *compensação* das penas para fins de mitigação do *bis in idem*. Contudo, há que se analisar se, à luz do previsto em tratados internacionais de direitos humanos de que o Brasil é parte, a opção do legislador brasileiro – de admitir a incidência da vedação do *bin in idem* apenas quanto aos julgamentos realizados pelo sistema de justiça brasileiro – estaria ou não de acordo com o direito convencional em vigor.

Preliminarmente, esclareça-se que, ao contrário do que prevê a legislação nacional, o direito convencional veda expressamente qualquer hipótese ensejadora de dupla persecução penal. Nesse sentido, o art. 8º(4) da Convenção Americana sobre Direitos Humanos estabelece que "[o] acusado absolvido por sentença passada em julgado não poderá ser submetido a novo processo pelos mesmos fatos". Por sua vez, o art. 14(7) do Pacto Internacional sobre Direitos Civis e Políticos reafirma a proibição do *bis in idem* perante o sistema global (onusiano) de direitos humanos, ao determinar que "[n]inguém poderá ser processado ou punido por um delito pelo qual já foi absorvido ou condenado por sentença passada em julgado, em conformidade com a lei e os procedimentos penais de cada país". Perceba-se que a leitura conjugada dessas normas internacionais – uma do sistema interamericano e outra do sistema das Nações Unidas – viabiliza o substancial aprofundamento do tema, haja vista que, enquanto a Convenção Americana proíbe o *bis in idem* em face de sentenças de absolvição, o Pacto Internacional sobre Direitos Civis e Políticos garante sua a proibição em face de sentenças de absolvição ou

---

[137] Cf. GOMES, Luiz Flávio & MOLINA, Antonio García-Pablos de. *Direito penal*, vol. 2 (Parte Geral). São Paulo: Revista dos Tribunais, 2007, p. 115.

de condenação. Por outro lado, enquanto esse último tratado veda a dupla persecução penal por um mesmo delito, a Convenção Americana obsta a repetição de atos de persecução penal relativos aos mesmos fatos. Ainda no plano internacional, cite-se o art. 9º, *a*, da Convenção Interamericana sobre Assistência Mútua em Matéria Penal, de 1992,[138] ao estabelecer que o Estado requerido poderá recusar assistência quando "o pedido de assistência for usado com o objetivo de julgar uma pessoa por um delito pelo qual essa pessoa já tiver sido previamente condenada ou absolvida num processo no Estado requerente ou no requerido".

A literalidade dos dispositivos convencionais apresentados não deixa dúvidas de que a vedação de múltipla persecução penal também se opera entre jurisdições de diferentes países. Ademais, o respeito aos direitos humanos não depende de exame de identidade dos agentes violadores, mas da eliminação objetiva de quaisquer práticas que configurem ofensa ao conteúdo das normas de proteção, razão pela qual, à luz dos tratados internacionais de direitos humanos, a repetição de processos de persecução penal, com absoluta identidade de pessoas e fatos, será sempre *vedada*, seja quando promovida pelo sistema de justiça de um mesmo Estado ou quando levada a cabo por sistemas de justiça de Estados distintos.

Essa questão foi analisada pelo STF por oportunidade do julgamento de *habeas corpus* impetrado para trancar ação penal em que o paciente era processado criminalmente por fatos idênticos aos que ensejaram condenação penal em processo com sentença transitada em julgado na Suíça. A tese de impossibilidade de dupla persecução penal suscitada pelo impetrante alcançou a apreciação da Suprema Corte, após ter sido refutada pelo Tribunal Regional Federal da 3ª Região e pelo STJ, que, apesar de reconhecerem a identidade de partes e de fatos entre o julgamento realizado na Suíça e os fatos em processamento no Brasil, se posicionaram pela possibilidade jurídica de instauração de nova ação penal no âmbito da jurisdição brasileira.

O controle de convencionalidade sobre a matéria foi realizado pelo STF ao interpretar o art. 8º do Código Penal à luz das normas dos tratados internacionais de direitos humanos e da jurisprudência da Corte IDH, especialmente a relativa aos casos *Loayza Tamayo vs. Peru* (1997), *Mohamed vs. Argentina* (2012) e *J. vs. Peru* (2013), em que a Corte IDH realizou a interpretação da amplitude do princípio *ne bis in idem*, segundo o disposto no art. 8º(4) da Convenção Americana.

---

[138] Promulgada no Brasil pelo Decreto nº 6.340, de 03.01.2008.

O voto do relator – Ministro Gilmar Mendes – reconheceu que "o controle de convencionalidade pode ser realizado sobre as leis infraconstitucionais", e que, portanto, "o Código Penal deve ser aplicado em conformidade com os direitos assegurados na Convenção Americana de Direitos Humanos e com o Pacto Internacional de Direitos Civis e Políticos", deixando assente "que o exercício do controle de convencionalidade, tendo por paradigmas os dispositivos do art. 14, nº 7, do Pacto Internacional sobre Direitos Civis e Políticos e o art. 8, nº 4, da Convenção Americana de Direitos Humanos, determina a vedação à dupla persecução penal, ainda que em jurisdições de países distintos". Em sua conclusão, aduziu corretamente que "o art. 8.º do Código Penal deve ser lido em conformidade com os preceitos convencionais e a jurisprudência da Corte Interamericana de Direitos Humanos, vedando-se a dupla persecução penal por idênticos fatos".[139]

Destaque-se que, nesse caso apreciado pelo STF, o Ministério Público – Promotor de Justiça – deixou de realizar o controle de convencionalidade quando decidiu deflagrar a dupla persecução penal, pois assim procedendo atuou em desacordo com as normas de tratados de direitos humanos em vigor no Brasil e, em especial, com a jurisprudência pacífica da Corte IDH sobre a matéria. Acrescente-se que, da mesma forma, em momento posterior, o Procurador-Geral da República – atuando (indevidamente) como *custos juris* – não realizou a aferição da convencionalidade da matéria apresentada no *habeas corpus*, pois sustentou a prevalência da norma penal interna em face das normas de direito internacional apresentadas, a pretexto de garantir a soberania da jurisdição penal brasileira, em flagrante contrariedade com as obrigações convencionais aceitas pelo Brasil. O chefe do Ministério Público da União, por oportunidade do exame da matéria, argumentou que a possibilidade de repetida instauração de processos criminais contra a mesma pessoa em diferentes países seria "decorrência natural e lógica da soberania de cada país", ressaltado, ainda, que a legislação nacional vedaria tão somente "a dupla punição *no Brasil* em razão do mesmo fato e não a persecução penal no Brasil do fato punido no exterior".[140]

Nesse ponto, é importante consignar que o respeito à vedação de dupla persecução penal no plano internacional não representa hipótese de ofensa à soberania do Estado brasileiro, mas, ao contrário, constitui estrito cumprimento de uma obrigação soberanamente assumida pelo Brasil quando da ratificação – para cujo exercício houve anterior aprovação pelo Parlamento – tanto da Convenção Americana sobre Direitos Humanos quanto do Pacto

---

[139] STF, *HC* 171.118/SP, 2ª Turma, rel. Min. Gilmar Mendes, j. 12.11.2019, *DJe* 17.08.2020.
[140] MPF, Procuradoria-Geral da República, *Parecer nº 32.770/CS*, Brasília, 21.05.2019.

Internacional sobre Direitos Civis e Políticos. De fato, as normas contidas nos tratados de direitos humanos em referência não foram arbitrariamente impostas ao Brasil pela ordem internacional, mas objeto de voluntária e soberana atitude brasileira de participação nas ordens regional (OEA) e global (ONU) de proteção a direitos humanos, razão pela qual é antijurídico qualificar o obrigatório cumprimento da normativa internacional em vigor no Brasil como forma de afronta à autoridade nacional.

A prevalecer o entendimento esposado pelo Ministério Público nesse caso, fundamentado na impossibilidade de bloqueio do exercício da jurisdição penal pátria com base em convenções internacionais de direitos humanos, como forma de garantir a soberania do Estado brasileiro, estar-se-ia a um passo de se operar, v.g., a revogação das regras de imunidade diplomática assumidas pelo Brasil perante a sociedade internacional. Ressalte-se que, nos termos da Convenção de Viena sobre Relações Diplomáticas de 1961,[141] os Chefes de Estado estrangeiro, suas famílias e membros das comitivas, embaixadores e suas famílias, funcionários estrangeiros do corpo diplomático e suas famílias, bem como funcionários de organizações internacionais em serviço são detentores de imunidade diplomática.[142] Nessa condição, os agentes diplomáticos mencionados gozam de imunidade de jurisdição penal perante o Estado em que estejam exercendo as suas funções, nele não podendo ser presos, processados ou julgados pelo cometimento de qualquer espécie de crime, sem prejuízo de enfrentarem a jurisdição penal do seu Estado de origem (cf. art. 31, a). O bloqueio à possibilidade de persecução penal dos agentes diplomáticos em tais hipóteses se aprofunda à vista do disposto no já mencionado art. 1º, I, do CPP, que condiciona a eficácia das normas de processo penal em todo o território brasileiro ao atendimento dos tratados, convenções e regras de direito internacional.

A Constituição Federal de 1988 estabelece claras diretrizes a serem observadas para a aplicação dos tratados de direitos humanos, as quais passam pela superação dos métodos tradicionais de resolução das aparentes antinomias entre o direito internacional e a ordem jurídica interna, bem como pela suplantação da ideia de que a leitura dos tratados internacionais de direitos humanos em subordinação limitativa à legislação nacional representa postura necessária para a reafirmação simbólica da soberania estatal. Afigura-se indispensável, portanto, que todos os órgãos integrantes do sistema de justiça brasileiro compreendam que o reconhecimento e a realização dos direitos

---

[141] Promulgada no Brasil pelo Decreto nº 56.435, de 08.06.1965.
[142] Para um estudo completo das imunidades diplomáticas, v. MAZZUOLI, Valerio de Oliveira. *Curso de direito internacional público*, cit., p. 462 e ss.

humanos não podem ser alcançados de maneira desvinculada do sistema internacional de proteção em que o próprio Estado se insere.

O exemplo que advém da jurisprudência do STF bem demonstra que poderia o Ministério Público ter realizado o controle definitivo de convencionalidade da questão por oportunidade da análise do inquérito policial ou do procedimento de investigação criminal correspondentes, com a sua decorrente promoção de arquivamento. No entanto, não realizado o referido controle no âmbito de atribuições do Ministério Público e sequer nos momentos processuais que lhe competiam, a deflagração da ação penal ensejou o encadeamento interinstitucional de exames de convencionalidade da causa, finalizado com o trancamento da ação pelo STF.

Como se nota, no caso em análise o Ministério Público movimentou – inconvencionalmente – o sistema de justiça brasileiro de forma desnecessária e em prejuízo dos direitos de um cidadão que cujo direito estava amparado por normas internacionais – de nível hierárquico superior às leis nacionais, até mesmo pela redação do art. 1º, I, do CPP -- em pleno vigor no Brasil e com aplicabilidade imediata, nos termos do art. 5º, § 1º, da Constituição.[143] Também, o Ministério Público – tanto no âmbito do Promotor de Justiça quanto no âmbito da Procuradoria-Geral da República – mostrou desconhecer completamente a jurisprudência a Corte IHD sobre a matéria, firmada a partir de 1997 (caso *Loayza Tamayo vs. Peru*) e à qual o Estado brasileiro se comprometeu a acatar e a fielmente cumprir. Apenas na Suprema Corte – com o voto do Min. Gilmar Mendes – a convencionalidade da medida foi verificada (corretamente controlada) para dar ao cidadão o direito que lhe assistia de ver trancada a respectiva ação penal.

3.4.2.2 Complementação da persecução penal em casos de coisa julgada fraudulenta ou aparente

É importante destacar que a vedação de dupla persecução penal não deve representar fundamento para se alcançar, por via indireta, a consagração da impunidade e, por conseguinte, de prevalência de situações de injustiça. Nesse sentido, convém enfatizar trecho do voto do Ministro Gilmar Mendes no *habeas corpus* estudado no item anterior, ao observar que "se houver a devida comprovação de que o julgamento em outro país sobre os mesmos fatos não se realizou de modo justo e legítimo, desrespeitando obrigações

---

[143] *Verbis*: "As normas definidoras dos direitos e garantias fundamentais têm aplicação imediata".

processuais positivas, a vedação de dupla persecução pode ser eventualmente ponderada para complementação em persecução interna".[144]

A fundamentação normativa que autoriza a hipótese de dupla persecução penal para corrigir os efeitos de persecução penal injusta ou ilegítima, capaz de ensejar impunidade, encontra raízes convencionais na jurisprudência da Corte IDH. Evidentemente, possuindo o princípio *ne bis in idem* raízes convencionais, apenas elementos extraídos da interpretação do próprio direito convencional poderiam justificar a exceção de que se trata. Desse modo, com base no propósito de efetividade do dever de proteção dos direitos humanos, a jurisprudência da Corte IDH contempla o instituto da coisa julgada *fraudulenta* ou *aparente*, em cuja hipótese se autoriza, sob determinadas condições, a reabertura de investigações criminais já submetidas a julgamento e encerradas.

Verifica-se que o conceito desenvolvido pela Corte IDH excepciona uma garantia processual expressamente disposta no art. 8º(4) da própria Convenção Americana, tendo em vista que tal garantia não pode representar imunidade absoluta em prejuízo das exigências da justiça, dos direitos das vítimas e da letra e do espírito da Convenção Americana, conforme entendimento perfilhado por oportunidade do julgamento do caso *Almonacid Arellano e Outros vs. Chile*.[145] Naquele julgamento, a Corte IDH considerou que o princípio *ne bis in idem* não deve ser aplicado quando (*i*) a atuação do tribunal que apreciou e decidiu a causa para absolver um agente criminoso responsável por violação de direitos humanos serviu ao propósito de proteger o acusado de sua responsabilidade criminal, (*ii*) quando o processo criminal não foi instruído de forma independente ou imparcial, de acordo com as garantias do devido processo legal ou, ainda, (*iii*) quando se verifica que no caso concreto não houve a intenção real de submeter o responsável à ação da justiça.

Nesse ponto, tendo em vista que segundo a interpretação da Corte IDH se considera inválida a absolvição injusta de agentes criminosos motivada pela violação do devido processo legal na instrução imparcial e independente da causa, pode-se concluir que, no plano do direito convencional, o devido processo legal é princípio a ser observado não apenas na defesa dos direitos individuais de réus e de investigados, mas também para a proteção objetiva dos direitos humanos.

---

[144] STF, *HC* 171.118/SP, 2ª Turma, rel. Min. Gilmar Mendes, j. 12.11.2019, *DJe* 17.08.2020.
[145] Corte IDH, *Caso Almonacid Arellano e Outros vs. Chile*, Exceções Preliminares, Mérito, Reparações e Custas, sentença de 26.09.2006, Série C, nº 154, § 154.

O mesmo posicionamento foi adotado pela Corte IDH no julgamento dos casos *La Catunta vs. Peru*[146] e *Gutiérrez Soler vs. Colômbia*,[147] em que não se reconheceu o trânsito em julgado de decisões judiciais proferidas por tribunais internos e que levaram à absolvição de agentes criminosos responsáveis por graves lesões a direitos humanos, em decorrência do desatendimento ao devido processo legal, por insuficiência de adequada investigação e, sendo o caso, de punição, de acordo com os critérios estabelecidos na Convenção Americana. Por sua vez, no caso *Carpio Nicolle e Outros vs. Guatemala* a Corte IDH buscou traçar as verdadeiras finalidades das garantias processuais, as quais devem servir para a proteção de legítimos direitos humanos de acusados e investigados, mas não podem jamais se converter em Cavalos de Troia para a impunidade e a consequente consolidação de estados de lesão criminosa aos direitos das vítimas. Segundo a Corte IDH nesse caso, "[o] desenvolvimento da legislação e da jurisprudência internacionais tem permitido o exame da chamada 'coisa julgada fraudulenta', que resulta de um juízo em que não se respeitaram as regras do devido processo, ou quando os juízes não atuaram com independência e imparcialidade", razão pela qual devem os Estados – no cumprimento da obrigação de investigar e punir os responsáveis por violações a direitos humanos – "remover todos os obstáculos e mecanismos de fato e de direito que mantêm a impunidade, outorgar as garantias de segurança suficientes às testemunhas, autoridades judiciais, fiscais [Ministério Público], outros operadores da justiça e aos familiares das vítimas, assim como utilizar todas as medidas ao seu alcance para diligenciar o processo".[148]

Por tais razões, apesar da contrariedade do art. 8º do Código Penal em face do disposto no art. 8º(4) da Convenção Americana, a interpretação que advém da jurisprudência da Corte IDH impõe não a sua completa invalidação, mas a sua *limitação convencional*, com o propósito de resguardar hipóteses injustas e ilegítimas de impunidade. Conclui-se, assim, que o direito convencional, ao mesmo tempo em que impede o Estado de repetir medidas de persecução penal levadas a efeito em diferentes países, também ressalva que eventual desrespeito de outros Estados ao cumprimento das suas obrigações positivas poderá ensejar a realização de novo processo de persecução penal, sem que fique caracterizada ofensa ao *ne bis in idem*.

Ressalte-se, por fim, que o instituto convencional da coisa julgada fraudulenta ou aparente deve ser aplicado com a mesma amplitude da vedação da

---

[146] Corte IDH, *Caso La Cantuta vs. Peru*, Mérito, Reparações e Custas, sentença de 29.11.2006, Série C, nº 162, § 153.

[147] Corte IDH, *Caso Gutiérrez Soler vs. Colômbia*, Mérito, Reparações e Custas, sentença de 12 de setembro de 2005, Série C, nº 132, § 98.

[148] Corte IDH, *Caso Carpio Nicolle e Outros vs. Guatemala*, Mérito, Reparações e Custas, sentença de 22 de novembro de 2004, Série C, nº 117, §§ 131 e 134.

múltipla persecução penal, ou seja, deve valer para permitir a complementação de persecuções penais já finalizadas tanto no âmbito internacional quanto no âmbito interno, desde que categoricamente evidenciadas causas injustas ou ilegítimas de subtração da responsabilidade penal do agente violador de direitos humanos. Assim, da mesma forma que deve o sistema de justiça criminal brasileiro excepcionar os efeitos da coisa julgada de processo criminal concluído no estrangeiro – que ilegitimamente ensejou a impunidade do agente violador de direitos –, deverá também afastar os efeitos da coisa julgada de processo criminal julgado no Brasil em que tenha se verificado igual fenômeno. Esse posicionamento se justifica porque as regras da Convenção Americana e a jurisprudência da Corte IDH devem ser equivalentemente aplicadas por todos os Estados-partes do sistema interamericano de direitos humanos, de modo que, se pode (deve) um Estado, nos limites da sua jurisdição, eliminar hipóteses de desrespeito à proteção objetiva dos direitos humanos praticadas no âmbito da soberania de outro Estado, com muito maior razão deve adotar a mesma providência no que tange aos atos praticados pelos seus próprios órgãos internos de justiça.

3.4.3 Controle de convencionalidade e justiça penal consensual

A justiça penal consensual se tornou agenda política no Brasil para desafogar o Poder Judiciário de controvérsias penais de menor relevância, de menor gravidade, consentindo-lhe o adequado e eficiente tratamento dos casos mais graves.

Foi por essa razão que a Constituição de 1988 determinou, no art. 98, I, que a União, o Distrito Federal, os Territórios e Estados criassem "juizados especiais, providos por juízes togados, ou togados e leigos, competentes para a conciliação, o julgamento e a execução de causas cíveis de menor complexidade e infrações penais de menor potencial ofensivo, mediante os procedimentos oral e sumaríssimo, permitidos, nas hipóteses previstas em lei, a transação e o julgamento de recursos por turmas de juízes de primeiro grau". Por sua vez, a Lei nº 9.099/95 regulamentou o dispositivo constitucional no âmbito de justiça dos Estados e introduziu em nosso ordenamento jurídico os modelos de transação, composição e conciliação na esfera criminal com a previsão da transação penal e da suspensão condicional do processo.

A transação penal, prevista no art. 76, *caput*, da Lei nº 9.099/95,[149] constitui benefício que pode ser concedido ao agente que tenha cometido

---

[149] *Verbis*: "Havendo representação ou tratando-se de crime de ação penal pública incondicionada, não sendo caso de arquivamento, o Ministério Público poderá propor a aplicação imediata de pena restritiva de direitos ou multas, a ser especificada na proposta".

infrações penais a que a lei comine pena máxima não superior a 2 anos, conforme definição do art. 61 da mesma lei: "Consideram-se infrações penais de menor potencial ofensivo, para os efeitos desta Lei, as contravenções penais e os crimes a que a lei comine pena máxima não superior a 2 (dois) anos, cumulada ou não com multa". Em casos tais, o Ministério Público apresenta proposta de imediata aplicação de pena restritiva de direitos ou multa, quando se tratar de ação penal pública, não sendo o caso de arquivamento.

Por sua vez, a suspensão condicional do processo, disciplinada no art. 89 da Lei nº 9.099/95, confere ao denunciado a possibilidade de ter a ação penal suspensa por dois a quatro anos, desde que não esteja sendo processado ou não tenha sido condenado por outro crime, quando concordar com as condições oferecidas pelo Ministério Público, nos casos em que a pena mínima cominada para o delito seja igual ou inferior a um ano, presentes os demais requisitos que autorizariam a suspensão condicional da pena (art. 77 do Código Penal).

Nesses dois institutos processuais de justiça penal consensual o Ministério Público possui um poder-dever de analisar, com exclusividade, a possibilidade de aplicação de cada qual, devendo fazê-lo de forma fundamentada. Nesse sentido é a jurisprudência do STJ, segundo a qual "[c]abe ao Ministério Público, com exclusividade, a análise quanto à possibilidade do oferecimento do benefício da suspensão condicional do processo, podendo recusar a aplicação do referido instituto, desde que o faça de forma fundamentada".[150]

Ressalte-se que, no momento da avaliação da possibilidade jurídica de aplicação dos referidos institutos, o Ministério Público é obrigado a aferir se o oferecimento do benefício está em consonância com os tratados de direitos humanos incorporados ao ordenamento jurídico brasileiro, sempre analisando se tal providência será suficiente para reparar a violação perpetrada contra o direito violado. Dessa maneira, se o Ministério Público verificar que a transação penal ou a suspensão condicional do processo não são suficientes para reprimir a conduta prevista no tipo penal, conforme as normas constantes também em tratados de direitos humanos em vigor no Brasil, como, *v.g.*, as normas de proteção à criança ou o adolescente ou às pessoas com deficiência, os institutos de justiça penal consensual devem ser rechaçados e a denúncia oferecida.

Contudo, o posicionamento do Ministério Público em não aplicar os benefícios da justiça penal consensual previstos na legislação doméstica deve

---

[150] STJ, AgRg no REsp. 1.849.860/SP, 5ª Turma, rel. Min. Joel Ilan Paciornik, j. 26.05.2020, *DJe* 10.06.2020.

conter adequada fundamentação de fato e de direito, em atendimento ao devido processo convencional, oportunidade em que realizará o exame de convencionalidade das normas aplicáveis ao caso concreto. Se o juiz considerar improcedentes as razões invocadas pelo *Parquet* para a não propositura da transação penal ou da suspensão condicional do processo, deverá fazer remessa das peças de informação ao Procurador-Geral de Justiça, aplicando-se, de forma analógica, o art. 28 do CPP, nos termos dos princípios constitucionais do processo, levando em consideração o sistema acusatório e a titularidade exclusiva da ação penal. Em casos tais estará presente o encadeamento interinstitucional do exame de convencionalidade – decorrente das ações de aferição do Poder Judiciário e de controle do Ministério Público –, em que o Procurador-Geral de Justiça poderá insistir em não formular a proposta de transação penal ou a suspensão condicional do processo (*v.* item 3.4.2, *supra*).

Como se nota, o contemporâneo Direito Penal e a sua aplicação têm que ser confrontados com a ideia de hierarquia de valores (hierarquia axiológica) estabelecida tanto pela Constituição quanto pelos tratados de direitos humanos incorporados ao ordenamento pátrio, vigorando o princípio da proporcionalidade em sua dupla face, qual seja, a limitação do poder punitivo do Estado e a proibição da proteção deficiente do bem jurídico tutelado.

Com o advento do chamado "Pacote Anticrime", promulgado pela Lei nº 13.964/2019, inseriu-se no CPP (art. 28-A) o chamado acordo de não persecução penal, que configura instrumento de política criminal eleito pelo *dominus litis* quando presentes os requisitos legais.[151] Por meio do ANPP,

---

[151] *Verbis*: "Art. 28-A. Não sendo caso de arquivamento e tendo o investigado confessado formal e circunstancialmente a prática de infração penal sem violência ou grave ameaça e com pena mínima inferior a 4 (quatro) anos, o Ministério Público poderá propor acordo de não persecução penal, desde que necessário e suficiente para reprovação e prevenção do crime, mediante as seguintes condições ajustadas cumulativa e alternativamente: I – reparar o dano ou restituir a coisa à vítima, exceto na impossibilidade de fazê-lo; II – renunciar voluntariamente a bens e direitos indicados pelo Ministério Público como instrumentos, produto ou proveito do crime; III – prestar serviço à comunidade ou a entidades públicas por período correspondente à pena mínima cominada ao delito diminuída de um a dois terços, em local a ser indicado pelo juízo da execução, na forma do art. 46 do Decreto-Lei nº 2.848, de 7 de dezembro de 1940 (Código Penal); IV – pagar prestação pecuniária, a ser estipulada nos termos do art. 45 do Decreto-Lei nº 2.848, de 7 de dezembro de 1940 (Código Penal), a entidade pública ou de interesse social, a ser indicada pelo juízo da execução, que tenha, preferencialmente, como função proteger bens jurídicos iguais ou semelhantes aos aparentemente lesados pelo delito; ou V – cumprir, por prazo determinado, outra condição indicada pelo Ministério Público, desde que proporcional e compatível com a infração penal imputada".

tem-se no negócio jurídico a ser celebrado uma alternativa à deflagração da ação penal pública. Sabiamente, o legislador, ao atribuir ao Ministério Público a possibilidade de negociar com aqueles que violam direitos humanos das vítimas, destacou que somente poderá fazê-lo se for "necessário e suficiente para reprovação e prevenção do crime", o que normatiza, no contexto da justiça consensual, o princípio da proporcionalidade no sentido de proibição deficiente do bem jurídico tutelado. Portanto, mais uma vez, em decorrência de sua função constitucional, no âmbito do sistema acusatório, caberá ao Ministério Público perquirir, no momento de sua decisão, se o ANPP será necessário e suficiente para a prevenção do crime, oportunidade em que deverá verificar se há normas em tratados internacionais de direitos humanos em vigor no Brasil que obstaculizam a formação do negócio jurídico, no exercício do controle de convencionalidade.

O Ministério Público, diante da violação de um direito humano e fundamental, deve dar resposta necessária e adequada à proteção do bem jurídico violado. Primeiro, porque os direitos fundamentais impõem um dever de proteção e, segundo, porque há uma proibição de proteção insuficiente, especialmente levando-se em conta a normativa internacional de direitos humanos inserida no ordenamento jurídico brasileiro.

Exemplifique-se a atuação do Ministério Público na decisão do oferecimento do ANPP quando se depara com o delito de injúria racial, tipificado no art. 140, § 3º, do Código Penal, cuja pena é de reclusão de um a três anos e multa.[152] O tipo penal, por si só, comporta o benefício do ANNP, uma vez que possui pena inferior a quatro anos e pode ser praticado sem violência à pessoa, preenchendo o agente infrator as demais condições previstas na norma. No entanto, mesmo diante de tal cenário jurídico, o Ministério Público terá que avaliar se o instituto de justiça penal negociada é necessário e adequado para a proteção da dignidade humana violada com a prática da infração da injúria racial, especialmente levando-se em consideração a Convenção Interamericana Contra o Racismo, a Discriminação Racial e Formas Correlatas de Intolerância, de 2013 (aprovada no Brasil com o quórum qualificado previsto no art. 5º, § 3º, da Constituição, ou seja, com equivalência de emenda constitucional).[153] O Brasil, ao ratificar a Convenção, que tem equivalência de emenda constitucional entre nós, comprometeu-se a preve-

---

[152] Verbis: "Art. 140 – Injuriar alguém, ofendendo-lhe a dignidade ou o decoro: (...) § 3º Se a injúria consiste na utilização de elementos referentes a raça, cor, etnia, religião, origem ou a condição de pessoa idosa ou portadora de deficiência: Pena – reclusão de um a três anos e multa".

[153] A Convenção foi ratificada em 28.05.2021 e promulgada pelo Decreto nº 10.932/2022.

nir, eliminar, proibir e punir, de acordo com suas normas constitucionais e com as disposições da Convenção, todos os atos e manifestações de racismo, discriminação racial e formas correlatas de intolerância (art. 4º). Por sua vez, o texto constitucional brasileiro tem na dignidade da pessoa humana um fundamento axiológico imperativo a ser levado em consideração em todos os casos (CF, art. 1º, III) e previu como mandado de criminalização que o crime de racismo seja imprescritível e inafiançável, fixando para a espécie pena de reclusão (CF, art. 5º, XLII).

Verifica-se, assim, que, perante a normatividade da Convenção Interamericana contra o Racismo, a Discriminação Racial e Formas Correlatas de Intolerância, há que se interpretar o art. 28-A do CPP conforme o direito internacional dos direitos humanos. Assim, a concessão de ANPP para agentes criminosos violadores da dignidade humana mediante condutas racistas conota insuficiente proteção do direito violado, razão pela qual deve o Ministério Público rechaçar o negócio jurídico em delitos de racismo e discriminação. O exame adequado de convencionalidade opera, portanto, afastando o negócio jurídico – que seria possível em outros contextos – em prevalência da dignidade da vítima, à luz de norma internacional em vigor no Brasil.

Nessa direção, o Ministério Público do Estado de São Paulo, com fundamento nos arts. 19, X, *d*, e 37, da Lei Complementar Estadual nº 734/93, expediu uma *Orientação Conjunta* aos seus órgãos de execução para que evitem qualquer instrumento de consenso (transação penal, acordo de não persecução penal ou suspensão condicional do processo) nos procedimentos investigatórios e processos criminais envolvendo crimes de racismo, compreendidos aqueles tipificados na Lei nº 7.716/89 e no art. 140, § 3º, do Código Penal, pois desproporcionais e incompatíveis com infrações penais desta natureza, violadora de valores sociais, com fulcro na Declaração das Nações Unidas contra a Eliminação de Todas as Formas de Discriminação Racial, de 20 de dezembro de 1963 (Resolução 1.904 (XVIII) da Assembleia Geral).[154] Tal *Orientação* do Ministério Público de São Paulo é anterior à ratificação pelo Brasil da Convenção Interamericana contra o Racismo, a Discriminação Racial e Formas Correlatas de Intolerância, mas já se pautava pelo direcionamento correto do tema à luz dos instrumentos internacionais de direitos humanos em vigor no Brasil.

A insuficiência prática dos instrumentos de justiça penal consensual para a articulação de respostas adequadas a casos de graves violações a direitos humanos à luz dos parâmetros protetivos encartados nos tratados internacio-

---

[154] MPSP, Ministério Público do Estado de São Paulo, Centro de Apoio Operacional, Orientação Conjunta n. 01/2020 PGJ/SP e CGMP/SPO, aviso 206/2020.

nais pode, *v.g.*, ser claramente demonstrada com a recente evolução histórica do tratamento jurídico da violência doméstica contra a mulher no Brasil. Importa, nesse sentido, relembrar que, até o advento da Lei nº 11.340/2006, parcela substancial dos casos de violência praticados contra mulheres em âmbito doméstico eram considerados pela ordem jurídica nacional como delitos de *menor potencial ofensivo*, haja vista que a resposta penal em tais casos era regida pelas disposições da Lei nº 9.099/95. Dessa maneira, os agentes violadores dos direitos humanos e fundamentais de mulheres, mesmo quando atuavam com violência danosa à integridade física das suas vítimas, tinham garantido pela ordem infraconstitucional o direito subjetivo de serem beneficiados com o oferecimento de proposta ministerial de transação penal (art. 76) ou de suspensão condicional do processo (art. 89), institutos impeditivos da deflagração e do desenvolvimento dos procedimentos de persecução penal.

A desproteção gerada pelo tratamento excessivamente brando que era conferido à violência contra as mulheres no Brasil, com base na legislação em vigor na época, costumava ser degradantemente retratado pela obrigação legal de o Ministério Público formular em favor dos homens agressores proposta de, *v.g.*, realizarem o pagamento de cestas básicas como medida despenalizadora e alternativa à deflagração da ação penal, não ensejadora de anotação de reincidência.[155] O exemplo apresentado ilustra com clareza a conclusão de que as parcas consequências criminais derivadas da transação penal, além de representar situação de desproteção às vítimas de violência doméstica, deixava transparecer a errônea ideia de que a ordem jurídica brasileira não considerava esse tipo de violência como uma situação dramática de lesão a direitos humanos.

Mesmo em face da legislação em vigor antes do advento da Lei nº 11.340/2006, o enquadramento de atos de violência doméstica contra a mulher como delitos de menor potencial ofensivo – sujeitos a medidas de justiça penal consensual – sempre representou hipótese evidente de inconvencionalidade, tendo em vista que, se a Lei nº 9.099/95 era permissiva com a violência contra a mulher, a Convenção Interamericana para Prevenir, Punir e Erradicar a Violência Contra a Mulher ("Convenção de Belém do Pará", de 1994, ratificada pelo Brasil em 27 de novembro de 1995) determina, em seu art. 7(5), que todos os Estados-partes devem adotar "tomar todas as medidas apropriadas, incluindo medidas de tipo legislativo, para modificar ou abolir lei e regulamentos vigen-

---

[155] Desde 2015 a legislação de proteção à mulher foi ampliada no Brasil, especialmente com a Lei nº 13.104/2015, que alterou o Código Penal para prever o feminicídio como circunstância qualificadora do crime de homicídio, além de alterar o art. 1º da Lei nº 8.072/90, para incluir o feminicídio no rol dos crimes hediondos.

tes, ou para modificar práticas jurídicas ou consuetudinárias que respaldem a persistências ou a tolerância da violência contra a mulher".

Nesse contexto, o instituto da transação penal, muitas vezes ensejador do pagamento de cestas básicas ou da prestação de serviços sociais como mecanismos impeditivos da persecução penal de agressores de mulheres, sempre representou medida legislativa inconvencional, haja vista que simbolizadora da tolerância e incentivadora da persistência desse tipo de violência no âmbito da sociedade brasileira.

O exemplo prático que se descreve é oportuno para sedimentar a verdade de que a concessão de benefícios despenalizadores em favor de agentes responsáveis pelo cometimento de importantes violações de direitos humanos representa, ao invés de medida de proteção, forma concreta de vilipêndio à dignidade das vítimas. O breve resgate histórico realizado quanto à falta de amparo legal aos direitos das mulheres desvela, ainda, que o controle de convencionalidade pelo Ministério Público não ilustra uma reflexão meramente teórica, uma vez que, se os órgãos ministeriais tivessem realizado a leitura da Lei nº 9.099/95 desde a sua criação, pelas lentes dos tratados internacionais de direitos humanos, provocando o adequado encadeamento da matéria diante dos demais órgãos do sistema de justiça brasileiros, o tratamento da matéria já teria alcançado muitos anos de evolução no Brasil, tanto em seus tribunais quanto na cultura de sua população.

Nota-se que foi justamente em um contexto de flagrante desproteção das vítimas e de passividade dos órgãos operadores do sistema de justiça em identificar e corrigir o estado de inconvencionalidade que garantia a impunidade e que ajudava a vicejar a violência contra a mulher no Brasil que despontou a necessidade da criação de uma nova lei que, afastando os institutos de justiça penal consensual traçados pela Lei nº 9.099/95, tornasse mais adequada a proteção e a concretização dos direitos humanos das mulheres. Nesse sentido, destaque-se que, dentre muitos outros avanços legislativos de grande importância, o art. 41 da Lei Maria da Penha expressamente proíbe a transação penal ou a suspensão condicional do processo nos casos de violência doméstica,[156] impondo, por conseguinte, a deflagração de medidas de persecução penal contra os agentes criminosos que incorram em qualquer prática de violência doméstica e familiar contra a mulher, que passaram a

---

[156] *In verbis*: "Aos crimes praticados com violência doméstica e familiar contra a mulher, independentemente da pena prevista, não se aplica a Lei nº 9.099, de 26 de setembro de 1995".

ser expressamente consideradas pela lei como forma de violação de direitos humanos (art. 6º).[157]

Denota-se, portanto, que a Lei Maria da Penha representou medida legislativa que, atualizando a legislação doméstica vigente sobre a matéria, tratou de afastar institutos despenalizadores previstos na Lei nº 9.099/95, que deveriam ter sido objeto de controle de convencionalidade por todos os membros do Ministério Público brasileiro desde o ano de 1995, quando foi ratificada a Convenção de Belém do Pará.

Em outras palavras, o adequado exercício do controle de convencionalidade pelo Ministério Público no tema da violência doméstica poderia ter representado um fator de antecipação de mais de uma década no aperfeiçoamento do *standard* de proteção dos direitos humanos das mulheres no Brasil. Tal confirma a necessidade de estudo e de conhecimento dos tratados internacionais por todos os membros do Ministério Público brasileiro, bem como aprofunda a importância da constante análise ministerial de compatibilidade do direito interno com as normas internacionais de direitos humanos em vigor no Estado. Esse é um caminho indispensável e seguro para a defesa da ordem jurídica, do regime democrático e dos interesses sociais e individuais indisponíveis no Brasil.

3.5 SÍNTESE DO CONTROLE DE CONVENCIONALIDADE PELO MINISTÉRIO PÚBLICO

Uma função contemporânea do Ministério Público em todos os Estados-partes da Convenção Americana sobre Direitos Humanos – cujas disposições, no Brasil, têm valor hierárquico superior ao das leis – é a de zelar para que o sistema internacional de proteção dos direitos humanos seja efetivamente observado nas respectivas ordens domésticas. Desse modo, no exercício do seu plexo de atribuições e nos termos das regras processuais correspondentes, os órgãos do Ministério Público de todos os Estados-partes à Convenção Americana devem reconhecer a invalidade de leis contrárias (menos benéficas) às disposições dos tratados internacionais de direitos humanos (mais benéficos) em vigor no Estado.

Na totalidade das questões de sua competência que impliquem a deflagração de uma das suas atribuições institucionais, e, por conseguinte, no exercício de parcela da soberania do Estado, o Ministério Público brasileiro tem o dever de controlar a convencionalidade das leis para o fim de garantir

---

[157] *In verbis*: "A violência doméstica e familiar contra a mulher constitui uma das formas de violação dos direitos humanos".

efetividade doméstica aos tratados internacionais de direitos humanos ratificados e em vigor no Brasil, sem o que a missão ministerial de defensor da ordem jurídica e do regime democrático não restará completa.

No âmbito de sua resolutividade, o Ministério Público tem por missão – trata-se de *dever institucional*, pautado no art. 127 da Constituição Federal – zelar para que a completude da ordem jurídica (e, portanto, da "coleção de leis" em vigor, em que se incluem as normas internacionais ratificadas e em vigor, publicadas no *Diário Oficial da União*) seja devidamente resguardada, em todos os planos de normatividade possíveis (internacional, constitucional e legal).

A satisfação do propósito de resolutividade do Ministério Público em matéria de controle de convencionalidade será tanto maior quanto mais a instituição alcançar a adequação das normas internas ao direito internacional pelo caminho do encadeamento intrainstitucional (*intramuros*) de exame de convencionalidade, ou seja, quando conseguir internalizar a solução jurídica das questões sob exame, em vez de expurgar tais questões rumo a um encadeamento interinstitucional (*extramuros*). Evidentemente que há questões (especialmente na seara criminal) que *impõem* um encadeamento interinstitucional necessário ou obrigatório de controle de convencionalidade. No entanto, há diversas outras hipóteses em que o encadeamento *extramuros* há de ser, apenas, *subsidiariamente* seguido pelos membros do Ministério Público, em atenção ao propósito de máxima resolutividade funcional, sem que seja a primeira opção na busca pela concretização dos direitos humanos e fundamentais.

Com o propósito de conferir efetividade aos direitos humanos e à perfeita realização do controle de convencionalidade no exercício de suas atribuições, todos os membros do Ministério Público devem estar conscientes que a ordem jurídica vigente no Brasil encontra-se também integrada pelas normas contidas nos tratados internacionais de direitos humanos, bem como pela jurisprudência da Corte IDH. Ademais, relembre-se que tais instrumentos internacionais se encontram em plano normativo-hierárquico *superior* ao da legislação interna, situando-se, no mínimo, no patamar supralegal (nos termos da jurisprudência atual do STF sobre a matéria).

A firme compreensão dessas premissas apresentadas deve implicar verdadeira mudança de paradigma para todos os membros do *Parquet* quanto à imperatividade do cumprimento das obrigações contidas nas convenções internacionais de direitos humanos em vigor no Brasil. Não podem, portanto, os membros do Ministério Público continuar a buscar na ordem jurídica interna fundamentos para demonstrar a *permissão* da legislação nacional para o atendimento dos comandos normativos encerrados nos tratados internacionais ou na jurisprudência da Corte IDH, mas, ao contrário, todos os agentes ministeriais devem se condicionar a realizar a leitura do ordenamento pátrio por meio das lentes relativas ao direito internacional dos direitos humanos.

Em suma, o controle de convencionalidade pelo Ministério Público nos casos analisados é exercício impositivo, que não admite retorno ou esmorecimento. Trata-se de missão contemporânea que não pode escapar a qualquer membro do *Parquet* no Brasil, consubstanciando-se na missão que lhe atribui a Constituição Federal de 1988 de defesa da ordem jurídica, do regime democrático e dos interesses sociais e individuais indisponíveis.

Conclusão Geral

O Ministério Público brasileiro, na condição de defensor da ordem jurídica, do regime democrático e dos interesses sociais e individuais indisponíveis, é instituição que tem por mister fiscalizar e garantir o cumprimento de todo o mosaico normativo em vigor no Brasil, tal como a Constituição, as leis nacionais e os tratados internacionais de que o Estado brasileiro é parte, em especial os relativos a direitos humanos. Além do mais, deve o Ministério Público assegurar, por meio dos instrumentos processuais e extraprocessuais que lhe competem, a prevalência da interpretação da Corte IDH em todas as questões em que atuar, quer como parte (*sponte sua*) ou como interveniente (*custos juris*).

O *Parquet* tem, atualmente, a especial missão de zelar pelo cumprimento das normas internacionais de direitos humanos de que o Brasil é parte, não somente judicializando questões atinentes a interesses sociais e individuais indisponíveis, senão também agindo internamente – é dizer, com caráter resolutivo – para a proteção desses mesmos interesses. Esse desdobramento funcional, quando norteado pela aplicação dos tratados de direitos humanos, torna a instituição ministerial gestora de interesses sociais e individuais indisponíveis tanto no plano judiciário como *intramuros*. Dessa forma, nos dois planos em que atua, poderá exigir a aplicação de normas maiores – ratificadas pelo Estado brasileiro, do qual é, também, *longa manus* – que compõem o núcleo essencial de proteção dos interesses da sociedade em vigor no Estado.

O desempenho da sua missão constitucional de defesa da ordem jurídica impõe ao Ministério Público a obrigação de realizar todas as suas funções institucionais *pari passu* com um estado permanente de exame de convencionalidade das normas do direito interno. No entanto, é necessário ter atenção para o fato de que a relação da instituição com os tratados internacionais de direitos humanos não se limita ao exame de convencionalidade para a resolução de casos concretos, contidos em demandas de terceiros e trazidas à sua apreciação por provocação legal ou do juízo.

O adequado conhecimento das normas internacionais e da jurisprudência da Corte IDH, bem como a consciência jurídica de que essas fontes de direito internacional efetivamente moldam a aplicação, a interpretação e a percepção de validade do direito nacional, são mecanismos que se complementam na montagem de uma verdadeira bússola para a atuação do Ministério Público no Brasil. Dessa maneira, somente com a visão voltada para a bússola do exame de convencionalidade é que os membros do *Parquet* brasileiro poderão percorrer com êxito o denso mapa de suas incomensuráveis atribuições funcionais, alcançando, com segurança, a realização dos direitos da sociedade e se desviando dos caminhos sombrios da inefetividade e das armadilhas da desproteção dos direitos humanos e fundamentais.

Ademais, quando o Ministério Público intervém em processos judiciais nos variados casos de indicação constitucional e/ou legal, age como fiscal da ordem jurídica (*custos juris*) e não como mero "fiscal da lei" (*custos legis*). A compreensão de se tratar de instituição que garante o império *do direito* em sua completude – o vigor das normas internacionais, constitucionais e legais – é importante para o exercício do exame de convencionalidade pelo Ministério Público, dado que a condição de *custos juris* o obriga a zelar pela prevalência da norma mais favorável ao ser humano, em homenagem ao princípio *pro homine* ou *pro persona*.

Por outro lado, a atuação do Ministério Público brasileiro na aferição e no controle de convencionalidade alcança especial dimensionamento e primazia porque, enquanto os demais órgãos integrantes do sistema de justiça, nos termos da jurisprudência da Corte IDH, devem realizar o exame de convencionalidade "no âmbito de suas competências", o Ministério Público tem como competência *a própria fiscalização* da ordem jurídica, tal como estabelecido pelo art. 127 da Constituição Federal de 1988. Perceba-se, portanto, o *plus* que tem o Ministério Público relativamente às outras instituições essenciais à Justiça, exatamente pelo fato de a "defesa da ordem jurídica" ser a sua *própria* competência institucional-constitucional. Em outras palavras, enquanto os demais órgãos do sistema de justiça, no desempenho das suas finalidades institucionais, devem observar a convencionalidade das leis, para o Ministério Público o exame (aferição ou controle) de convencionalidade representa a sua ínsita finalidade institucional, razão pela qual a fiscalização do cumprimento/aplicação dos tratados de direitos humanos pela instituição se faz com muito maior vigor.

Prova disso é que o Ministério Público, para além do Poder Judiciário, é instituição essencial à Justiça que também *controla* a convencionalidade (para além de *aferir* essa mesma convencionalidade) das leis nacionais, no âmbito das suas competências institucionais-constitucionais, a exemplo do que ocorre quando maneja a ação civil pública, celebra compromissos de ajustamento de conduta, arquiva inquérito civil público, arquiva inquérito policial ou procedimentos investigatórios criminais, sem contar quando propõe a ação penal pública. Aqui, como se verifica, trata-se de verdadeiro controle de convencionalidade *ultima ratio* pelo órgão ministerial, que não está a depender de chancela (ou deliberação) do Poder Judiciário.

Para demonstrar a mecânica de complementação que é imposta a todos os órgãos da administração da Justiça no exame de convencionalidade, decorrente da primazia das normas convencionais e da jurisprudência da Corte IDH, bem como para fundamentar de maneira lógica e racional a atividade de controle convencional do Ministério Público segundo as diretrizes regentes do sistema interamericano de direitos humanos, lançamos, nesta obra, a doutrina dos *núcleos autônomos* de exame de convencionalidade, que se encadeiam ou *dentro* (*intra-*) da instituição ou *entre* (*inter-*) instituições diversas, para o fim de melhor concretizar a proteção dos direitos humanos e fundamentais no Brasil.

A compreensão dessa mecânica de controle é imprescindível para a atuação do Ministério Público voltada à proteção dos direitos humanos das vítimas, em consonância com os ditames estabelecidos pelo sistema interamericano de direitos humanos, expressos na jurisprudência constante da Corte IDH, notadamente nos casos contra o Brasil. Por isso, qualquer falha do Ministério Público no devido exame da convencionalidade das leis acarreta consequências gravosas à proteção dos direitos humanos que o Estado se obrigou, no plano interno, a garantir e a efetivar.

Em suma, a obrigação constitucional congênita de fiscalizar a ordem jurídica e, com ela, desenvolver o exame de convencionalidade no manejo da integralidade das ferramentas constitucionais e legais da atividade ministerial, torna obrigatório que todos os membros do *Parquet* – de todos os seus ramos e níveis de atuação – detenham conhecimento das normas internacionais de proteção dos direitos humanos e da jurisprudência da Corte IDH, além das condições e dos efeitos de sua integração ao sistema jurídico nacional.

A seguir esses passos, o Ministério Público brasileiro cumprirá importante missão para além da que lhe destina a Constituição Federal, consagrando-se como instituição também *convencional* de defesa da ordem jurídica, do regime democrático e dos direitos sociais e individuais indisponíveis.

Referências Bibliográficas

I – Livros, artigos e estudos

ALMEIDA, Gregório Assagra de; CAMBI, Eduardo; MOREIRA, Jairo Cruz (Org.). *Ministério Público, Constituição e acesso à justiça*: abordagens institucional, cível, coletiva e penal da atuação do Ministério Público. Belo Horizonte: D'Plácido, 2019.

BIDART CAMPOS, Germán J. *Tratado elemental de derecho constitucional argentino*, t. III. Buenos Aires: Ediar, 1995.

BORGES, Nadine. *Damião Ximenes*: primeira condenação do Brasil na Corte Interamericana de Direitos Humanos. Rio de Janeiro: Revan, 2009.

CAMBI, Eduardo; FOGAÇA, Marcos Vargas. Ministério Público resolutivo: o modelo contemporâneo de atuação institucional. *Revista dos Tribunais*, São Paulo, vol. 982, ano 106, p. 107-134, ago. 2017.

CAMBI, Eduardo; PORTO, Letícia de Andrade. *Ministério Público resolutivo e proteção dos direitos humanos*. Belo Horizonte: D'Plácido, 2019.

CANÇADO TRINDADE, Antônio Augusto. *Tratado de direito internacional dos direitos humanos*, vol. III. Porto Alegre: Sergio Antonio Fabris, 2003.

COSTA, Pablo Henrique Hubner de Lanna (Org.). *Controle de convencionalidade*: estudos em homenagem ao Professor Doutor Valerio de Oliveira Mazzuoli. Belo Horizonte: Arraes, 2019.

DE CLÉMENT, Zlata Drnas. La complejidad del principio *pro homine*. *Jurisprudencia Argentina*, fascículo nº 12, Buenos Aires, p. 98-111, mar. 2015.

FACHIN, Melina Girardi. (Des)acatando uma teoria não seletiva do controle de convencionalidade: ou ainda primeiras reflexões para uma teoria não consequencialista dos diálogos interno-internacional em matéria de direitos humanos. In: COSTA, Pablo Henrique Hubner de Lanna (Org.). *Controle de convencionalidade*: estudos em homenagem ao Professor Doutor Valerio de Oliveira Mazzuoli. Belo Horizonte: Arraes, 2019, p. 195-213.

FACHIN, Melina Girardi; CARVALHO, Verônica Akemi Shimoida de. Caso Escher: uma análise crítica da jurisprudência da Corte Interamericana de Direitos Humanos à luz do direito à liberdade de associação e reunião e as consequências da criminalização dos movimentos sociais. In: PIOVESAN, Flávia & SOARES, Inês Virgínia Prado. *Impacto das decisões da Corte Interamericana de Direitos Humanos na jurisprudência do STF*. 2. ed. rev. e ampl. Salvador: JusPodivm, 2020, p. 501-524.

FARIA, Marcelle Rodrigues da Costa e. *Acordo de não persecução penal como instrumento de política criminal de reafirmação do sistema acusatório*. Dissertação (Mestrado em Direito). Cuiabá: Universidade Federal de Mato Grosso, 2020. 181p.

GARCIA, Emerson. Ministério Público e controle de constitucionalidade. In: ALMEIDA, Gregório Assagra de; CAMBI, Eduardo; MOREIRA, Jairo Cruz (Org.). *Ministério Público, Constituição e acesso à justiça*: abordagens institucional, cível, coletiva e penal da atuação do Ministério Público. Belo Horizonte: D'Plácido, 2019, p. 833-865.

GOMES, Luiz Flávio; MAZZUOLI, Valerio de Oliveira. *O juiz e o direito*: o método dialógico e a magistratura na pós-modernidade. 2. ed. rev. e atual. Salvador: JusPodivm, 2019.

GOMES, Luiz Flávio; MAZZUOLI, Valerio de Oliveira (Org.). *Crimes da ditadura militar*: uma análise à luz da jurisprudência atual da Corte Interamericana de Direitos Humanos. São Paulo: Revista dos Tribunais, 2011.

MAC-GREGOR, Eduardo Ferrer. Eficacia de la sentencia interamericana y la cosa juzgada internacional: vinculación directa hacia las partes (*res judicata*) e indirecta hacia los Estados parte de la Convención Americana (*res interpretata*) – Sobre el cumplimiento del *Caso Gelman* vs. *Uruguay, Anuario de Derecho Constitucional Latinoamericano*, 19º año, Bogotá: Konrad-Adenauer-Stiftung, 2013, p. 607-638.

JAYME, Erik. Identité culturelle et intégration: le droit international privé postmoderne. *Recueil des Cours*, vol. 251 (1995), p. 9-267.

GOMES, Luiz Flávio & MOLINA, Antonio García-Pablos de. *Direito penal*, vol. 2 (Parte Geral). São Paulo: Revista dos Tribunais, 2007.

MARINONI, Luiz Guilherme; MAZZUOLI, Valerio de Oliveira (Coord.). *Controle de convencionalidade*: um panorama latino-americano (Brasil, Argentina, Chile, México, Peru, Uruguai). Brasília: Gazeta Jurídica, 2013.

MARQUES, Claudia Lima; MAZZUOLI, Valerio de Oliveira. O consumidor "depositário infiel", os tratados de direitos humanos e o necessário diálogo das fontes nacionais e internacionais: a primazia da norma mais favorável ao consumidor. *Revista de Direito do Consumidor*, São Paulo, vol. 70, p. 93-138, abr.-jun. 2009.

MAZZILLI, Hugo Nigro. *Regime jurídico do Ministério Público*. 7. ed. rev., ampl. e atual. São Paulo: Saraiva, 2013.

MAZZILLI, Hugo Nigro. A evolução do perfil institucional do Ministério Público. In: ALMEIDA, Gregório Assagra de; CAMBI, Eduardo; MOREIRA, Jairo Cruz (Org.). *Ministério Público, Constituição e acesso à justiça*: abordagens institucional, cível, coletiva e penal da atuação do Ministério Público. Belo Horizonte: D'Plácido, 2019, p. 693-704.

MAZZUOLI, Valerio de Oliveira. *Curso de direito internacional público*. 13. ed. rev., atual. e ampl. Rio de Janeiro: Forense, 2020.

MAZZUOLI, Valerio de Oliveira. *Curso de direitos humanos*. 7. ed., rev., atual. e ampl. São Paulo: Método, 2020.

MAZZUOLI, Valerio de Oliveira. *Direitos humanos na jurisprudência internacional*: sentenças, opiniões consultivas, decisões e relatórios internacionais. São Paulo: Método, 2019.

MAZZUOLI, Valerio de Oliveira. *Controle jurisdicional da convencionalidade das leis*. 5. ed. rev., atual. e ampl. Rio de Janeiro: Forense, 2018.

MAZZUOLI, Valerio de Oliveira. Trattati internazionali in materia di ambiente nell'ordinamento giuridico brasiliano. *Rivista Giuridica dell'Ambiente*, Milano, vol. 1, p. 141-158, 2017.

MAZZUOLI, Valerio de Oliveira. Podem os tratados de direitos humanos não "equivalentes" às emendas constitucionais servir de paradigma ao controle concentrado de convencionalidade? *Revista Direito Público*, Porto Alegre, vol. 64, p. 222-229, 2015.

MAZZUOLI, Valerio de Oliveira. A garantia do duplo grau de jurisdição em matéria criminal na Convenção Americana sobre Direitos Humanos e na jurisprudência recente do STF: uma análise a partir dos casos "Barreto Leiva *vs.* Venezuela" (CIDH) e "Mensalão" (STF). In: CLÈVE, Clèmerson Merlin; FREIRE, Alexandre (Coord.). *Direitos fundamentais e jurisdição constitucional*. São Paulo: Revista dos Tribunais, 2014, p. 833-847.

MAZZUOLI, Valerio de Oliveira. *Direito dos tratados*. 2. ed. rev., atual. e ampl. Rio de Janeiro: Forense, 2014.

MAZZUOLI, Valerio de Oliveira. *Tratados internacionais de direitos humanos e direito interno*. São Paulo: Saraiva, 2010.

MAZZUOLI, Valerio de Oliveira. Observância e aplicação dos tratados internacionais na Convenção de Viena sobre o Direito dos Tratados de 1969. In: DEL'OLMO, Florisbal de Souza (Coord.). *Curso de direito internacional contemporâneo*: estudos em homenagem ao Prof. Dr. Luís Ivani de Amorim Araújo pelo seu 80º aniversário. Rio de Janeiro: Forense, 2003, p. 637-653.

MAZZUOLI, Valerio de Oliveira. Os tratados internacionais de direitos humanos como fonte do sistema constitucional de proteção de direitos. *Revista do Centro de Estudos Judiciários*, nº 18, Brasília, p. 120-124, jul.-set. 2002.

MAZZUOLI, Valerio de Oliveira. Hierarquia constitucional e incorporação automática dos tratados internacionais de proteção dos direitos humanos no ordenamento brasileiro. *Anuario Argentino de Derecho Internacional*, Buenos Aires, vol. 11, p. 177-212, 2002.

MAZZUOLI, Valerio de Oliveira; RIBEIRO, Dilton. The *pro homine* principle as an enshrined feature of international human rights law. *The Indonesian Journal of International & Comparative Law*, vol. III, issue 1, p. 77-99, January 2016.

MAZZUOLI, Valerio de Oliveira; BICHARA, Jahyr-Philippe. *O judiciário brasileiro e o direito internacional*: análise crítica da jurisprudência nacional. Belo Horizonte: Arraes, 2017.

MAZZUOLI, Valerio de Oliveira; ROCHA, Jorge Bheron. Defensoria Pública: instituição essencial ao controle de convencionalidade. *Revista Jurídica UNIGRAN*, vol. 22, nº 43, p. 17-27, jan.-jun. 2020.

MELLO, Celso D. de Albuquerque. O § 2º do art. 5º da Constituição Federal. In: TORRES, Ricardo Lobo (Org.). *Teoria dos direitos fundamentais*. 2. ed. rev. e atual. Rio de Janeiro: Renovar, 2001, p. 1-33.

OLIVEIRA, Kledson Dionysio de. *Proteção objetiva dos direitos humanos e fundamentais e dignidade das vítimas da criminalidade*: fundamentos das obrigações processuais penais positivas do Estado. Dissertação (Mestrado em Direito). Cuiabá: Universidade Federal de Mato Grosso, 2020. 302p.

PALACIOS, Augusto Guevara. *Los dictámenes consultivos de la Corte Interamericana de Derechos Humanos*: interpretación constitucional y convencional. Barcelona: Bosch, 2012.

PIOVESAN, Flávia. *Direitos humanos e o direito constitucional internacional*. 12 ed. rev. e atual. São Paulo: Saraiva, 2011.

PIOVESAN, Flávia. Leis de anistia, direito à verdade e à justiça: impacto do sistema interamericano e perspectivas da justiça de transição no contexto sul-americano. *Revista de Direito do Estado*, nº 21, Rio de Janeiro, p. 681-693, jan.-dez. 2011.

PIOVESAN, Flávia; FACHIN, Melina Girardi; MAZZUOLI, Valerio de Oliveira. *Comentários à Convenção Americana sobre Direitos Humanos*. Rio de Janeiro: Forense, 2019.

SANTOS, Roberto Lima. *Crimes da ditadura militar*: responsabilidade internacional do Estado brasileiro por violação aos direitos humanos. Porto Alegre: Nuria Fabris, 2010.

SILVA, Marcos Vinicius de Oliveira (Org.). *A instituição sinistra*: mortes violentas em hospitais psiquiátricos no Brasil. Brasília: Conselho Federal de Psicologia, 2001.

TORELLY, Marcelo. Gomes Lund *vs.* Brasil cinco anos depois: histórico, impacto, evolução jurisprudencial e críticas. In: PIOVESAN, Flávia & SOARES, Inês Virgínia Prado. *Impacto das decisões da Corte Interamericana de Direitos Humanos na jurisprudência do STF*. 2. ed. rev. e ampl. Salvador: JusPodivm, 2020, p. 525-560.

WEICHERT, Marlon Alberto. Anistia a graves violações a direitos humanos no Brasil: um caso de suprema impunidade. *Revista OABJR*, vol. 25, nº 2, Rio de Janeiro, p. 137-164, jul.-dez. 2009.

WEIS, Carlos. *Direitos humanos contemporâneos*. 2. ed. São Paulo: Malheiros, 2010.

ZANETI JR., Hermes. *O Ministério Público e o novo processo civil*. Salvador: JusPodivm, 2018.

II – Jurisprudência da Corte Interamericana de Direitos Humanos

Caso Godínez Cruz vs. Honduras, Exceções Preliminares, sentença de 26 de junho de 1987, Série C, nº 3.

Caso Blake vs. Guatemala, Mérito, sentença de 24 de janeiro de 1998, Série C, nº 36.

Caso de la "Panel Blanca" (Paniagua Morales e outros) vs. Guatemala, Mérito, sentença de 8 de março de 1998, Série C, nº 37.

Caso Tribunal Constitucional vs. Peru, Mérito, Reparações e Custas, sentença de 31 de janeiro de 2001, Série C, nº 71.

Caso Cantos vs. Argentina, Mérito, Reparações e Custas, sentença de 28 de novembro de 2002, Série C, nº 97.

Caso Maritza vs. Guatemala, Mérito, Reparações e Custas, sentença de 27 de novembro de 2003, Série C, nº 113.

Caso Tibi vs. Equador, Exceções Preliminares, Mérito, Reparações e Custas, sentença de 07 de setembro de 2004, Série C, nº 114.

Caso Carpio Nicolle e Outros vs. Guatemala, Mérito, Reparações e Custas, sentença de 22 de novembro de 2004, Série C, nº 117.

Caso Yatama vs. Nicarágua, Exceções Preliminares, Mérito, Reparações e Custas, sentença de 23 de junho de 2005, Série C, nº 127.

Caso Gutiérrez Soler vs. Colômbia, Mérito, Reparações e Custas, sentença de 12 de setembro de 2005, Série C, nº 132.

Caso Palamara Iribarne vs. Chile, Mérito, Reparações e Custas, sentença de 22 de novembro de 2005, Série C, nº 135.

Caso Ximenes Lopes vs. Brasil, Mérito, Reparações e Custas, sentença de 4 de julho de 2006, Série C, nº 149.

Caso Almonacid Arellano e Outros vs. Chile, Exceções Preliminares, Mérito, Reparações e Custas, sentença de 26 de setembro de 2006, Série C, nº 154.

Caso Trabalhadores Demitidos do Congresso (Aguado Alfaro e Outros) vs. Peru, Exceções Preliminares, Mérito, Reparações e Custas, sentença de 24 de novembro de 2006, Série C, nº 158.

Caso La Cantuta vs. Peru, Mérito, Reparações e Custas, sentença de 29.11.2006, Série C, nº 162.

Caso Apitz Barbera e Outros ("Corte Primeira do Contencioso Administrativo") vs. Venezuela, Exceção Preliminar, Mérito, Reparações e Custas, sentença de 5 de agosto de 2008, Série C, nº 182.

Caso Tristán Donoso vs. Panamá, Exceções Preliminares, Mérito, Reparações e Custas, sentença de 27 de janeiro de 2009, Série C, nº 193.

Caso Kawas Fernández vs. Honduras, Mérito, Reparações e Custas, sentença de 3 de abril de 2009, Série C, nº 196.

Caso Escher e Outros vs. Brasil, Exceções Preliminares, Mérito, Reparações e Custas, sentença de 6 de julho de 2009, Série C, nº 199.

Caso Sétimo Garibaldi vs. Brasil, Exceções Preliminares, Mérito, Reparações e Custas, sentença de 23 de setembro de 2009, Série C, nº 203.

Caso Cabrera García e Montiel Flores vs. México, sentença de 26 de novembro de 2010, Série C, nº 220.

Caso Gelman vs. Uruguai, Mérito e Reparações, sentença de 24 de fevereiro de 2011, Série C, nº 221.

Caso Liakat Ali Alibux vs. Suriname, Exceções Preliminares, Mérito, Reparações e Custas, sentença de 30 de janeiro de 2014, Série C, nº 276.

Caso Comunidade Garifuna de Punta Piedra e seus Membros vs. Honduras, Exceções Preliminares, Mérito, Reparações e Custas, sentença de 8 de outubro de 2015, Série C, nº 304.

Caso Kaliña e Lokono vs. Suriname, Mérito, Reparação e Custas, sentença de 25 de novembro de 2015, Série C, nº 309.

Caso Trabalhadores da Fazenda Brasil Verde vs. Brasil, Exceções Preliminares, Mérito, Reparações e Custas, sentença de 20 de outubro de 2016, Série C, nº 318.

Caso Herzog e Outros vs. Brasil, Exceções Preliminares, Mérito, Reparações e Custas, sentença de 15 de março de 2018, Série C, nº 353.

Caso Comunidades Indígenas Miembros de La Associación Lhaka Honhat (Nuestra Tierra) vs. Argentina, Mérito, Reparações e Custas, sentença de 6 de fevereiro de 2020, Série C, nº 400.

Obras dos Autores

Valerio de Oliveira Mazzuoli

Livros publicados

Controle jurisdicional da convencionalidade das leis. 5. ed. rev., atual. e ampl. Rio de Janeiro: Forense, 2018.

Curso de direito internacional privado. 5. ed. rev., atual. e ampl. Rio de Janeiro: Forense, 2021.

Curso de direito internacional público. 14. ed. rev., atual. e ampl. Rio de Janeiro: Forense, 2021.

Curso de direitos humanos. 9. ed. rev., atual. e ampl. São Paulo: Método, 2022.

Direito dos tratados. 2. ed. rev., atual. e ampl. Rio de Janeiro: Forense, 2014.

Direito internacional: tratados e direitos humanos fundamentais na ordem jurídica brasileira. Rio de Janeiro: América Jurídica, 2001.

Direito internacional público: parte geral. 8. ed. rev., atual. e ampl. São Paulo: RT, 2014.

Direitos humanos, Constituição e os tratados internacionais: estudo analítico da situação e aplicação do tratado na ordem jurídica brasileira. São Paulo: Juarez de Oliveira, 2002.

Direitos humanos e cidadania à luz do novo direito internacional. Campinas: Minelli, 2002.

Estudos avançados de direito internacional. Belo Horizonte: Arraes, 2017.

Natureza jurídica e eficácia dos acordos stand-by *com o FMI*. São Paulo: RT, 2005.

Os sistemas regionais de proteção dos direitos humanos: uma análise comparativa dos sistemas interamericano, europeu e africano. São Paulo: RT, 2011 (Coleção Direito e ciências afins, v. 9).

Por um tribunal de justiça para a Unasul: a necessidade de uma corte de justiça para a América do Sul sob os paradigmas do Tribunal de Justiça da União Europeia e da Corte Centro-Americana de Justiça. Brasília: Senado Federal, 2014.

Prisão civil por dívida e o Pacto de San José da Costa Rica: especial enfoque para os contratos de alienação fiduciária em garantia. Rio de Janeiro: Forense, 2002.

Tratados internacionais: com comentários à Convenção de Viena de 1969. 2. ed. rev., ampl. e atual. São Paulo: Juarez de Oliveira, 2004.

Tratados internacionais de direitos humanos e direito interno. São Paulo: Saraiva, 2010.

Tribunal Penal Internacional e o direito brasileiro. 3. ed. rev. e atual. São Paulo: RT, 2012 (Coleção Direito e ciências afins, v. 3).

Coautoria

Acumulação de cargos públicos: uma questão de aplicação da Constituição. 2. ed. rev., atual. e ampl. Com Waldir Alves. Belo Horizonte: Arraes, 2017.

Comentários à Convenção Americana sobre Direitos Humanos. Com Flávia Piovesan e Melina Girardi Fachin. Rio de Janeiro: Forense, 2019.

Contratos comerciais internacionais em situações de crise: estudo comparado de direito europeu e latino-americano sobre negócios estrangeiros em crises transnacionais. Com Gabriella Boger Prado. Belo Horizonte: D'Plácido, 2021.

Comentários à reforma criminal de 2009 e à Convenção de Viena sobre o Direito dos Tratados. Com Luiz Flávio Gomes e Rogério Sanches Cunha. São Paulo: RT, 2009.

Controle de convencionalidade pelo Ministério Público. 2. ed. rev., atual. e ampl. Com Marcelle Rodrigues da Costa e Faria e Kledson Dionysio de Oliveira. Rio de Janeiro: Forense, 2022.

Direito supraconstitucional: do absolutismo ao Estado Constitucional e Humanista de Direito. 2. ed. rev., atual. e ampl. Com Luiz Flávio Gomes. São Paulo: RT, 2013 (Coleção Direito e ciências afins, v. 5).

Le régime des contrats commerciaux internationaux au regard des situations de crises sanitaires transnationales: étude comparative de droit européen et droit latino-americain. Com Gabriella Boger Prado. Curitiba: Instituto Memória, 2020.

O judiciário brasileiro e o direito internacional: análise crítica da jurisprudência nacional. Com Jahyr-Philippe Bichara. Belo Horizonte: Arraes, 2017.

O juiz e o direito: o método dialógico e a magistratura na pós-modernidade. Com Luiz Flávio Gomes. Salvador: JusPodivm, 2016.

Teoria tridimensional das integrações supranacionais: uma análise comparativa dos sistemas e modelos de integração da Europa e América Latina. Com Michele Carducci. Rio de Janeiro: Forense, 2014.

Coautoria e coordenação

Direitos humanos das minorias e grupos vulneráveis. Belo Horizonte: Arraes, 2018.

Direito internacional nos tribunais superiores. Belo Horizonte: Arraes, 2020.

Novos paradigmas da proteção internacional dos direitos humanos: diálogos transversais, proteção multinível e controle de convencionalidade no direito brasileiro. Belo Horizonte: Arraes, 2018.

O novo direito internacional do meio ambiente. Curitiba: Juruá, 2011.

Coautoria e cocoordenação

Controle de convencionalidade: um panorama latino-americano (Brasil, Argentina, Chile, México, Peru, Uruguai). Com Luiz Guilherme Marinoni. Brasília: Gazeta Jurídica, 2013.

Crimes da ditadura militar: uma análise à luz da jurisprudência atual da Corte Interamericana de Direitos Humanos. Com Luiz Flávio Gomes. São Paulo: RT, 2011.

Direito à liberdade religiosa: desafios e perspectivas para o século XXI. Com Aldir Guedes Soriano. Belo Horizonte: Fórum, 2009.

Direito da integração regional: diálogo entre jurisdições na América Latina. Com Eduardo Biacchi Gomes. São Paulo: Saraiva, 2015.

Direito internacional do trabalho: o estado da arte sobre a aplicação das convenções internacionais da OIT no Brasil. Com Georgenor de Sousa Franco Filho. São Paulo: LTr, 2016.

Direito internacional dos direitos humanos: estudos em homenagem à Professora Flávia Piovesan. Com Maria de Fátima Ribeiro. Curitiba: Juruá, 2004.

Direito internacional dos direitos humanos e impactos na ordem interna: controle de convencionalidade, tridimensionalidade protetiva e garantia do princípio *pro homine*. Com Ana Flávia Marcelino de Barros. Belo Horizonte: Arraes, 2021.

Doutrinas essenciais de direito internacional. Com Luiz Olavo Baptista. São Paulo: RT, 2012. 5 vols.

Hard cases controle de convencionalidade e o posicionamento do Supremo Tribunal Federal. Com Eduardo Biacchi Gomes. Curitiba: Instituto Memória, 2020.

Novas perspectivas do direito ambiental brasileiro: visões interdisciplinares. Com Carlos Teodoro José Hugueney Irigaray. Cuiabá: Cathedral, 2009.

Novas vertentes do direito do comércio internacional. Com Jete Jane Fiorati. Barueri: Manole, 2003.

Novos estudos de direito internacional contemporâneo. Com Helena Aranda Barrozo e Márcia Teshima. Londrina: EDUEL, 2008. 2 vols.

O Brasil e os acordos econômicos internacionais: perspectivas jurídicas e econômicas à luz dos acordos com o FMI. Com Roberto Luiz Silva. São Paulo: RT, 2003.

Organização

Vade Mecum Método Internacional. 15. ed. rev., ampl. e atual. São Paulo: Método, 2019.

Obras em língua estrangeira

Em inglês

The law of treaties: a comprehensive study of the 1969 Vienna Convention and beyond. Rio de Janeiro: Forense, 2016.

Em espanhol

Derecho internacional público contemporáneo. Barcelona: Bosch, 2019.

Manual contemporáneo de derechos humanos. San Salvador: Cuscatleca, 2021.

Obras não jurídicas

Chopin: elementos de pianística e impressões sobre a vida e obra. Belo Horizonte: Letramento, 2020.

Coautoria e cocoordenação

Arte, cultura e civilização: ensaios para o nosso tempo. Com Gilberto Morbach. Belo Horizonte: Letramento, 2021.

Marcelle Rodrigues da Costa e Faria

Coautoria

Controle de convencionalidade pelo Ministério Público. 2. ed. rev., atual. e ampl. Com Valerio de Oliveira Mazzuoli e Kledson Dionysio de Oliveira. Rio de Janeiro: Forense, 2022.

Capítulos de livros

Evolução do controle de convencionalidade na proteção dos direitos humanos (com Renata Gil e Renée do Ó Souza). In: COSTA, Daniel Castro Gomes da *et all*. (Org.). *Democracia, justiça e cidadania*: desafios e perspectivas – Homenagem ao Ministro Luís Roberto Barroso. Tomo II – *Pensando as instituições, a justiça e o direito*. Belo Horizonte: Fórum, 2020, p. 267-278.

Ir(responsabilidade) das empresas transnacionais em face da proteção internacional dos direitos humanos. In: MAZZUOLI, Valerio de Oliveira; MIRANDA, Murilo Franco de (Org.). *Práticas do sistema interamericano de direitos humanos*: reflexões sobre a eficácia das garantias convencionais e impactos no ordenamento interno. Belo Horizonte: Arraes, 2019, p. 183-203.

Direito civil constitucional e uma análise das seis objeções à metodologia opostas por Fernando Leal. In: SOUZA, Carlos Eduardo Silva e (Org.). *Direito civil constitucionalizado*. Curitiba: Editora CRV, 2019, p. 15-35.

Soberania dos veredictos. In: LOUREIRO, Caio Márcio; NOVAIS, César Danilo Ribeiro de (Org.). *A luta por justiça no júri*. Cuiabá: Carlini & Caniato, 2018, p. 124-127.

Kledson Dionysio de Oliveira

Coautoria

Controle de convencionalidade pelo Ministério Público. 2. ed. rev., atual. e ampl. Com Valerio de Oliveira Mazzuoli e Marcelle Rodrigues da Costa e Faria. Rio de Janeiro: Forense, 2022.

Capítulos de livros

Incorporação dos tratados internacionais sobre direitos humanos no Brasil e a influência da Convenção Americana de Direitos Humanos na decisão da ADPF 422/DF sobre a descriminalização da interrupção voluntária da gravidez nos três primeiros meses de gestação. In: MAZZUOLI, Valerio de Oliveira; MIRANDA, Murilo Franco de (Org.). *Práticas do sistema interamericano de direitos humanos*: reflexões sobre a eficácia das garantias convencionais e impactos no ordenamento interno. Belo Horizonte: Arraes, 2019, p. 123-158.

A impunidade civil do ilícito penal e os trinta anos de inconstitucionalidade por omissão do Estado brasileiro em garantir assistência às famílias das vítimas da criminalidade. In: SOUZA, Carlos Eduardo Silva e (Org.). *Direito civil constitucionalizado.* Curitiba: Editora CRV, 2019, p. 161-187.

Artigo

O excesso no uso de algemas pela polícia e o excesso no uso da súmula pelo STF. *Revista Jurídica do Ministério Público de Mato Grosso*, Cuiabá, vol. 5, p. 15-22, 2008.